INICIAÇÃO
À
KABBALAH CRISTÃ

A misteriosa herança da Ordem Kabbalística da Rosa-Cruz

Jean-Louis de Biasi

Edições Theurgia
www.theurgia.us

Editores: Jean-Louis de Biasi - Patricia Bourin
Tradução: José Júlio C. R. Santos

Edições Theurgia © 2020
2251 N. Rampart Blvd #133, Las Vegas, NV 89128, USA
secretary@theurgia.us
Impresso nos EUA
ISBN: 978-0-9917495-8-4

Descubra as outras publicações da "Theurgia"
www.theurgia.us

<u>Nota</u>: Os caracteres hebraicos não são utilizados nessa versão Kindle. Se você
desejar ver e utilizar as letras hebraicas, nós o encorajamos a procurar a
versão impressa dessa obra. Entretanto, a transcrição das letras foi adicionada
ao texto presente, todas as vezes que foi necessário.

"É preciso viver na companhia dos Deuses."

Pitágoras citado por Diógenes Laércio
(Citado por Johann Reuchlin, De arte cabalística, Livro III, p.205)

ÍNDICE

INTRODUÇÃO

Há mais de 1500 anos, nossa sociedade ocidental se desenvolveu baseada na tradição bíblica. Naturalmente se tratava essencialmente do Cristianismo declarado religião de estado, nas cinzas do extinto império romano. Mas ele se constituiu na base da Torá, que se tornou o Antigo Testamento para os cristãos. A Bíblia foi para os cristãos e para toda a sociedade ocidental, o fundamento da tradição religiosa, tentando apagar tudo o que havia existido antes. Veremos mais adiante que a Kabbalah moderna soube superar e transcender essas tendências prosélitas para ir mais longe que o dogma da Igreja.

Nosso propósito nesta obra não será estritamente religioso, nem acadêmico. Ambos são respeitáveis e úteis, mas nós nos situaremos em uma perspectiva hermetista e moderna, recuando qualquer dogmatismo ligado a esses pressupostos.

Nós explicaremos mais adiante com mais precisão o que é a Kabbalah, ou melhor, o que são as diferentes kabbalas desenvolvidas ao longo do tempo. Historicamente é claro que a primeira Kabbalah foi a originada do Judaísmo. A Torá foi estabelecida em um idioma que se tornou a língua Hebraica que conhecemos hoje. Como qualquer texto sagrado fundador de uma religião, é suposto que a Bíblia tem um sentido literal e um sentido oculto, velado ao olhar profano. Trata-se, portanto, de um texto simbólico que possui dois níveis de realidade: o do mundo dos homens, no qual ele se desenvolve e o de Deus do qual tira sua origem e sua justificação. O discurso que lemos descrevendo essas epopeias fundadoras de um povo guiado, protegido e testado pelo Deus Eterno, é somente a superfície de um mundo interior bem mais vasto. Abrir um livro sagrado como a Bíblia, é como olhar para o exterior de uma casa através de um vidro. Coisas diferentes são encontradas neste último: cristais de vidro que brilham, impurezas, imperfeições... A luz do exterior nos alcança através desse vidro e assim nos permite ver o que se encontra em sua superfície. Esse vidro, como tudo o que se encontra nele é absolutamente real. Não podemos duvidar. Obviamente, essas realidades podem estar mudando, mas ainda assim continuam a existir. O texto bíblico se assemelha a esse vidro. Mas o que essa alegoria nos ensina, é que essa superfície sensível é a imagem de uma realidade bem mais vasta que lhe dá sua força e sua luz. O texto oculta um além-divino que ilumina o texto. Por conseguinte, é preciso ir além do texto para ter acesso a esse horizonte que percebemos, para nos elevarmos a essa divindade. Vários métodos são possíveis, tanto no interior quanto no exterior da Kabbalah. Vemos como essa imagem ilustra bem a origem da literalidade. A Kabbalah nos encorajará a nos servirmos do texto sagrado como trampolim para outro lugar capaz de iluminar o que teria uma aparência fria.

Entretanto, falar da Kabbalah judaica, da Kabbalah cristã, da Kabbalah hermetista, etc., é já especificar a natureza de uma visão e de uma perspectiva. É limitar uma orientação para a realidade que está além da aparência. Se tomarmos a imagem que acabamos de utilizar, compreenderemos facilmente que uma casa não tem somente uma janela ou um só vidro. Em geral são múltiplos. Cada uma delas possui suas imperfeições e conduz a um ponto de vista aparentemente diferente da realidade exterior. Nenhuma será superior à outra, nem mesmo definitiva. Que uma seja chamada Torá, outra o Novo Testamento, Baghavad Gita, etc., isso não tem nenhuma importância em si, porque sua natureza de texto sagrado visa ao mesmo objetivo, nos conduzir aos planos divinos. Poderíamos dizer que um materialista negaria que existe "um além" do edifício em que ele vive. O dogmático ou integrista consideraria que a janela à frente da qual ele se coloca é a única realidade ou que pelo menos é a única que garante um acesso real a esse plano divino. Quanto ao hermetista, ele tem um ponto de vista mais amplo e considera a existência a partir desses diferentes pontos de vista. Ele pode então escolher o que melhor lhe corresponde, ou ainda utilizar um em certos momentos e outro em circunstâncias diferentes. Como imaginar que ele só possa ter uma abertura para o mundo divino e sagrado? Evidentemente os pontos de vista são diferentes, mas isso em nada impede essa liberdade de ser.

A Kabbalah cristã se inscreve nessa tradição da busca pelo sentido oculto. O cristianismo contou com espíritos abertos, interessados em ir além do véu e engajar em uma real busca de sentido, resultado de um autêntico trabalho interior. Sua cultura original era bíblica e cristã. Portanto, era natural para eles se debruçarem sobre esse texto e se aprofundar para encontrar o sentido oculto. Essa primeira etapa os conduziu à descoberta da própria fonte, o texto original da Torá. Sempre preocupados em pesquisar o sentido oculto, era natural que se dirigissem aos que veiculavam essa tradição e esses eram iniciados, os kabbalistas judeus. Eles aprenderam tudo o que podiam com esse contato, quer se tratasse de técnicas teóricas ou algumas práticas rituais.

Mas o judaísmo continua sendo uma religião e os kabbalistas judeus, os esoteristas e místicos dessa religião. Agora, alguns desses conhecimentos só podem ser transmitidos a membros dessa mesma religião. Foi então necessário escolher: ou converter-se ao Judaísmo, ou continuar o caminho por si mesmo e constituir uma nova forma dessa sabedoria. Foi o que aconteceu. Os novos conhecimentos foram aplicados à mensagem da religião cristã. Isso permitiu encontrar um sentido esotérico e desenvolver um conjunto de práticas decorrente dessas descobertas. Mas como em qualquer religião monoteísta, o perigo dessas pesquisas individuais era real. A Igreja não brincava com essas iniciativas que poderiam fazer pensar que a autoridade do dogma poderia ser colocada em dúvida, ou que a hierarquia da Igreja poderia ser contornada para se elevar ao divino. Foi então preciso que os kabbalistas ocultassem partes de seus propósitos e organizassem pequenos grupos fechados de adeptos. Assim, poderiam desenvolver livremente e em total segurança as pesquisas e técnicas práticas decorrentes dessas descobertas. Assim a kabbalah cristã começa a se constituir.

Implicitamente poderia se acreditar que a kabbalah cristã para nessa descoberta do esoterismo cristão. Esse é um erro comum feitos por muitos pesquisadores ou iniciados modernos que confundem kabbalah e dogma monoteísta. Porque, como dissemos anteriormente, a kabbalah é uma grade de leitura, um mapa e um sistema que nos permite trabalhar no plano oculto e espiritual.

Na verdade, os kabbalistas cristãos foram capazes de estabelecer a distância necessária do dogma em vigor. A busca da verdade, do caminho interior foi, para esses homens, muito mais importante que o respeito a um poder religioso, bem mais temporal que espiritual. Isso porque suas pesquisas, das origens de sua tradição, os conduziram a ir além do texto da Bíblia para as verdadeiras raízes da tradição ocidental e mediterrânea. Como fizeram os pensadores da antiguidade reunidos em Alexandria nos primeiros séculos de nossa era, o hermetismo e sua visão integrante começaram a florescer. Pitágoras tornou-se o pai da kabbalah e os antigos mitos puderam retomar seu lugar natural nessa rica tradição. O cristianismo e suas intuições positivas não foram, evidentemente, negadas, mas simplesmente associados ao que precedia e colocados em uma continuidade histórica em que tudo o que é novo não rejeita radicalmente o que precede. É a partir daí que podemos falar verdadeiramente de uma kabbalah cristã e hermetista.

Ela dá nascimento a uma nova expressão da tradição presente nas academias platônicas da Renascença, depois um pouco mais tarde na "comunidade" de Magos de Agrippa. Ela permitiu transmitir os estudos e ritos internos dessas correntes.

Mas nem tudo desapareceu na poeira da história! A amizade e a fraternidade dos adeptos foram capazes de construir uma corrente extremamente forte, contudo discreta, que atravessa a história e se manifesta sob diversas formas. Esses iniciados puseram essa importante herança em diferentes lugares e grupos susceptíveis de transmiti-la e protege-la. Esses depósitos foram efetuados sem que essas estruturas exteriores soubessem, ou mesmo percebessem a importância. Esse foi, por exemplo, o caso em alguns graus ocultos da franco-maçonaria. Às vezes e como veremos, Ordens foram constituídas, permitindo resguardar a iniciação e o método próprio a essa tradição. Algumas só receberam parte da herança, enquanto que outras foram capazes, pelo seu próprio caráter e a época de sua manifestação, de ter acesso a outros aspectos dessa rica tradição. Essas foram as tradições teúrgicas neoplatônicas, a Rosa-Cruz, o Martinesismo, o Martinismo, a Ordem Kabbalistica da Rosa-Cruz, etc. Nós as abordaremos nesta obra.

Mas todos os ritos não são destinados a permanecer no interior das escolas iniciáticas. (Mas os ritos não são, todos, destinados a permanecer no interior das escolas iniciáticas). Uma série de ensinamentos e práticas deve ser regularmente transmitida para manter viva a chama do desejo entre os buscadores. É o que fizemos nesta obra. É importante aprender a compreender o espírito por trás da letra. Porque as técnicas de kabbalah têm por objetivo nos ajudar a passar da superfície das coisas a esse outro plano.

Como você verá, as práticas que transmitiremos aqui serão uma primeira abordagem dessa corrente e permitirão começar o trabalho interior que é, como dizem os Mestres desta tradição, o primeiro passo no caminho sagrado do retorno.

KABBALA E KABBALAS

POR QUE SE INTERESSAR PELA KABBALAH?

Como você teve a oportunidade de ler na introdução desta obra, nosso propósito é permitir-lhe uma visão clara do que é atualmente a Kabbalah no meio esotérico ocidental. Nós também ofereceremos um conjunto de elementos práticos que você poderá utilizar imediatamente.

Deve ser reconhecida a existência de vários tipos de Kabbalah às vezes muito distintas, tanto no conteúdo quanto no objetivo e as práticas resultantes, uma vez que, em todas as épocas, os religiosos, místicos, hermetistas e ocultistas se apropriaram dessa tradição para criar uma ferramenta capaz de transmitir suas concepções e sua maneira de compreender o mundo.

Para um iniciante, assim como para um leitor mais experiente, querer apreender a natureza da Kabbalah é particularmente desafiador. Por onde começar e também por que começar? Se alguém estiver interessado na tradição iniciática e espiritual ocidental terá o direito de perguntar se o estudo da Kabbalah é obrigatório - Não seria possível ocultá-lo completamente, considerando que isso tem algo de religioso ou pelo menos próprio das religiões monoteístas? De fato, o hermetista não deseja absolutamente se satisfazer com qualquer dogma que seja.

Mesmo assim, vemos que depois de várias centenas de anos, todo estudo de nossa tradição oculta assume a necessidade de um conhecimento das bases fundamentais da Kabbalah. Assim, as sociedades iniciáticas fundamentalmente neoplatônicas e teúrgicas tais como a Aurum Solis, também começam por esta ciência que é a Kabbalah. Isso poderia ser algo difícil de compreender na medida em que a filosofia dessas Ordens é essencialmente pré-cristã. Além disso, algumas "autoridades" estudam a história da Kabbalah, Gershom Scholem, por exemplo, afirmam que ocultistas como Eliphas Levi, Papus e outros, foram somente charlatães que se serviram do selo da Kabbalah para dar curso livre à sua imaginação descontrolada. Segundo eles, seus escritos nada tinham a ver com o que é a verdadeira Kabbalah. Outros autores, impregnados pela Kabbalah hebraica avançaram sem hesitar na mesma direção, com preconceitos também marcados.

Mas devemos admitir que nesses domínios assim como em outros, o mundo é feito por homens que agem pelo que acreditam e por historiadores que tentam explicar, a posteriori, como o mundo é feito. A tentação deve ser muito grande, para os historiadores das religiões que se expressam sobre sua própria corrente, de fazer um julgamento definitivo sobre o que é ou não válido, justo ou não. Mas uma tradição é algo vivo que escapa aos doutores da lei, quem quer que eles sejam. É uma entidade viva que toma seus próprios caminhos, conhece mortes e renascimentos, até que desabrochem formas muito originais de pensamento e prática. Assim foi na antiguidade para a tradição gnóstica com seus diferentes círculos e cenáculos. Suas ideologias e práticas foram por vezes diametralmente opostas. É a mesma coisa para a Kabbalah. O que hoje chamamos na tradição espiritual e esotérica do Ocidente de Kabbalah, varia de acordo com as pessoas que utilizam essa denominação. O termo genérico é o mesmo, mas seu conteúdo é bem diferente segundo o ponto de vista e a tradição a partir da qual se expressa. Da mesma maneira que a gnose na antiguidade, não tem ponto de vista único, e as visões são, às vezes, diametralmente opostas. A partir da simples constatação que acabamos de fazer, devemos ter a honestidade de dizer a partir de qual ponto se expressa e com qual objetivo. É óbvio que esse ponto de vista muda a maneira de falar e de considerar o assunto que nos ocupa. Como dissemos na introdução, nosso propósito é a "kabbalah", a "kabbalah cristã", ou mais particularmente o que chamamos "kabbalah cristã hermetista".

Nosso ponto de vista será o da tradição iniciática ocidental, que reapareceu na Renascença na Itália no movimento neoplatônico e transmitido pelos kabbalistas cristãos entre os séculos 15 e 20 até os filósofos, esoteristas e ocultistas contemporâneos. Essa corrente tradicional da Kabbalah levou vários nomes, tendo sido tratada como quer se tratasse da kabbalah mágica, kabbalah prática, kabbalah mística e mais geralmente como dissemos, kabbalah hermética. Uma das características desta última é de não cultivar uma atitude discriminatória em relação às outras correntes de Kabbalah. Por definição sua visão é integrante e vê nas diferenças somente aspectos de uma mesma verdade que cada um se esforça para alcançar.

Portanto, agora precisamos responder à questão colocada acima: o estudo da Kabbalah é indispensável ao nosso trabalho interior e ao caminho na iniciação ocidental? A resposta é claramente *não*. Seria totalmente possível dispensar a Kabbalah para abordar e aprofundar a tradição ocidental. Não vamos esquecer que as Escolas de mistérios, que constituíram a base dos sistemas iniciáticos, foram anteriores ao Cristianismo e estranhas à maior parte das concepções Hebraicas. Os maiores filósofos da antiguidade, os adeptos e sábios, desenvolveram sem isso sistemas de grande valor e profundidade. Por que então deveríamos nos interessar por ela e fazer dela um elemento quase incontornável? Acontece que o cristianismo judaico conquistou uma vitória sobre todas as religiões mediterrâneas anteriores e as erradicou ou integrou com maior ou menor sucesso. As religiões monoteístas se tornaram a base de nossa cultura, de nossos valores morais e constituíram durante séculos, para o melhor ou o pior, a civilização e o inconsciente do Ocidente. Nós somos os herdeiros dessa história. De nada serviria negar essa realidade histórica e psicológica tentando suprimi-la de nossa consciência. Devemos aceitar e conviver com ela. Os adeptos do Ocidente fizeram o mesmo. O primeiro obstáculo no caminho para a iluminação seria deixar-se prender em um dogma ou ideologia que romperia a liberdade interior necessária à busca do divino. Os adeptos, portanto, consideravam fundamental compreender as estruturas religiosas e morais que nos constituíram. Ora, para poder fazê-lo, é preciso passar por trás do véu do dogma, abandonar as certezas tranquilizadoras e se aventurar no caminho da iniciação. Não se trata de negar as doutrinas que compõem a religião, mas de atravessá-las. Para isso existe uma parte teórica e uma parte prática que deve ser chamada mágica, ou mais exatamente teúrgica. A Kabbalah é esse instrumento, esse mapa capaz de nos auxiliar a progredir, uma vez que a cortina do templo seja rasgada. Mas como você pode perceber nas frases anteriores, a própria Kabbalah pode constituir um obstáculo ao nosso desenvolvimento. Vários livros sobre esse assunto estão aí para nos mostrar como tal sistema pode, por sua vez, tornar-se dogmático. É uma forte inclinação natural que um estudo desse tipo, de sistema de explicação do mundo, possa resultar em uma forte adesão susceptível de se tornar um fim em si.[1] Nesse caso, o estudante não seria capaz de utilizar corretamente essa ferramenta se tornaria prisioneiro da grade que deveria ajuda-lo. Ora, é exatamente dessa maneira que os hermetistas kabbalistas consideram a Kabbalah: como

---

[1] É, aliás, a base de um sistema de prática que os orientais chamam *Bakhti Yoga*, ou *Yoga da devoção*. Para os ocidentais, isso tem o nome de *identificação com as forças divinas*. Essa prática exige um enquadramento muito preciso que permite evitar as armadilhas de identificação com o modelo e, portanto, da ilusão.

um sistema de referência capaz de ajuda-los a compreender como o monoteísmo encara o mundo, o ser e como é estruturado e estabelecido. Estamos aqui em um verdadeiro jogo de espelhos. Não falamos da realidade, mas de padrões de referência que os homens utilizam para tentar percebe-la e compreende-la. É por analisar e utilizar que podemos nos libertar e descobrir os outros planos de consciência. Essas são as realidades que nos conduzirão sempre para mais perto do autoconhecimento e do divino. Essa vontade de usar a Kabbalah, seu sistema e suas características para seus próprios fins, apareceu desde o instante em que os não judeus se interessaram por ela, e mediram seu interesse. Os kabbalistas cristãos desempenharam esse papel. Mas antes de escrever alguns aspectos práticos e embora não sendo obra de um historiador, é preciso dizer algumas palavras sobre o nascimento dessa tradição. Então, poderemos expor alguns princípios frequentemente utilizados pelos esoteristas posteriores. Isso nos permitirá ver o que se poderia tornar hoje a tradição que os historiadores qualificaram de "kabbalah cristã".

MARCOS HISTÓRICOS

Etimologicamente a palavra Kabbalah, significa simplesmente "tradição" e sua raiz Hebraica "receber". Isso indica que várias tradições receberam o que se poderia qualificar de *revelação oral e escrita*. Foi esse o caso para o povo Hebreu.

Essa tradição religiosa foi transmitida a partir de Moisés a Josué, e depois aos Juízes e então aos Reis. (Nós podemos seguir essa tradição na própria Bíblia). O sacerdote do Templo possuía essa tradição religiosa sedimentada, mas às vezes precisava da ajuda de Juízes e Profetas para superar as dificuldades de transmissão. Naturalmente, o texto foi transmitido fiel e perfeitamente, ainda que muitas vezes literalmente. A inspiração era, portanto, necessária para manter a herança dessa revelação através de um tipo de continuidade do contato com Deus. Os Profetas garantiam essa função da mesma maneira que os oráculos da antiguidade recebiam a mensagem divina refletindo essa realidade transcendente. Mas mesmo nesse caso, os comentários ou autoridades lutavam para abandonar o texto literal para se elevar ao comentário místico ou espiritual do texto original. Ora, o misticismo sempre foi uma parte essencial da vida espiritual judaica. A tradição sugere fortemente que a fonte foi o próprio Abraão.

Hoje em dia é habitual afirmar que a Kabbalah se aplica exclusivamente a um conjunto de literatura esotérica que emergiu na Espanha medieval e no Sudeste da França, em Provença, e a partir daí continua a sua expansão.

Certamente, há dois mil anos atrás, os rabinos do Talmud não usavam essa palavra, mas usavam a palavra "nistar", que corresponde ao mundo secreto da Torá, traçando um paralelo com "niglah", isto é, o que foi revelado. O fato é que as raízes dessa tradição remontam inequivocamente a muito mais distante e até mesmo às religiões pagãs da Babilônia. A tradição judaica se apropria de uma parte dessa herança, adaptando a seus textos sagrados. Como tal, o mito fundador mencionado no Talmud atribui ao profeta Elias a recepção dessa tradição mística designada então pelo nome de "Fogo". Como narra o livro dos Reis, Elias pega o fogo do céu (de Deus) no Monte Carmelo para vencer sobre o profeta de Baal.[1] É ele ainda que é elevado ao céu em uma *carruagem de fogo* no momento de sua morte no meio de um tornado.[2] Imagina-se, claro que isso deve ser considerado no plano simbólico...

Trezentos anos mais tarde o profeta Ezequiel, escrevendo na Babilônia, utiliza símbolos quase similares para representar esse contato com Deus.[3] (Essas imagens fantásticas foram, além disso, a origem do que se chama a "teoria dos antigos astronautas". Essas visões foram interpretadas como representações de fatos reais, e testemunhas de uma tecnologia espacial antecipada, que poderia vir de extraterrestres. Um dos importantes representantes dessa corrente é Erich Von Däniken e é interessante consultar suas explicações. Entretanto não é sob esse ângulo que as coisas são abordadas no presente livro, mas no plano místico e oculto.)

Muitas ideias essenciais de correntes místicas exploraram essas narrativas e desenvolveram essas imagens, comentando-as, liberando todo um conjunto de ricos símbolos. Mais tarde, essas duas visões de Elias e Ezequiel, deram nascimento à mística da *Merkava* ou "o conhecimento da Carruagem".

---

[1] Ver Anexo 1-a.

[2] Ver Anexo 1-b.

[3] Ver Anexo 1-c.

Esses períodos da história judaica foram tempos de conflitos sectários. Como em qualquer época desse gênero, foram ao mesmo tempo ricas em reflexões teológicas vindas de vários grupos e seitas. Os rabinos que redigiram o Talmud enquanto isso eles procuraram manter certa ortodoxia e evidentemente desconfiando de qualquer corrente muito sectária. Então, eles se referem à essa mística sob o nome genérico de Ma'aseh Merkava. O Talmud insiste no fato de que o que se refere a esse conhecimento não deve ser ensinado às massas, mas somente aos que têm a maturidade necessária a esse estudo. Pode-se dizer que se trata da origem do que um pouco mais tarde seria chamado de *kabbalah*.

Várias experiências místicas são indicadas no Talmud, por exemplo, a do Rabino Simon Bar Yochai, mas não é mencionado o livro que ele escreveu.

É nesse momento que entra na história o *Sefer Yetzirah*, primeiro livro explicitamente kabbalista. Aparece entre o terceiro e o quarto século. Nem todos os especialistas concordam sobre o fato de que o que temos hoje é realmente o que é mencionado no Talmud, mas nada parece poder contradizer.

Essa obra nos mostra pela primeira vez uma maneira diferente de ver Deus e suas relações com os homens e o mundo. O alfabeto Hebraico é evocado aqui como auxiliar da criação (o que também vemos no Zohar). As correspondências entre as partes do corpo, os astros, meses do ano, metais, etc. são de primordial importância. Essa tradição desenvolveu práticas e ritos muito interessantes. Superando a corrente hebraica, os ritos iniciáticos que derivam dessa etapa são encontrados, por exemplo, na Ordem Kabbalistica da Rosa-Cruz, após terem sido transmitidos pelos kabbalistas cristãos e as correntes hermetistas da Rosa-Cruz. Como veremos adiante, esses conhecimentos são eles próprios as heranças da antiga tradição helenística, pitagórica e neoplatônica. É o que os kabbalistas cristãos explicarão profusa e brilhantemente.

Os escritos seguintes mais significativos foram o *Sefer Raziel* ou "o livro do anjo Raziel", o *Sefer Bahir* ou "o livro da iluminação", e o *Zohar* ou "livro da luz resplandecente". De certa maneira, esses foram os pilares dessa tradição oculta. De acordo com algumas fontes, o Zohar foi descoberto por Moisés De Leon, que viveu por volta de 1290 na Espanha. Mas é atribuído ao Rabino Shimon Bar Yochaï, o Rashbi, aluno do Rabino Akiva que teria escrito esse conjunto de textos a partir do terceiro século. É após a captura e aprisionamento do Rabino

Akiva que o Rabino Shimon Bar Yochai viveu em uma caverna com seu filho durante treze anos. Ele saiu desse retiro tendo escrito o *Livro do esplendor* que ficou perdido durante dez séculos. Moise de Leon o redescobriu e o publicou. Esse texto do Zohar é um conjunto de vários volumes de comentários sobre a Torá (conjunto dos cinco primeiros textos da Bíblia). Seu estilo contrasta fortemente com os comentários habitualmente muito racionalistas. A partir de então, ele se torna o texto de referência que desenvolve a sabedoria da Kabbalah.

No final do século XIII os judeus passaram por um período instável e perigoso na Espanha. Isso não impediu os grandes místicos como Abulafia de pregar a tolerância e abertura de espírito, escrevendo obras de grande profundidade. Em seguida os judeus foram expulsos da Espanha e alguns se refugiaram em Safed na Galileia. É então que apareceu uma nova escola de kabbalistas.

Durante essa época, a Kabbalah se desenvolveu em um lugar em que os cristãos e os judeus viviam em harmonia, a Provença. Essa civilização extraordinária ainda não havia conhecido as cruzadas que com certeza iriam destruí-la. Os cursos eram então dados livremente nas diversas universidades do Languedoc, independentemente das denominações dos professores. As obras filosóficas vindas de diferentes correntes espirituais e filosóficas do Islã foram traduzidas. Avicena, Averroés e Maimônides foram então publicadas e estudadas para a grande glória do espírito humano. Devemos ressaltar que foi também no Languedoc (Sul da França) que se revelaram alguns séculos mais tarde uma corrente Rosa-Cruz que terá grande importância na tradição da qual falamos.

No século XVI, em Safed, o Rabino Isaac Louria assim como vários kabbalistas prosseguiram o trabalho sobre as obras anteriores. Eles desenvolveram práticas e técnicas capazes de ajudá-los a realizar as experiências descritas nos livros que estudavam. A Kabbalah foi então mais conhecida e melhor compreendida. Ela se tornou o meio de atravessar o sentido literal do texto servindo-se de sua riqueza e de sua potência. É preciso mencionar que essas tradições foram ao mesmo tempo orais e escritas. Elas eram orais no sentido em que as técnicas e ensinamentos eram transmitidos de Mestres a discípulos; escritas no sentido em que alguns textos e conselhos foram redigidos. Mas não era raro que os Mestres morriam legando um terço de seus escritos a seus discípulos, queimando outro terço e fazendo enterrar o último terço. Era importante para eles que as técnicas essenciais fossem o resultado de um trabalho interior e não uma simples recepção de um texto que permanecia fora da experiência individual. Encontramos sinais desse costume nas tradições da Kabbalah cristã e da Rosa-Cruz. Segundo a lenda, quando a tumba do fundador dessa tradição foi encontrada, ele tinha em seus braços um livro, o livro T. Interessante relação simbólica!...

Os kabbalistas desenvolviam suas práticas e seus estudos à margem dos poderes universitários. Isso frequentemente os atraiu a oposição dos rabinos. Era muito difícil identificar uma autoridade precisa na corrente da kabbalah porque esse conhecimento era utilizado em diversos grupos interessados pela mística, magia, esoterismo, etc. Tudo isso muitas vezes contribuiu para a natureza suspeita da Kabbalah.

Ela, no entanto, continuou a se desenvolver, tanto no mundo judaico da África do Norte (Sefardita) quanto no mundo judaico da Europa central (Asquenaze). E foi assim até nossa época em que vários mestres judeus são os herdeiros dessa antiga corrente. Todavia, devemos lembrar o que dissemos anteriormente, isto é, que essa corrente vinda do judaísmo continua acima de tudo a ajudar os indivíduos de confissão judia a aprofundar a mística e espiritualidade de sua tradição. É por essa razão que os cristãos desde o século XV, se inclinaram sobre essa tradição e sobre a maneira em que ela poderia ser útil.

A KABBALAH CRISTÃ

O humanista Pico della Mirandola afirma ser o primeiro estudante latino no século XV a estudar a Kabbalah e parece que esse foi mesmo o caso, mesmo que judeus convertidos abordassem essa ciência. Ele foi a todo caso o primeiro indivíduo nascido cristão a estuda-la. Desde o século XIII era reconhecido que o Talmud e a Midrash tiveram influências cristãs e que isso poderia ajudar na conversão dos judeus. Essa razão colaborou no fato de que alguns cristãos começaram a estudar a tradição hebraica assim como a Kabbalah. Encontramos, por exemplo, essa justificativa nas cartas dedicatórias das obras dos kabbalistas cristãos a este ou aquele papa. Dessa maneira o autor poderia esperar passar através das suspeitas que pesavam sobre qualquer cristão que estudava a Kabbalah. Isso era ainda mais importante quando queria abordar a questão das práticas.

O primeiro judeu a verdadeiramente se converter ao cristianismo foi Abner de Burgos (1270-1348). Ele tomou o nome de Alfonso de

Valladolid em 1320. Como Abulafia, ele teve visões sobre as técnicas de permutação das letras. (Veja parágrafo sobre a língua Hebraica).

Quando Pico de la Mirandola nasceu, os judeus conheceram esse período de paz do qual falamos precedentemente. Esse era o caso tanto sob o reinado muçulmano da Espanha e nas terras cristãs em Languedoc e Provença. Esse foi o primeiro período de encontro entre esses diferentes pensamentos. Esse enriquecimento mútuo dura até a Reconquista. É a partir daí que aumenta o ódio contra os judeus e conduz bem mais tarde às atrocidades que conhecemos. Os judeus foram deslocados em 1477 e em 1492 conheceram uma deportação massiva da Espanha. Entretanto, os cristãos deixaram a escolha entre a deportação forçada e a conversão. Ainda que esta última situação fosse muito precária muitos a escolheram. Isso os permitiu prosseguir por algum tempo o estudo do que havia se tornado o Antigo Testamento e de uma maneira bem mais discreta, da tradição kabbalistica.

Apesar dessa rejeição ao povo judeu, a própria hierarquia da Igreja católica aceitou o interesse por esses estudos. Mas nós sabemos bem que não era apenas preocupação com a instrução.

Traduções dos textos judaicos e kabbalistas foram efetuadas por muitos judeus convertidos. É o caso, por exemplo, de Samuel ben Nissim Abulfarash (1226-1286) que foi mais conhecido, após sua conversão, pelo nome de Flavius Mithridates. Ele traduziu mais de 3000 páginas de obras hebraicas e formou Pico de la Mirandola. Mithridates, como mais tarde os outros kabbalistas cristãos, tenta convencer o papa que ele poderia provar as verdades cristãs pela Kabbalah. Não há dúvida de que foi também ele que traduziu as obras mais especializadas para o ensinamento de Pico de la Mirandola. Apesar disso, alguns pesquisadores reconhecem que os conhecimentos kabbalisticos eram bem limitados.

Mithridates introduziu o livro Sepher ha-Bahir a Pico que o estudou em sua língua original. É interessante observar que essa obra apareceu Languedoc por volta de 1150 e já manifesta uma fusão entre as tradições kabbalisticas judaicas, neoplatônicas e gnósticas.

Observemos como outra influência sobre o jovem Pico, Pablo de Heredia (1408-1486), assim como o misterioso professor Dattilo ou Dattylus haviam escrito extensivamente sobre a magia. Algumas das ideias de Pico de la Mirandola manifestam claramente essa influência.

Os Kabbalistas cristãos tinham uma abordagem inteiramente nova em relação ao judaísmo. Obviamente eles reconheceram o interesse e a qualidade dessa tradição religiosa. Para alguns entre eles as religiões precedentes, incluindo, por conseguinte as que compunham o fundamento da religião universal à qual eles pertenciam, o cristianismo. É muito difícil hoje saber o que eles pensavam quando formularam essa ideia. Nós temos duas coisas para julgar. A primeira continua sendo seus escritos e a segunda as tradições ocultas que eles constituíram e são transmitidas a partir deles. Como tivemos a ocasião de dizer, devemos lembrar bem que esses escritos foram publicados[1] levando em consideração o olhar e o julgamento da Igreja. Portanto, não se deve sempre tomar seus textos literalmente. Quanto às tradições que se seguiram, seus sucessores, assim como Agrippa, dão uma ideia mais precisa da intenção inicial. O que podemos dizer é que o fundamento de seu pensamento se encontra bem nas religiões espirituais precedentes, quer se trate da Suméria, Egito, Grécia ou do judaísmo. Todas tiveram boa participação no fundamento de um tipo de religião esotérica universal. Exotericamente, os kabbalistas cristãos não tinham nenhum problema de chamar essa religião *católica* porque essa palavra significa etimologicamente *universal*. Todavia, a leitura de seus textos nos mostra que sua concepção dessa religião universal, não era em nada idêntica à da Igreja ortodoxa ou da Igreja de Roma. Essa religião universal vinda dos princípios esotéricos da Kabbalah, que eles desenvolveram nada era além de um hermetismo neoplatônico. Na verdade, trata-se de uma forma de espiritualidade que integra de forma harmoniosa e tolerante as diferentes formas religiosas da tradição ocidental. Quanto aos sacerdotes, tanto quanto possível, deveriam tornar-se adeptos iniciados na verdadeira ciência, a Kabbalah. Esta última surgiu como um termo genérico abrangendo esse conhecimento do iniciado nesses mistérios. Ao invés de ser uma nova interpretação do cristianismo, tratava-se acima de tudo de uma nova forma religiosa que terá consequências em todo o Ocidente e dará nascimento, além das próprias correntes teúrgicas neoplatônicas, às correntes maçônicas, Rosa-Cruz e ocultistas.

É interessante rever essa gênese na carta prefácio de Reuchlin ao Papa Leão XIII. Fica-se impressionado, seja pela sua ingenuidade desconcertante, seja pela ousadia de seus propósitos. Ele começou de fato sua correspondência por uma explicação clara das circunstâncias do renascimento do neoplatonismo e da nova academia platônica em

---

[1] Pico de la Mirandola e mais particularmente John (Johannes, Johan) Reuchlin (1455-1522).

Florença. Ora, ele nada ignora do aparecimento da academia, mas também do fato que foi fundada pela iniciativa de Cosme de Médici e sobre os ensinamentos do último descendente da tradição pagã helenística, Pleto. Ele introduziu no Ocidente cristão uma seiva vivificante que foi capaz de quebrar a crosta de dogmas, revelando assim as consciências desses indivíduos excepcionais. Se essa renovação da filosofia clássica era limitada a esse aspecto, isso já seria extraordinário. Esse foi certamente o caso, mas também dá nascimento a uma grande corrente que literalmente transforma as letras e as artes. A semente da liberdade havia germinado e poderia então eclodir em toda a Europa. Mas a transmissão não se limita às letras. Hoje está claro que atrás da academia platônica, se encontrava a tradição oculta e iniciática do hermetismo. Nós queremos falar de um ensinamento real ao mesmo tempo simbólico e ritual, implicando todo um conjunto de práticas. Provavelmente como resultado de uma iniciação, os irmãos recebiam o que é justo chamar um ensinamento esotérico e eram unidos em uma verdadeira família espiritual. Essa tradição hermetista remontava a um período pré-cristão a um tempo em que a Bíblia ainda não tinha sido inventada... Hermes Três Vezes Grande, Thoth Hermes já era o Deus que trouxe a ciência e a magia aos homens através da escrita hieroglífica sagrada. Os hebreus ainda eram um povo politeísta.... No final do império Egípcio, Alexandria foi o lugar extraordinário de encontro de todos os sábios que perpetuaram essa tradição maravilhosa sob as vestes dos cultos de Mistérios e a ciência teúrgica. É essa tradição que foi transmitida através do que foi chamado de a cadeia de ouro dos adeptos. Ela atravessa a história e se revelou plenamente durante esse período excepcional.

Eis o que Reuchlin escreveu sobre isso: "Para essa missão ["a via para encontrar os segredos que lhe haviam permanecido ocultos nos monumentos literários dos Antigos."] ele [o ilustre Laurent de Médici, pai do Papa] empenhou-se a fazer vir de todos os lugares os homens mais cultos e os mais eruditos em literatura antiga, que combinaram a eloquência à ciência, Demétrio Chalcondyle, Marsílio Ficino, Georges Vespucci, Christophe Landino, Valori, Ange Politien, Jean Pic, Conde de la Mirandola, e todos os maiores cientistas do mundo, que trouxeram à luz as invenções dos Antigos e a misteriosa antiguidade que havia feito esquecer os maus tempos. As maiores mentes rivalizaram. Um ensinava, outro fazia comentários; um havia feito os acervos, outro interpretava e traduzia de uma língua para outra. Marsílio trouxe a Grécia para o Lácio. Poliziano levou os romanos para a Grécia. Todos se dedicaram à obra não sem trazer muita glória aos Médici."[1] [...]

"Além disso, no pensamento de que só faltavam aos sábios as doutrinas pitagóricas, os quais, entretanto, se ocultavam dispersos na Academia Laurentiana, acredito que não iria vos desagradar se eu expusesse ao público o que, dizem, Pitágoras e os grandes Pitagóricos pensavam. Com vosso cordial consentimento os Latinos leem o que até então ignoravam. Para a Itália Marsilio publica Platão. Para os Franceses Jacques Lefèvre d'Etaples renova Aristóteles, terminarei a lista, e eu, Capnion, mostrarei aos Alemães um Pitágoras, cujo renascimento por mim seja a vós dedicado. A obra não pode ser bem concluída sem a Kabbalah dos Hebreus. A filosofia de Pitágoras começou com os preceitos dos «Cabalaei», e a memória dos Patriarcas deixando a Grande Grécia volta a se ocultar nas obras dos kabbalistas. Portanto, deve-se tirar quase tudo. Então, eu escrevi sobre a arte kabbalistica, que é uma filosofia simbólica, para divulgar os ensinamentos dos «Pythagoraei» aos eruditos. "[2]

Nós voltaremos adiante sobre essa obra, mas já é interessante notar que a tradução de várias obras vindas da religião judaica é claramente associada às da tradição helenística. Elas formaram a fonte extraordinária que atrairá todos os posteriores adeptos dessa corrente.

Devemos ainda notar que no final do Renascimento, a importante obra de Christian Knorr von Rosenroth, *Kabbala Denudata,* que é uma compilação muito importante de textos kabbalisticos.

Nós não faremos uma lista de autores kabbalistas e de todas as obras que eles traduziram ou publicaram. Os historiadores realizaram um brilhante trabalho nesse campo e continuam a fazê-lo. Nosso propósito nesta obra é de ajudá-lo a compreender as origens dessa tradição, medir o interesse, o real valor e compreender quais são os descendentes. Porque como frequentemente, os historiadores são relativamente objetivos para a história já antiga, mas muitas vezes parciais sobre as descendências modernas. Além desses aspectos históricos, é importante fornecer os elementos necessários à compreensão das práticas vindas dessa corrente que nós reunimos na segunda parte deste livro. Não é sempre evidente ver que uma das

---

[1] Johann Reuchlin, *A kabbala (de arte kabbalistica),* Tradução por François Secret, Aubier Montaigne, 1973, Paris, p.20.
[2] Ibid., p.22-23.

características de uma via tradicional, espiritual e iniciática, consiste em associar a prática ao estudo teórico. Nós bem avaliamos que esta última é fundamental, mas não deve substituir uma abordagem prática que é somente capaz de inspirar e validar os exercícios kabbalisticos. Sem isso, elas permaneceriam como uma pura abstração isenta do sagrado. Não vamos esquecer que o objetivo do praticante é se elevar à divindade, ou em uma linguagem mais contemporânea atingir os níveis de consciência capazes de revelar o divino em nós. Não esqueçamos que mesmo para o cristianismo, Deus fez o homem à sua imagem. Certamente poderíamos debate sobre o termo "imagem", que não poderia efetivamente refletir uma realidade, mas sua imagem degradada. Entretanto, nós preferimos seguir os antigos autores platônicos que reconheceram em o ser encarnado a presença do divino. Essa dissimulação da alma pelo corpo justificou os exercícios espirituais e as iniciações capazes de liberá-la progressivamente. Na tradição kabbalista hermetista, nada nos permite inverter isso, muito pelo contrário. Não esqueçamos que a academia platônica de Florença sob a tutela de Ficino e de Pico cria a corrente de que falamos. Johann Reuchlin, que tivemos a oportunidade de citar aqui mais particularmente foi a Florença para encontrar os irmãos da Academia. Como teremos a chance de mostrar com a ajuda de seus escritos, seu parentesco de pensamento é evidente.

Portanto, vamos agora lhe dar alguns elementos indispensáveis à compreensão das práticas da segunda parte. Nós nos basearemos para isso nos elementos vindos da Kabbalah cristã do Renascimento, mas também na corrente que nos parece legitimamente estar na continuidade desses iniciados platônicos: a Kabbalah mágica moderna, ela própria vinda da corrente Rosa-Cruz e do Ocultismo. Nós sabemos bem o que alguns historiadores da Kabbalah (seja ela judaica ou cristã) pensam dessa descendência. Mas nós vamos ter a ocasião de mostrar que isso é para nós a herança mais próxima desses pais fundadores do Renascimento. Certamente eles todos não tinham a cultura e a competência necessária. Certamente, seus predecessores aliavam um conhecimento enciclopédico a uma audácia intelectual e uma inegável prática espiritual oculta. (Isso é o que claramente demonstrou um autor como Frances Yates.) Mas o que era verdadeiro naquela época, não permaneceu e são muito raros os quantificadores atuais que praticam eles próprios esse caminho. Não vamos nos dar ao trabalho de levantar todas as enormidades que os preconceitos dos historiadores estão cometendo. É suficiente saber que a história não é imóvel e que ela evolui, sem por isso respeitar todas as ortodoxias.... É por isso que insistimos sobre o fato de que quer os descendentes atuais sejam eles ocultistas ou hermetistas, devem estar orgulhosos dessa herança. Eles devem sempre se mover em direção ao ideal que seus antigos mestres encarnaram, reunindo o conhecimento dos textos e das línguas, apoiados por uma constante prática interior.

NATUREZA DA KABBALAH

Sem desejar retornar ao que dissemos quanto às origens e à natureza da Kabbalah, parece-nos interessante atrair sua atenção aos vários comentários do texto de Reuchlin. Certamente eles não são sempre fáceis de interpretar, mas enfatizam com grande aplicação a origem, parentesco, senão a similaridade da Kabbalah e do pitagorismo que chamaremos de "filosofia itálica". São várias as alusões nos textos às diferentes noções neoplatônicas e gnósticas. Assim, Reuchlin considera que entre "todas as doutrinas [a Kabbalah] é a que tem o maior parentesco com a filosofia pitagórica. Ela não é mais semelhante. Diz-se que de fato Pitágoras extraiu quase todos os seus dogmas. É dado a esse Judeu o nome de Simon, filo de Eleazar, da antiga linhagem dos Yochai".[1] Notamos aqui uma versão que poderia parecer surpreendente quando se conhece a história da filosofia moderna. De acordo com o que diz Reuchlin, a tradição judaica da Kabbalah foi a fonte do pitagorismo. Portanto, não se poderia revelar melhor a Kabbalah do que estudando o pitagorismo que manteve uma marca preservada. É muito difícil saber se isso é o que ele pensava, ou se essa versão da história é um artifício destinado a se dissimular aos olhos da Igreja, validando assim a universalidade da mensagem cristã e de suas fontes. Não esqueçamos que uma parte da justificativa a esses estudos kabbalisticos era a demonstração da revelação cristã e a possível conversão dos judeus através da utilização da arte kabbalistica.

Da mesma maneira que na filosofia platônica, a Kabbalah é definida como uma arte da contemplação. Enquanto Platão falava da ascensão ao Belo (assimilado ao Bom e ao Verdadeiro), ele dizia que a última

---

[1] Johann Reuchlin, A kabbalah (de arte kabbalistica), Tradução por François Secret, Aubier Montaigne, 1973, Paris, p.25.

etapa era a da contemplação. Esse também é o objetivo atribuído à Kabbalah.

"No entanto, nunca houve para a espécie de homens que vivem aqui em baixo, e que sobre todas as outras espécies é especialmente dotado de inteligência e de Mens, um dom de Deus mais desejável que essa arte da Contemplação, nada mais apropriado à salvação das almas, nada mais apropriado para obter a imortalidade, e que, permite melhor à Mens do homem, em correspondência com a natureza se aproximar da deificação."[1]

Dificilmente pode haver afirmação mais herética que essa. Não vamos esquecer que no contexto cristão, o homem marcado pelo pecado original não pode em nenhum caso se redimir. Ele precisa essencialmente do sacrifício do Cristo. Mas aqui, como no platonismo, Reuchlin afirma que a prática da Kabbalah pode auxiliar na salvação de nossa alma, nos conduzir à imortalidade e nos deificar. É realmente de "tornar-se como deuses", certamente para a tradição neoplatônica, mas não para a tradição cristã. A sequência da frase confirma essa afirmação: "Esse é o objetivo supremo da beatitude, que os Gregos chamam Telos, ou, como quiserem chamar, o termo extremo, o objetivo final ou o fim, que possa nos permitir viver sem perder nada em felicidade tranquilamente, absolutamente sempre feliz sem obstáculo. Por meio de alguns símbolos, com uma grande arte, após haver rejeitado tudo o que é terrestre, vamos reunir a forma da forma, até que sejamos elevados à forma inicial, que é toda forma e sem forma. "[2]

A Kabbalah prática utiliza símbolos em seu estudo e seus ritos. De acordo com a doutrina neoplatônica, o mundo material é a imagem deformada do mundo divino ou inteligível. O símbolo é a imagem refinada dessa realidade divina tipo de intermediário entre nossa esfera e esse objetivo da contemplação. O símbolo está conectado por sua natureza abstrata com as realidades do mundo espiritual. Todo trabalho sobre este, portanto, nos conduz a um tipo de magnetização ao objetivo visado. Isso nos explica um dos fundamentos mais importantes das técnicas espirituais e mágicas assim como os kabbalistas cristãos as conceberam.

---

[1] Ibid. p.28.
[2] Ibid. p.28.

Como todos sabem, Deus falou a Moisés no Monte Sinai. A Kabbalah, portanto, também significa "ação de receber por ouvir". Deve ser notado e confiar, penso eu, em sua memória. ".[1]

Resumindo os diferentes pontos que evocamos, o autor prossegue definindo as categorias de adeptos para a Kabbalah: "É chamada Kabbalah em Hebraico. A Kabbalah é de fato a recepção simbólica da revelação divina, transmitida para permitir a contemplação de Deus e de formas separadas, que garante a salvação. Os que a herdaram por uma inspiração divina são propriamente chamados de Kabálicos (Cabalici). Nós chamaremos seus discípulos pelo nome de Kabbalados (Cabalaei), os que se empenham para imitá-los devem ser chamados Kabbalistas (Cabalistae), assim como os que se empenham todos os dias nos propósitos. " .[2]

Para concluir, saibamos que a doutrina do hermetismo é explicitamente colocada como o fundamento dessa via particular da Kabbalah: "Este bem, que se chama Deus, só poderemos alcançar, em razão da fragilidade de nossa condição, pelos graus e níveis. " Vemos novamente aqui essa possibilidade atribuída ao homem de ele próprio se elevar a Deus, utilizando os diversos graus da emanação. Poder-se-ia justamente estabelecer paralelos entre as filosofias neoplatônicas e a emanação segundo a árvore sefirótica. Mas indo mais longe, nosso autor faz apelo à referência essencial de todo hermetista, isto é, a cadeia dos Mestres Passados sempre viva da tradição: "Segundo vossa expressão, é a cadeia de Homero: Para nós Judeus, que falamos de acordo com a palavra de Deus, é a escala de nosso Pai Jacó. Ela se estende dos lugares supra celestes até a terra. É como uma corda ou algum cabo de ouro dirigido do alto do céu até nós é como o raio visual que atravessa diversas naturezas." A cadeia de ouro dos adeptos é uma imagem rica que remonta efetivamente a Homero e representa para os hermetistas de todos os tempos a ligação indefectível que os une uns aos outros, através de seus estudos e as iniciações que eles tenham atravessado.[3]

---

[1] Ibid. p.44.
[2] Ibid. p.45.
[3] Sobre esse assunto veja a obra, "ABC de la spiritualité maçonnique".

A LÍNGUA HEBRAICA

PRINCÍPIOS GERAIS

O Hebraico é constituído por um alfabeto formado por 22 consoantes, divididas em letras mães, simples e duplas. As vogais não eram tradicionalmente escritas e foram em seguida acrescentadas sob a forma de pontos e traços chamados nikoudot. O texto original da Bíblia é certamente anterior a essa junção das vogais e foi escrito sem separação entre as palavras. O texto apareceu assim contínuo e deveria ser reconhecido e vocalizado depois de uma aprendizagem direta e oral. Se transpusermos isso em nosso alfabeto daria, por exemplo: "Nocomeçodeuscriouocéueaterra". Se voltarmos ao texto com consoantes, teríamos então a seguinte frase: "Ncmçdscrctrr". Note que o Hebraico se escreve da direita para a esquerda. Cada uma das letras, e isso é uma das características importantes, representa também um número. Para melhor explicar isso, indicamos a letra seguida por sua pronúncia e por seu valor numérico. Finalmente, note que cada letra possui um nome que ele próprio porta um sentido. Em Português, ou nas línguas latinas em geral, a letra não representa nada a não ser ela mesma. Por exemplo, A não é nada além de A... Ora, em Hebraico o equivalente de A, se diz Aleph. Agora, essa palavra Aleph é composta de três letras (Aleph, Lamed, Pe) e pode ser objeto de pesquisas etimológicas. Ela tem um sentido particular que nos esclarece sobre a letra e além dela, sobre as palavras pela combinação do sentido de cada uma das letras que a compõem. Em um texto como a Torá, nenhuma dessas combinações é considerada fortuita. Pode-se facilmente imaginar a profundidade de meditação que é então possível.

O ALFABETO HEBRAICO

ט	ח	ז	ו	ה	ד	ג	ב	א
Tét	Ret	Zain	Vav	He	Dalet	Guimel	Bet	Alef
9	8	7	6	5	4	3	2	1
צ	פ	ע	ס	נ	מ	ל	כ	י
Tsadi	Pe	Ain	Samer	Nun	Mem	Lamed	Kaf	Iod
90	80	70	60	50	40	30	20	10
ץ	ף	ן	ם	ך	ת	ש	ר	ק
Tsadi	Pe	Nun	Mem	Kaf	Tav	Shin	Resh	Kof
900	800	700	600	500	400	300	200	100
Finais								

Vamos agora classificar as letras de acordo com suas características, tais como são enunciadas em um dos textos mais antigos da Kabbalah Hebraica, o Sepher Yetzirah.

						ש	מ	א
						Shin	Mem	Alef
						3 Letras mães		
	ת	ר	פ	כ	ד	ג	ב	
	Tav	Resh	Pe	Kaf	Dalet	Guimel	Bet	
					7 Letras duplas			
צ	ו	ע	ס	נ	ה	ל	ק	י
Tsadi	Vav	Ain	Samer	Nun	He	Lamed	Kof	Iod
					12 Letras simples			
					ט	ח	ז	
					Tet	Ret	Zain	
					12 Letras simples			

Cada letra tem, portanto, um número que lhe corresponde, mas também todo um conjunto de símbolos e significados derivados de sua forma, de sua utilização nas diferentes palavras do texto sagrado e nas meditações que foram desenvolvidas pelos diferentes kabbalistas. O livro de Reuchlin sobre o qual nos baseamos particularmente aqui, *De Arte Cabalistica*, nos dá algumas indicações precisas que nos permite associar às da Kabbalah mágica. Para aprofundar esses elementos, recomendamos que consulte a bibliografia, assim como nossa obra "a energia do Tarô" que contém um grande número de tabelas direta ou indiretamente ligadas a essas questões. Será o mesmo para diversos elementos deste capítulo.

Alef

Esta letra **é** o símbolo das coisas mais altas e mais elevadas, que subsistem pelo primeiro influxo da bondade divina, como por exemplo, os anjos chamados Raioth ha qodech, Viventes do Santuário, ou melhor, Vidas sem intermediário abaixo de Deus. Esses anjos purificam pela potência de Deus os que são imediatamente inferiores, iluminando e os aperfeiçoando. Isso é o que uma palavra comum chama de sua influência. " [1]

"De Alef a Iod são as ordens ou coros de anjos chamados Inteligência separada, formas livres, incorpóreas e não sensíveis vindas e derivadas da potência de Deus. Elas não têm forma, nem imagem, nem similitude."

Significado segundo Reuchlin: O caminho ou a instituição; Jó (XXXIII, 33) "Eu te ensinarei, isto é, eu te instituirei a sabedoria."

Significado segundo a kabbalah mágica: Boi – Ar.

Bet

"A segunda letra significa o segundo grau de anjos a partir do próprio Deus. Eles são chamados Ophanim, isto é, formas ou rodas, derivados em segundo lugar a partir da potência de Deus pela inteligência primeira. Eles também influem sobre os seres inferiores a partir de Deus. Os sábios também disseram que Beth simboliza a Sabedoria."

Significado segundo Reuchlin: A casa; Salmo. (XXIII, 6) "Eu habitarei na casa do Senhor."

Significado segundo a kabbalah mágica: Casa – Mercúrio.

Guimel

"Esta letra representa, a partir das essências superiores os anjos que são chamados Aralim, isto é, anjos grandes, fortes e robustos. Eles descendem em terceiro lugar a partir da bondade da Majestade divina. Eles são iluminados pela virtude de Deus por meio da inteligência segunda, e por sua vez eles influem sobre os seres inferiores."

---

[1] Johann Reuchlin, *A kabbala (de arte kabbalistica)*, Tradução por François Secret, Aubier Montaigne, 1973, Paris, p.276 e seguintes.

Significado segundo Reuchlin: Retribuição; Salmo (XVI, 7) "Porque o Senhor te retribuirá."
Significado segundo a kabbalah mágica: Camelo – Lua.

Dalet

"É o símbolo da quarta emanação entre os seres superiores, dos chamados Hasmalim. Eles recebem o influxo da virtude de Deus por meio da inteligência terceira, e por essa virtude, eles influem sobre os inferiores."
Significado segundo Reuchlin: Porta, entrada; Gênesis 19 (XIX, 9) "Eles avançaram para derrubar a porta."
Significado segundo a kabbalah mágica: Porta – Vênus.

He

"O He designa os seres superiores da quinta emanação a partir do próprio Deus. Esses são os Seraphim. Eles recebem o influxo da virtude de Deus por meio da quarta inteligência, e pela mesma virtude influem sobre os inferiores."
Significado segundo Reuchlin: Eis; Gên. 47 (XLVII, 23) "Eis a semente para vós."
Significado segundo a kabbalah mágica: Janela – Áries.

Vav

"Vav simboliza a essência de seres superiores da sexta emanação, chamados Malachim, anjos. Eles recebem o influxo da virtude de Deus por meio da quinta inteligência, e eles influem pela mesma virtude sobre os seres inferiores."
Significado segundo Reuchlin: Gancho torcido; Êxodo 26 (XXVI, 37) "Cujos ganchos serão de ouro."
Significado segundo a kabbalah mágica: Prego – Touro.

Zain

"Zain é o selo dos espíritos abençoados superiores da sétima emanação, Elohim, deuses. Eles recebem o influxo da virtude de Deus pelos anjos da sexta ordem, e eles influem sobre os inferiores pela mesma virtude."
Significado segundo Reuchlin: Armas; Reis 22 (1 Reis XXII, 38) "Eles lavaram as armas segundo a palavra do Senhor."
Significado segundo a kabbalah mágica: Espada – Gêmeos.

Ret

"Ret é o símbolo dos seres superiores da oitava emanação. Esses são os anjos que são chamados Bene Elohim, filhos de deuses, iluminados pela virtude de El, pelo intermédio dos anjos da sétima ordem, e pela mesma virtude eles propagam o influxo sobre os inferiores."

Significado segundo Reuchlin: Terror; Jó 7 (VII, 14) "Tu me aterrorizarás pelos sonhos."

Significado segundo a kabbalah mágica: Cerca – Câncer.

Tet

"Tet é o símbolo dos anjos da nona emanação chamados Querubim. Eles recebem o influxo da virtude de Deus por meio da oitava inteligência, e influem pela mesma virtude sobre os inferiores."

Significado segundo Reuchlin: Declinação, por metátese Teth; Prov. 4 (IV, 27) "Não te declines nem para a direita nem para a esquerda."

Significado segundo a kabbalah mágica: Teth - Leão

Iod

"Iod significa a essência das Inteligências da décima emanação. Elas são chamadas Issim, nobres e aristocratas e são inferiores a todas as hierarquias. A virtude de Deus as ilumina por meio do nono coro e propagam aos filhos dos homens o conhecimento e a ciência das coisas e a atividade milagrosa. Também os que são dotados de tal faculdade chamados, «AIS». [...] É de lá que vêm as visões proféticas, e todas as coisas grandes e santas."

Significado segundo Reuchlin: Confissão de louvor; Gen. 49 (XLIX, 8) "Teus irmãos te louvarão."

Significado segundo a kabbalah mágica: Mão – Virgem.

Kaf

"Esta letra designa o primeiro móvel a partir do próprio El Saday, assim como imediatamente a partir da causa primeira, embora pelo intermédio do espírito da vida racional ao movimento comunicativo, que é o anjo Metatron". É chamado o intelecto agente do mundo sensível, que abre, por meio da penetração das formas, a via para todos os seres inferiores. Assim, ele influencia tudo o que é móvel pela virtude divina.

Kaf final significa o círculo das estrelas fixas. É em relação a nós a oitava esfera, mas em relação às esferas superiores, é o segundo mundo dividido nesses 12 signos do Zodíaco que chamamos MaSaloth. "Exerce sua influência a partir da potência de Deus por meio da inteligência do próprio Caph e influi da mesma maneira sobre os inferiores. "

Da letra Kaf a Tsadi é designada as ordens dos céus, governadas pelo influxo dos anjos. "Esse mundo é chamado de o mundo dos orbes ou esferas. "

Significado segundo Reuchlin: Palmas; Ecles. 4 (IV, 6) "Melhor é a mão repleta de repouso."

Significado segundo a kabbalah mágica: Palma da mão – Júpiter.

Lamed

"Lamed é o signo da primeira esfera de planetas. São chamados «Leket», como andarilhos. Os Latinos os chamam errantes (errones) à maneira dos Gregos que por essa razão dizem que são os planetas. É dito que o sétimo mundo é atribuído a Saturno, que nós chamamos Sabbathai. Ele recebe o influxo e o transmite."

Significado segundo Reuchlin: Doutrina; Salmo. 143 (CXLIII, 10) "Ensina-me a fazer tua vontade."

Significado segundo a kabbalah mágica: Chicote – Libra.

Mem

"**O Mem aberto** denota a esfera de Júpiter, que chamamos Zedeq. Ele recebe o influxo da virtude de Deus por meio da inteligência superior, e influi sobre os inferiores pela mesma virtude. "

"**O Mem fechado** é o símbolo da esfera de Marte, que chamamos Madim, quinto orbe; ele recebe o influxo da virtude de Deus Criador pelo anjo imediatamente superior, e pela mesma virtude influi sobre os inferiores."

Significado segundo Reuchlin: Águas; Isaias. 55 (LV, 1) "Ah! Vós que estais com sede, vinde às águas."

Significado segundo a kabbalah mágica: Água – Água.

Nun

"Esta letra significa o maior luminar, chamado Semes, sol. Sua esfera é chamada o orbe Hamah. Ela recebe o influxo de Deus por meio da sexta inteligência, e é por ela que influi sobre os inferiores. "

O **Nun final** indica a esfera de Vênus, que chamamos Noga. "Ela existe pela virtude de Deus, e exerce sua influência por meio da sétima inteligência. "

Significado segundo Reuchlin: Filiação; Isaias. 14 (XIV, 22) "Filhos e posteridade."

Significado segundo a kabbalah mágica: Peixe – Escorpião.

Samer

"É o símbolo do meirinho (cancellarius) chamado Cocab, e em Latim Mercúrio. Recebe o influxo a partir das superiores pela virtude de Deus, e influi sobre os inferiores pela mesma virtude."

Significado segundo Reuchlin: Aplicação; Deut. 34 (XXXIV, 9) "Porque ele aplica, isto é, Moisés impõe suas mãos sobre ele."

Significado segundo a kabbalah mágica: Apoio – Sagitário.

Ain

"É o símbolo da esfera da Lua, que chamamos Iareah. Ela aparece como o olho esquerdo do mundo. É o último dos orbes entre esses portadores de astros, e em razão de sua brancura às vezes é chamada Lebana. Entregamos o todo à arte dos astrólogos."

Significado segundo Reuchlin: Olho; Êxodo 21 (XX1, 24) "Olho por olho."

Significado segundo a kabbalah mágica: Olho – Capricórnio.

Pe

"Esta letra significa a alma intelectual, particular e universal. Ela é dirigida pelas inteligências separadas graças às quais Deus influi tanto nas esferas quanto nas estrelas e em todos os seres animados superiores e inferiores das esferas e dos elementos.

O Pe final designa os espíritos animais, que são dirigidos pelas inteligências superiores a partir da Potência e do Mandamento de Deus."

Significado segundo Reuchlin: Boca; Êxodo. 4 (IV, 11) "Que deu uma boca ao homem."

Significado segundo a kabbalah mágica: Boca – Marte.

Tsadi

"**De Tsadi a Tav** intervêm os quatro elementos com suas formas, e todos os vivos e não vivos. Eles dependem da potência de Deus, que os dispensa o ser e a vida. Eles são dirigidos pelos influxos dos anjos e das esferas. É o Mundo dos elementos no qual se encontra o homem que os Gregos chamavam Microcosmo (mundo pequeno)."

"Tsadi simboliza a matéria tanto dos céus que é inteligível, quanto dos elementos que é sensível e de todos os mistos. Eles são dirigidos pela virtude divina por meio de inteligências separadas de suas formas próprias."

Tsadi final mostra as formas dos elementos que são o fogo, o ar, a água e a terra. "São regidos pela virtude divina por meio dos anjos chamados Issim, pela virtude dos céus e pela virtude da matéria primeira, que é a origem de todos os elementos."

Significado segundo Reuchlin: Lados; Êxodo 25 (XXV, 32) "Seis ramos sairão de seus lados."

Significado segundo a kabbalah mágica: Anzol – Aquário.

Kof

"É o símbolo das coisas inanimadas, de minerais e das coisas chamadas compostas de elementos e mistas. Eles são dirigidos pela virtude divina por meio das esferas celestes e inteligências separadas chamadas Issim. E influem sobre os inferiores na região dos quatro elementos."

Significado segundo Reuchlin: Revolução, circuito; Êxodo 34 (XXXIV, 22) "Retornando o tempo do ano, isto é, na virada do ano."

Significado segundo a kabbalah mágica: Nuca – Peixes.

Rech

"Significa todos os vegetais, frutas, os produtos, e tudo o que nasce da terra. Recebem o influxo da virtude de Deus dos corpos celestes e as inteligências chamadas Issim: é o mesmo para os complexos de elementos."

Significado segundo Reuchlin: Indigência; Prov. 10 (X, 15) "O medo dos miseráveis é a pobreza. Outros, no entanto, traduzem por herança."

Significado segundo a kabbalah mágica: Cabeça – Sol.

Chin

"O Chin designa todas as coisas que têm sentidos, tanto os répteis da terra, os animais que se deslocam, como os peixes da água, os pássaros do céu, e todo ser desprovido de razão que tem movimento vital. Eles são regidos pela potência de Deus a partir dos corpos celestes e as inteligências que chamamos Issim, e pelos conjuntos de elementos."

Significado segundo Reuchlin: Dente; Jó 4 (IV, 10) "E os dentes dos leõezinhos se quebram."

Significado segundo a kabbalah mágica: Dente - Fogo.

Tav

"Tav é o símbolo do homem e da natureza humana que é a perfeição e o fim de todas as criaturas. Ela é dirigida a partir de Deus pelas assembleias e as qualidades dos elementos segundo os influxos do céu, e através das câmaras particulares de inteligências separadas Issim, que são de condição angélica. E uma vez que estes são no mundo dos anjos o fim e a realização, assim o homem é o fim e a perfeição das criaturas no mundo dos elementos, bem mais no mundo de todas as coisas."

Significado segundo Reuchlin: Sinal; Ezequiel 9 (IV, 4) "Marca com um Tau as frontes dos homens."

Significado segundo a kabbalah mágica: Sinal de identificação – Saturno.

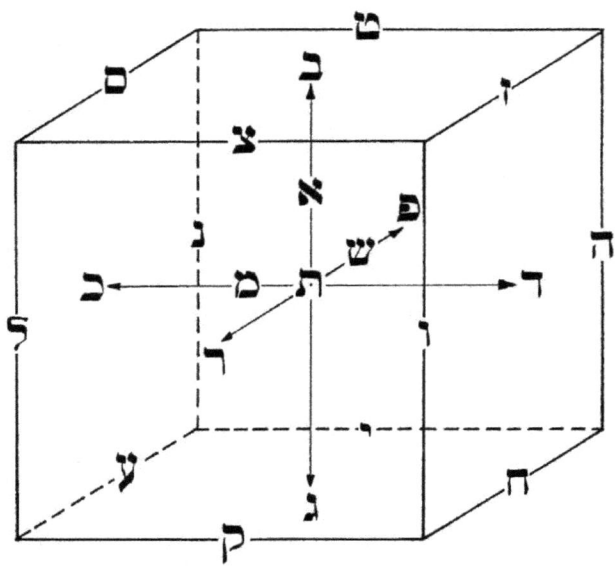

Figura 1: as letras Hebraicas no espaço segundo o Sepher Yetzirah.

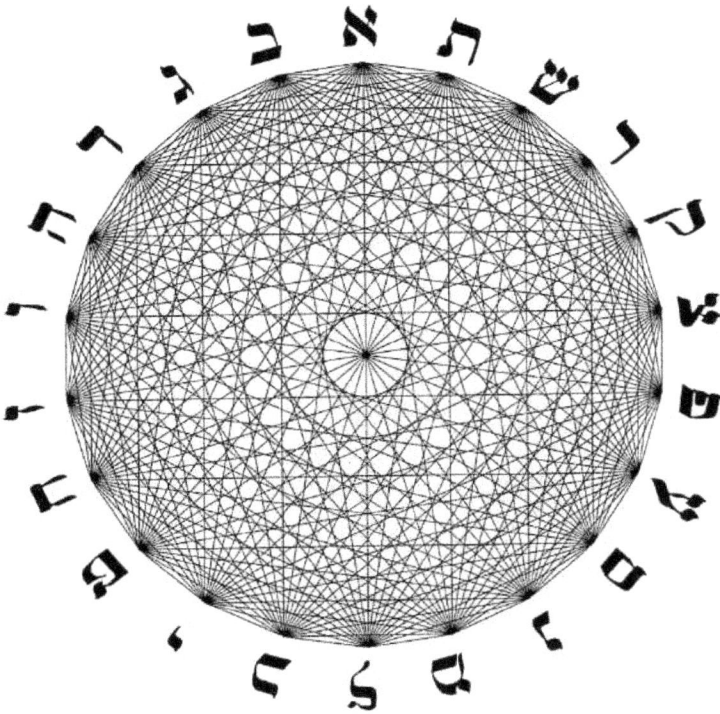

Figura 2: as 22 letras hebraicas

Citamos enfim o *Hino dos louvores* utilizado na tradição ogdoádica. Trata-se de uma profunda meditação sobre as letras hebraicas e os caminhos da árvore da vida. Às vezes é utilizado em algumas práticas rituais. É dado começando pelo fim do alfabeto para respeitar a ordem de ascensão da árvore da vida partindo da esfera de existência na qual nos encontramos.

Tav – 32 - Saturno

(Na ordem: letra hebraica, número do caminho da árvore da vida, correspondência do planeta, signo ou elemento)
A ti a Marca da Perfeição, Ser realizado
Soma das existências.
A ti a Porta final, aberta sobre o mistério indizível da Noite.
A ti o primeiro passo hesitante nas trevas dos que, nesse instante
Nascem no labirinto!

Chin - 31 - Fogo

Ó Fogo fulgurante, em tua potência, rindo em chamas,
Lançando-se para o céu.
Teu dente é afiado e devora todas as coisas sobre a terra,
Todas as coisas transmutáveis, dominando-as com tua força incorruptível,
Trazendo-as secretamente a seus princípios.

Kof - 29 - Peixes

Levanta-te em teu esplendor, Ó Rei! Fronte gloriosa contempla teu império. Alegrem-se os que veem!
Um canto se eleva, governa e ilumina.
A crisólita brilha em tua coroa, levanta-te e inspira, Leão dourado, Voo do Falcão, Alegria, perfume de ambrosia!

Rech - 30 - Sol

Silenciosamente sob a Lua desaparece, do dia o livre curso.
Suavemente as vozes da Noite ressoam em nossas portas, saem do esquecimento
Chamando o sacrifício!
Aqui estamos, crianças, todos de um mesmo parentesco. Nós louvamos o Senhor!

Tsadi - 28 - Aquário

Tzaphqiel, tu que brilhas além dos véus da noite!
Face e mensageiro da Mãe salve!
A ti, essa distante fortaleza de esplendor
Iluminando a aridez de nosso caminho.
Fonte de esperança, água celeste
Imortal, nossa sede por ti!

Pé - 27 - Marte

Jogo do sopro e da Palavra, da Vida e da Lei intercâmbio complexo
Tecendo o fundamento de nossos dias: essa é nossa força que é nosso perigo.
Espírito oracular, diz: manterão a unidade conhecimento e amor manterá a unidade
Ou, opostos, nos quebrarão?

Aïn - 26 - Capricórnio

Da origem das formas preenchendo as vastas esferas de suas formações
Miríades de imagens se elevam, violentas ou serenas, carnais, etéreas.
Saudações, Ó ti Olho que viu todas as coisas que são,
Conhecimento que os considera
Abençoando sua bondade!

Samer - 25 - Sagitário

Pedra do sonho do Patriarca, austero travesseiro sob a cabeça do errante
Enquanto que entre o céu e a terra gloriosas formas vão e vem sem interrupção.
Saudações a ti, porta dos Mundos, coluna não talhada erigida em memorial
Mostrando o caminho da Flecha!

Noun - 24 - Escorpião

Próximo do coração dos mares observe o Peixe ondulante, perolado,
Movendo-se no ritmo das marés, deslizando nas profundezas sob suas turbulências
Atravessando os abismos insondáveis, insinuando-se nos casos perdidos dos navios
Sombra impenetrável!

Mem - 23 - Água

Mãe das águas profundas, teus palácios são tenebrosos, teus perfumes são amargos.
Vozes de amor e respeito te invocam. Apareça, deixe tua aflição!
Vista-te com o manto de tuas ondas, Mãe da vida vista-te de esplendor
Celebre teus Mistérios!

Lamed - 22 - Libra

Sejas chamado Flagelo dos ventos, despertando a tempestade, excitando o furacão,
Castigando as florestas, as planícies, arrebatando as folhagens mortas do passado,
Varrendo a morte do verão!

Dança e exulta, beleza invisível,
Terrível inocência!

Kaf - 21 - Júpiter

Taça que recebe e concede, palma generosa que reúne e dispersa,
A ti as chuvas abundantes, a ti a fonte púrpura e perigosa.
A ti pertence a autoridade de lançar na tumba, a ti de conceder asilo
Sim, de conceder a liberdade!

Iod - 20 - Aquário

Tu és juventude eterna, intemporal tal como a luz que se expande no
silêncio
Alquimia do trigo dourado, poder que cria, transforma e fecunda,
Inflamando os astros com teu toque,
Tocando as imensas volutas das nebulosas,
Engendrando as galáxias!

Tet - 19 - Leão

Doze são os signos vizinhos emoldurando o brilhante dragão celeste,
circundando o mundo serpentino, leonino,
Tu que o Trovejante em vão se esforçou para te deslocar, poderoso,
luminoso
A ti toda reverência!

Ret - 18 - Câncer

O Caos está em nossas portas. Poderosa seja a muralha, forte a
cidadela!
Pelo fogo da adversidade, formado para suportar seja nosso campeão.
Seja nosso escudo até que enfim
O Tumulto englobe a Harmonia manifestada!

Zaïn - 17 - Gêmeos

Zéfiro ou Bóreas furioso, qual é teu sopro, qual é teu propósito?
Raio fulgurante ou claro alvorecer, sob qual forma saudaremos tua
aparição?
Duas são as serpentes da potência, duas as augustas Tumim da
profecia.
Duplo seja nosso louvor!

Vav - 16 - Touro

Adorador inabalável como a rocha, ardente como a chama, Suporte da unidade,
Filho desse espírito divino fixo no sol, generoso, abundante,
Vida dos mundos órfãos!
Assim te elevas, pontífice do sacrifício, Fidelidade imutável!

He - 15 - Áries

Nobre e vitorioso, saudações!
Nas janelas drapeadas de púrpura a multidão se aperta por ti,
Para te ver, mas o que é ver senão realizar, vitorioso que conquista.
Para completar, para realizar. Juiz que vê a verdade!
Saudações a ti cujo estandarte
Conduz as festas do ano!

Dalet - 14 - Vênus

Portal da visão realizada, doadora de sonhos à aventura,
Sagrados são os vermelhos portais do alvorecer, sagradas as portas de esmeralda
Da exultante primavera, Mãe das façanhas manifestadas, multiformes
Mãe do destino!

Guimel - 13 - Lua

Graça da noite cintilante, magnificamente pálida, camelo que te trouxe
Bravamente com rédeas de pérolas, vestido com o mais belo flanco de prata.
Procurando as moradas sem caminho, conhecendo todos os tempos, conhecendo as inumeráveis
Sementes do firmamento!

Bet - 12 - Mercúrio

Portando a verdade em teu coração, fogo opalino selado profundo e inviolável,
No ponto em que as sete cores cruzam os mundos participas de suas diferenças.
Saudações à voz de tua potência, que fala todas as línguas, múltiplo em seus desígnios,
Uno em divindade!

Alef - 11 - Ar

Aliado do ar sem asilo, criança pálida como a primavera, Senhor-Sombra azulada,
Girando no rodopio das esferas, cingindo seu curso, marcando seus turbilhões,
Brilhando como calcedônia, fulgurando e jorrando, ardente como o gálbano
Saudações a ti, sopro das origens![1]

USOS COMBINATÓRIOS

Vamos agora às possibilidades que oferece tal alfabeto.

Como Reuchlin e outros kabbalistas cristãos mostram, existe um grande número de utilizações mentais das letras hebraicas. Essas múltiplas permutações, correspondências, símbolos, permitem estabelecer cálculos extremamente complexos se apoiando em um ótimo conhecimento dos textos sagrado. A maior parte das obras publicadas sobre a Kabbalah se refere a esses cálculos e os utiliza. Nós vamos mencionar somente os principais métodos utilizados. Eles correspondem a uma aplicação da mística kabbalistica e não representa toda a prática dessa via. Essa dimensão é menos presente na utilização mágica desses princípios. Saiba que o conhecimento perfeito desses sistemas não é absolutamente indispensável aos que querem ter uma compreensão geral do sistema, nem mesmo aos que desejam utilizar práticas derivadas desse sistema.

1° Temos primeiramente que uma mesma palavra pode ter vários sentidos na medida em que as vogais não existem. Tomemos um exemplo para ilustrar esse ponto.

A palavra « Adam » Gênesis1: 27 e significa « o homem » no sentido genérico. A palavra « Adom » significa « vermelho ». A palavra « Adama » Gênesis 2:7 e significa « a gleba, a matriz ».

2°- Mas uma palavra também pode conter outras palavras ou raízes. Assim, em nosso exemplo anterior, a palavra Adam, inclui sangue: Dam, portanto, uma união de sentidos possíveis entre Adão, o vermelho e o sangue. Adão sendo o homem universal, todos os

---

[1] Melita Denning e Osborne Phillips, Filosofia e prática de Alta Magia, Edição Tchou, Paris, reedição 2007, pág. 120 e seguintes.

homens têm sangue vermelho. Portanto, vertendo o sangue de um ser, é também o sangue de cada um de nós que vertemos.

3°- Como dissemos anteriormente cada letra representa um número, a = aleph = 1, b = beth = 2, etc.

A Kabbalah se divide em três partes: *A guematria, o notaricon e a temura.*

a) **A Guematria**: Consiste em substituir as letras por seu valor e aproximar as palavras que têm valores totais idênticos. Assim, o exemplo clássico das seguintes palavras: « Um » = érad = 4 + 8 + 1: Aleph + 8: Ret + 4: Dalet = 13 - « Amor » = ahavah = 5 + 2 + 5 + 1 = 13: O amor, portanto, é unidade.

b) **O Notaricon**: Cada letra que forma uma palavra é a inicial de outra palavra e forma então uma frase. Exemplo célebre, a palavra « AGLA » (Aleph, Guimel, Lamed, Aleph que é construída a partir da frase « Ata Gibor Leolam Adonaï », « Tu és poderoso para sempre, Senhor ».

c) **A Temurah**: É a técnica que consiste em permutar as letras hebraicas. Assim, na sua forma mais simples pode-se substituir cada letra pela precedente ou a seguinte no alfabeto.

4°- Um quarto ponto dessa língua é a forma da letra por si mesma. Assim, o exemplo abaixo da letra *Aleph.*

O pensamento inconcebível.

O símbolo do mistério do pensamento supremo.
Os seis graus.

O símbolo do firmamento superior.

Os Ayoths ocultos.

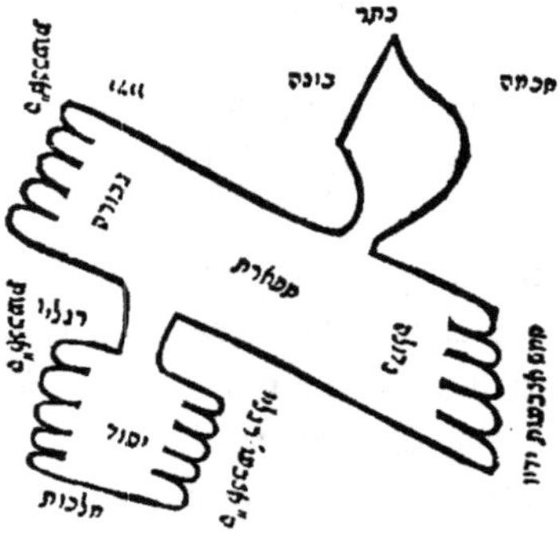

Figura 3: as sephiroth na letra Aleph (representação 1)

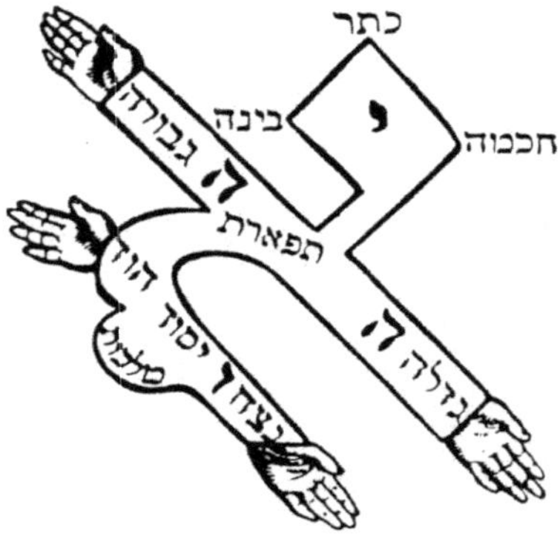

Figura 4: as sephiroth na letra Aleph (representação 2)

AS LETRAS E O CORPO HUMANO

Mencionemos agora dois aspectos bem pouco conhecidos utilizados na kabbalah mágica. As letras podem ser mentalmente superpostas ao seu corpo. Sua visualização, associada à sua pronúncia e aos nomes divinos correspondentes, permite ao praticante sentir interiormente o significado e o poder da letra. É uma forma de meditação ativa que está integrada a alguns aspectos rituais dessa via.

Nosso corpo também pode, de certa maneira, aprofundar a prática incorporando a posição da letra. Dessa maneira, cada letra corresponde a uma posição do corpo. Pode-se imaginar muito facilmente a consequência no nível de uma palavra. Obtemos então uma verdadeira coreografia que expressa o caráter e a sensibilidade da palavra ou da frase. Esses elementos foram desenvolvidos na *Energia do Tarô*, mas nós lhe damos um exemplo abaixo para a letra Aleph:

"- Na posição inicial você está de pé, a costa ereta, as pernas juntas, os braços relaxados ao longo do corpo, os ombros descontraídos, a face descontraída e os olhos fechados ou semifechados.

- Concentre-se em sua respiração, e então realize o gesto do primeiro arcano.

Leve sua perna direita para frente e ao mesmo tempo seu braço direito, a palma da mão virada para o alto. Também durante esse movimento sua cabeça é levantada para que seu olhar se dirija para cima a 45° da posição inicial.

- Ajoelhe-se colocando o joelho esquerdo sobre o solo. Ao mesmo tempo traga seu braço esquerdo para frente da perna esquerda de tal maneira que as pontas dos dedos dessa mão toquem o solo, o braço ligeiramente apoiado sobre a coxa. Ainda no mesmo movimento, enquanto se ajoelha, abaixe ligeiramente sua cabeça. Coloque seu cotovelo direito sobre a coxa direita e a mão direita na parte da frente da cabeça, a palma situada na altura da parte superior da testa.

O gesto é mantido por alguns instantes antes de retornar à posição inicial.

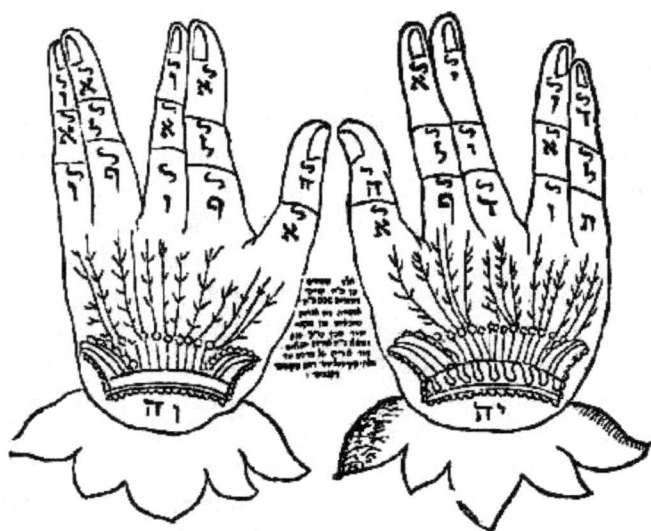

Figura 5: mãos divididas em 28 seções, cada uma contendo uma letra hebraica. (O número 28 em hebraico corresponde à palavra força) Na parte inferior da mão, as duas letras em cada mão constituem o tetragrama, nome de Deus impronunciável.

Figura 6: a letra IOD no trabalho energético

Figura 7: a letra VAV no trabalho energético

O trabalho energético com as letras hebraicas
Exemplo das duas letras Iod e Vav

O USO ENERGÉTICO

Tivemos a oportunidade de dar os principais sentidos de diversas letras do alfabeto. Sabemos que cada uma delas é um verdadeiro hieróglifo em relação com uma energia particular da criação. Como dizia Reuchlin, a utilização do símbolo é um meio de nos aproximarmos do divino, subindo passo a passo os níveis da manifestação. Assim como tivemos a oportunidade de citar, seu texto faz, evidentemente, alusão em primeiro lugar, ao trabalho de visualização e memorização. Todavia, isso significa que a própria forma é o portal que nos conduz à realidade que ela cobre. Mas, o que é verdade na ação interior dessa letra, não é somente uma realidade imaterial. Essa ação se torna possível pelas características da letra a começar por sua forma. A contemplação da letra nos induz esta conexão com o divino. Mas, de acordo com o que dissemos, a presença da letra, mesmo fazendo abstração da visão direta dela, induz um efeito sobre o local em que ela se encontra, assim como sobre as pessoas que estão em sua presença. Nós podemos falar aqui do que os modernos chamaram de onda de forma. Essa propriedade é conscientemente utilizada por muito tempo pelos adeptos, especialmente nos pantáculos, assim como dentro dos rituais. O que é verdade para as letras também o é para as palavras. Consideremos, por exemplo, uma palavra como Ech, o fogo. O fato de escrever os caracteres que a compõem e de coloca-los perto de nós, manifesta a potência do fogo. O contexto no qual essa representação será utilizada (espaço sagrado, rito iniciático, etc.) especificará melhor o que é o fogo. O conhecimento preciso dessas técnicas é há séculos o feito dos kabbalistas hermetistas e magos. Assim foi e assim permanece nas ordens iniciáticas autênticas. Esse conhecimento é extremamente precioso e permite aos que o utilizam obter resultados muito mais importantes que são perceptíveis a qualquer pessoa que participe de tais exercícios ou ritos. Isso é verdadeiro quer eles tenham ou não conhecimento e compreensão do hebraico. De fato, nesse domínio da ação, é claro que o conhecimento da língua não acrescenta muito, além do fato de evitar erros de vocabulário ou de representação.

A ÁRVORE SEPHIRÓTICA

As dez sephiroth constituem a árvore da vida. Segundo Reuchlin "muitos autores entre nós tratam as dez numerações de maneiras diferentes, chamadas pelos "Cabalaei" de as 10 sephiroth. Alguns o fazem na forma de uma árvore, outros na forma do homem. Frequentemente é feita menção de raiz, tronco, ramos e cascas. Frequentemente de cabeça, ombros, coxas, pés, lado direito e esquerdo. Esses são os dez nomes divinos que nós mortais concebemos de Deus. São nomes de essência, de pessoa, que são chamados Kether - Coroa, Hokmah - Sabedoria, Bina – Prudência ou Inteligência, Hesed – Clemência ou Bondade, Gebura – Gravidade ou Severidade, Tiferet - Ornamento, Netzah - Triunfo, Hod – Confissão de louvores, Iesod – Fundação, Malkuth – Reino. Acima da coroa está situado Ein Sof Infinito e é o abismo."[1] Cada sephirah é um modo

---

[1] Ibid., pág.246.

dinâmico de ser, em que o caráter é expresso por sua relação, em primeiro lugar, com as outras Sephiroth e, em seguida, com os outros seres. As relações das Sephiroth entre si são resumidas por certa estrutura que é permanente na natureza das coisas e imutável, quer nós consideremos as Sephiroth em seu mundo de origem, Atziluth, ou nos outros mundos. São as trocas de energias entre as esferas que lhes dão essa aparência bastante particular.

Cada sephirah tem um nome específico e se manifesta a nós por suas qualidades particulares ou pelos símbolos dessas qualidades, através dos quatro mundos. Nós reunimos os nomes das Sephiroth e as principais ideias correspondentes um pouco mais abaixo. Como diz Reuchlin, os kabbalistas judeus "escreveram bastante sobre a árvore de dez numerações. Eles expõem essa questão complicada, e eles trazem e reduzem quase todo o Antigo Testamento a essas dez sephiroth, e por meio dessas dez numerações aos dez nomes de Deus, e ao único Nome Tetragrama. Eles afirmam que Ein Sof é o Alfa e o Ômega, que disse: Eu sou o primeiro, e eu sou o último.".[1]

Essa estrutura que poderia ser qualificada de arquetípica é a representação de esferas que existem nos quatro mundos descritos pela Kabbalah e tanto no plano macrocósmico quanto no microcósmico.

Vamos agora examinar cada uma dessas esferas de acordo com os significados dados por Reuchlin e segundo a herança da kabbalah mágica. Segundo a tradição hermetista, as Sephiroth emanam umas às outras em uma ordem definida a partir de sua origem. Como você verá adiante nos exercícios práticos, o objetivo do adepto é utilizar o esquema dessa árvore para progredir como por uma escada do mundo material (Malkuth) até a esfera mais alta, o mundo divino (Kether).

KETHER

A primeira esfera a se manifestar e a mais alta de todas é chamada Kether. É a manifestação arquetípica de origem da divindade. Ela é uma pura concentração de energia luminosa que contém potencialmente tudo o que está para vir. Ela é a unidade perfeita.

Segundo Reuchlin, Kether, a coroa do reino de todos os mundos é a origem inesgotável. Vários temas estão relacionados com ela, como o grande Aleph, a luz inacessível, os dias da eternidade.

---

[1] Ibid., pág.247.

Força: Unidade – **Símbolo cósmico**: Nebulosa espiral.
Imagem arquetípica: Velho rei barbado visto de perfil.

HOKMAH

A segunda esfera Hokmah representa a paternidade, o lugar no qual a energia aumenta e se acelera.

Segundo Reuchlin, entre os atributos de Hokmah, a Sabedoria "relata-se sua primogenitura, Yesh, isto é, Ser, Lei primitiva, Iod, primeira letra do Tetragrama, Terra dos viventes, os 32 caminhos, os 70 aspectos da Lei, Guerra, Julgamento, Amém, Livro, Sadio, Vontade, Princípio e outras coisas desse gênero.".[1]

Força: Expansão – **Símbolo cósmico**: Esfera das estrelas fixas - Zodíaco
Imagem arquetípica: Patriarca barbado.

BINAH

A terceira esfera Binah corresponde à potência feminina, à maternidade. Ela dá uma forma a tudo o que vai existir e passa por ela. Ela canaliza as energias que a atravessam.

Segundo Reuchlin, "associando a letra final Nun, Beth gera BEN, o filho, que é a primeira produção na divindade, e o princípio de alteridade. [...]. Permanece em terceiro lugar o meio entre Aleph e Nun, que é Yod, símbolo do santo Nome Yah. Se você combinar os dois caracteres de Yah alternativamente ao nome Ben, terá Bina [Beth-Iod-Nun-He], inteligência, prudência ou providência, isto é, a terceira numeração *in divinis*, à qual é atribuído Adonai, o Espírito, a Alma, o Juramento, o Mistério da fé, a Mãe dos filhos, o Rei sentado no trono de misericórdia, o grande Jubileu, o grande Sabá, o Fundamento dos espíritos, a Luz prodigiosa, o dia supremo, Cinquenta portas; o Dia de expiação, a voz interior, o Rio que sai do Paraíso, a Segunda letra do Tetragrama [He], a Penitência, as Águas profundas, Minha irmã, a Filha de meu pai, e outras.".[2]

Força: Constrição – **Símbolo cósmico**: Saturno – **Sentido arquetípico**: Estabilidade imutável – **Cor moderna**: Índigo.
Imagem arquetípica: Reino celeste.

---

[1] Ibid., pág.248.
[2] Ibid., pág.249.

CHESED

A quarta esfera Chesed, possui um caráter expansivo que prepara uma passagem do abstrato para o concreto. Ela expressa uma forma atenuada da paternidade presente em Hokmah. Ela assume o lugar de legislador e expressa a gentileza sob uma segunda forma chamada Gedoulah.

Segundo Reuchlin, Chesed é a Bondade, a Clemência. Estão associados, com o nome divino El, esses outros: Graça, Misericórdia, Braço direito, Inocente, Terceiro dia, Fogo branco, Face do leão, Primeiro pé, primeiro Abraão, Oriente, Águas superiores, Prata de Deus, Miguel, Sacerdote, Anjo em forma de Electrum, Hasmal, Vestes brancas, Vento do meio-dia e outros."

Força: Ordem – **Símbolo cósmico**: Júpiter – **Sentido arquetípico**: Beneficência majestosa – **Cor moderna**: Azul

Imagem arquetípica: Rei-Sacerdote sobre o trono.

GEBURAH

A quinta esfera Geburah é uma expressão da justiça divina e da força.

Segundo Reuchlin, Geburah, a Severidade, o nome divino é Elohim e se aplicam a ele: medo, propriedade do Rigor ou da Força, Preceitos negativos da Lei, Braço esquerdo, Fogo saindo dos olhos, [...] Quarto dia, Ocidente, Gabriel, Isaac, o antigo, Noite, Coragem, Altar de ouro, Segundo pé, Santificação, Obscuridade, Metatron, Aquilon, Aparência sombria."

Força: Energia – **Símbolo cósmico**: Marte – **Sentido arquetípico**: Força intrépida – **Cor moderna**: Vermelho.

Imagem arquetípica: Rei guerreiro armado.

TIPHERETH

A sexta esfera, Tiphereth expressa a harmonia, a beleza e o equilíbrio. É o lugar de passagem e de troca entre as forças do alto e de baixo. Ela reúne em si e de maneira mais perceptível, as qualidades e a energia de Kether.

Segundo Reuchlin, Eloha se aplica a Tiphereth assim como "Árvore da vida, Prazer, Linha média, Lei escrita, Grande Sacerdote, Nascer do sol, Aparência púrpura, [...] Paz, A Lua, a terceira letra do Tetragrama, Nosso Pai que está no céu, Homem superior ou Adão Celeste, Julgamento, Sentença, Miguel, Israel o antigo, Deus de Jacó."

Força: Equilíbrio – **Símbolo cósmico**: Sol – **Sentido arquetípico**: Esplendor fecundante – **Cor moderna**: Amarelo.
Imagem arquetípica: Criança divina; rei solar; deus sacrificado.

NETZAH

A sétima esfera, Netzah, permite ao amor e à vitalidade se manifestar no mundo da forma, na existência natural.
Segundo Reuchlin, "à sétima esfera estão relacionados Adonai Sabaoth, Coxa, Pé, Coluna direita, Grande roda, Visão da profecia, Moisés, etc."
Força: Combinação – **Símbolo cósmico**: Vênus - **Sentido arquetípico**: Amor Celeste – **Cor moderna**: Verde.
Imagem arquetípica: amazona nua.

HOD

A oitava esfera, Hod, divide e analisa. Ela corresponde à dimensão intelectual.
Segundo Reuchlin, à oitava esfera Hod, "convém Elohim Sabaoth, Mistério da coluna e do Pé direito, Boaz, e daí vem a Serpente antiga, o ensinamento do mestre, Ramo, Aarão, Cherub, Filho do Rei, os Moinhos que moem e outros."
Força: Separação – **Símbolo cósmico**: Mercúrio - **Sentido arquetípico**: Espírito de sabedoria – **Cor moderna**: Laranja.
Imagem arquetípica: hermafrodita.

YESOD

A nona esfera, Yesod, expressa a força divina através das formas mutáveis e múltiplas deste mundo. É a partir dela que os efeitos sobre o plano físico podem se manifestar.
Segundo Reuchlin, Saday é apropriado à nona esfera. A ela também correspondem a "Fundação do mundo, Sião, a origem das associações, o Justo, Deus vivo, perfeito Sabá, o Meio entre Guarda e Lembra-te, Quinquagésimo dia depois de Leviatã Guerreiro, José Justo, Salomão, Justiça, Força, Árvore da ciência do bem e do mal, Pacto do Senhor, Arca do testemunho, Glória do Senhor, Fundação da profecia, Davi, Redenção, Mundo das almas."
Força: Concepção – **Símbolo cósmico**: Lua - **Sentido arquetípico**: Mudança e porvir – **Cor moderna**: Violeta.

Imagem arquetípica: jovem homem itifálico.

MALKUTH

A décima esfera, Malkuth expressa a realização e a interação entre as coisas. Ela é composta por quatro elementos.

Segundo Reuchlin, à décima se relacionam "Adonai, o Reino da Vida, Segundo Cherub, Espelho não reluzente, as Costas, o Fim, Igreja de Israel, Mistério da Lei dado oralmente, Águia, Quarta letra do Tetragrama, Reino, Casa de Davi, Templo do Rei, Porta de Deus, Arca da aliança e as duas Tábuas que aí estão, Senhor de toda a terra."

Força: Resolução – **Símbolo cósmico**: Terra – **Cor moderna**: Espectro das 7 cores.

Imagem arquetípica: menina com véu.

Como podemos ver no esquema da árvore sefirótica, as esferas podem ser percebidas segundo três colunas verticais que dão um sentido específico que se acrescenta ao caractere já definido para cada uma delas. Dessa maneira, você pode associar em sua análise essa determinação muito útil. Nós as resumimos na tabela seguinte.

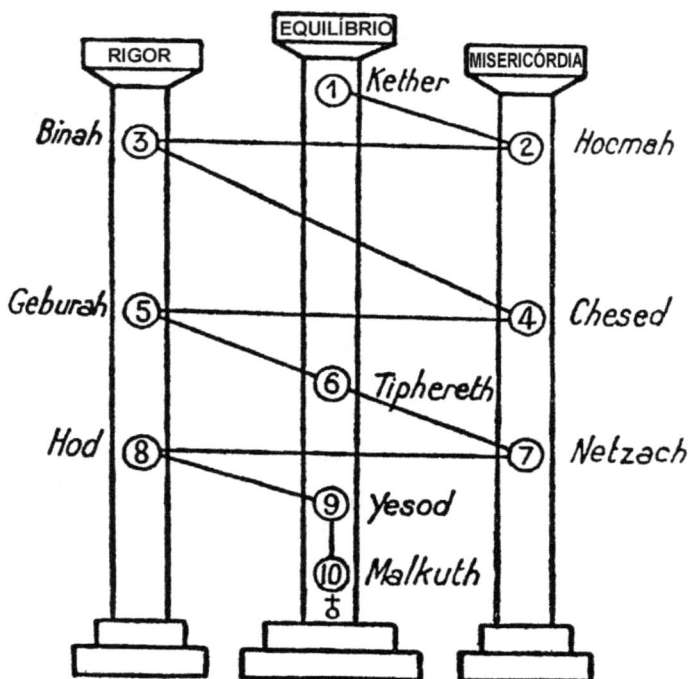

Figura 8: os três pilares da árvore da vida.

Colunas	Polaridade	Posição
Rigor	Feminino	Esquerda
Misericórdia	Masculino	Direita
Equilíbrio	Bissexual ou neutro	Central

OS QUATRO MUNDOS

Na Kabbalah hebraica, o universo é dividido em quatro mundos: *Assiah* (o plano material), *Yetzirah* (o plano astral), *Briah* (o plano mental) e *Atziluth* (o plano divino). Nós também podemos estabelecer uma relação entre eles e a estrutura de nossa personalidade.

Vamos resumir brevemente o caráter de cada um deles.

ASSIAH – O PLANO MATERIAL

Corresponde ao universo físico e é, por conseguinte, o mais denso. É a manifestação material de forças cujo modelo se encontra nos mundos superiores. Nós podemos nos surpreender com a complexidade e a desordem desse mundo que parece pouco estruturado nos planos ideais, mas isso é simples aparência. Na realidade, a estrutura ordenada existe para quem sabe percebê-la por trás dos véus ilusórios da natureza. Deve-se tentar se tornar sensível aos conceitos e ideias que sustentam o mundo que vemos. Em seguida, nos colocamos em relação com os planos divinos.

No microcosmo humano, Assiah se relaciona com o organismo físico, às estruturas subatômicas, atômicas e moleculares.

YETZIRAH – O PLANO ASTRAL

Corresponde ao plano astral, portanto, distinto do que acabamos de falar. É um tipo de energia que sustenta o mundo físico, mundo das aparências no qual vivemos. Tudo o que se passa no mundo físico acontece antes em Yetzirah. Mas evidentemente, este último está sujeito a alterações e permanece incerto e inconstante. Está pleno de imagens que emanam de Assiah, que foram formadas entre outras, pelas emoções. No microcosmo humano, Yetzirah se relaciona com o inconsciente inferior, o corpo energético chamado *Nephesh*.

BRIAH – O PLANO MENTAL

Corresponde ao mundo da criação que contém as imagens arquetípicas e não os próprios arquétipos. É o mundo intelectual que contém a imagem das realidades que são percebidas por quem consegue subir a esse plano. Devem-se distinguir as imagens que se manifestam, das que são encontradas no mundo de Yetzirah. Estas últimas são as imagens instáveis e múltiplas que na maioria das vezes provêm de emoções ligadas a Assiah. Aqui, em Briah, elas são o reflexo descendente das realidades arquetípicas de Atziluth. No microcosmo humano Briah se relaciona com a consciência racional, às energias do ser, ao corpo chamado *Ruach*.

ATZILUTH – O PLANO DIVINO

É o mundo divino, no qual residem os autênticos arquétipos. É um mundo de abstração pura que só pode ser percebido através das expressões arquetípicas que são, entre outras, as dez forças das quais os sete planetas fazem parte. Vamos encontra-los na representação da árvore sefirótica. Para lembrar, vamos citar novamente o sentido arquetípico de cada uma delas: *Saturno*: estabilidade, imutabilidade, *Júpiter*: beneficência majestosa, *Marte*: força intrépida, *Sol*: esplendor fecundante, *Vênus*: amor celeste, *Mercúrio*: espírito de sabedoria, *Lua*: mudança e porvir. No microcosmo humano se relaciona ao espírito, ao inconsciente superior, os princípios arquetípicos. É chamado *Neshamah*.

Acima desses quatro mundos se encontram os que os kabbalistas chamam de *véus da existência negativa: Ein Soph Aor*: a luz infinita, *Ein Soph*: o infinito, *Ein*: o nada.

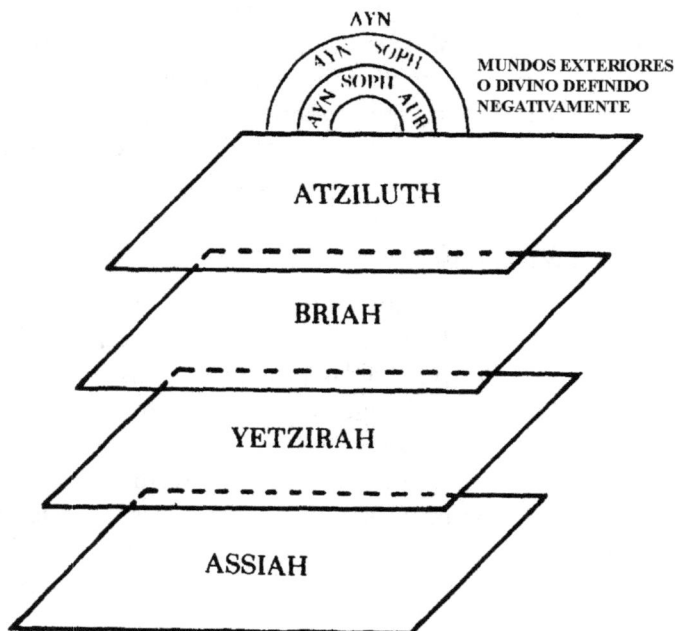

Figura 9: os quatro mundos da Kabbalah

A ESTRUTURA DO HOMEM

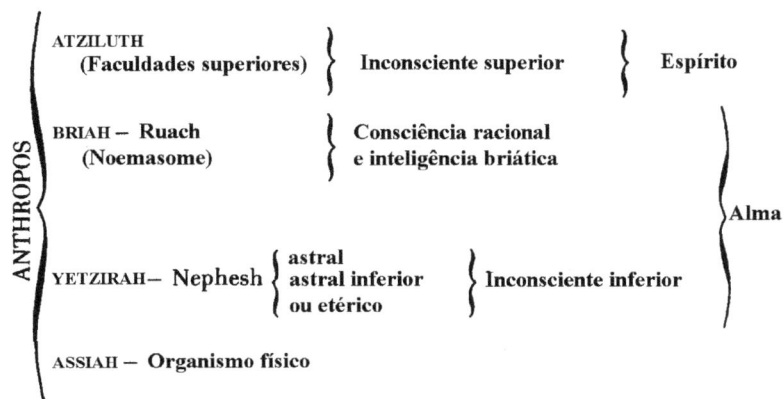

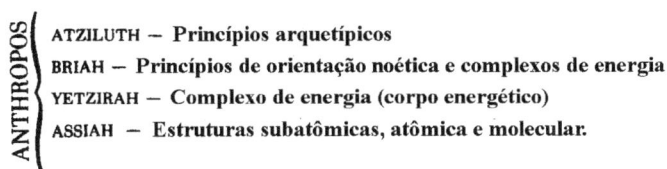

ANTHROPOS
- ATZILUTH (Faculdades superiores) } Inconsciente superior } Espírito
- BRIAH – Ruach (Noemasome) } Consciência racional e inteligência briática
- YETZIRAH– Nephesh { astral / astral inferior ou etérico } Inconsciente inferior
- ASSIAH – Organismo físico

Alma

ANTHROPOS
- ATZILUTH – Princípios arquetípicos
- BRIAH – Princípios de orientação noética e complexos de energia
- YETZIRAH – Complexo de energia (corpo energético)
- ASSIAH – Estruturas subatômicas, atômica e molecular.

[1]

A quádrupla natureza do Homem: o Homem não é um simples complexo "espírito/corpo", mas uma totalidade espírito/mental/emoção/corpo, por intermédio do qual a matéria, energia, consciência e a vontade funciona no interior de um Plano Divino.

A VIRTUDE PITAGÓRICA OU VIRTUDE DO KABBALISTA

O autor que citamos várias vezes, Johann Reuchlin, confunde, como já vimos, a kabbalah cristã e a tradição neoplatônica tal como foi transmitida até a nova Academia platônica de Florença. A prática da virtude é, portanto, um elemento fundamental da vida do adepto e seu lugar é também tão importante quanto o próprio estudo. Platão dizia

---

[1] Melita Denning e Osborne Phillips, Filosofia e prática da Alta Magia, Edição Tchou, Paris, reedição 2007, pág. 142.

que a ascensão ao Bem deveria absolutamente associar a prática da virtude ao estudo das ciências. Mas quais são as qualidades que deve possuir esse "pitagórico kabbalista"? Reuchlin disse que "[...] torna-se facilmente pitagórico (pythagoraeus) aquele que prontamente acredita na palavra, que pode silenciar conforme a circunstância, e que percebe com inteligência todos os preceitos.".[1]

"Ele [Pitágoras] pensava que por um estudo árduo da filosofia, colheremos o fruto dessa árvore da felicidade se após nos purificarmos, descartarmos os vícios, e cultivarmos as virtudes com diligência.".[2]

Essas virtudes são desenvolvidas nos livros clássicos da tradição greco-romana, como Pitágoras, Porfírio, etc. Evidentemente, esses ensinamentos são dados em um contexto bem diferente da origem, mas a Kabbalah permite aqui esse exercício tão particular do hermetismo. Trata-se de integrar a filosofia antiga a um contexto religioso diferente, modificando um número limitado de coisas tanto em um quanto no outro. Esta maneira de ver pelo outro lado do espelho, nos permite atingir a parte esotérica da natureza e do ser reunindo o que poderia parecer antagonista.

Segundo Pitágoras são necessárias três coisas para poder "atingir analogicamente a mais alta beatitude: o trabalho da virtude, que consiste na ação; a meditação, que se alimenta do estudo das múltiplas ciências; e o amor que nos liga a Deus como um elo necessário. A moral mostra abundantemente aos que estudam a primeira, as ciências da natureza com as matemáticas a segunda, e a teologia a terceira. Uma não é suficiente sem a outra, as três são necessárias.".[3]

Não esqueçamos que estamos no mundo do símbolo e que nosso antigo mestre não nos exige que necessariamente nos tornemos um matemático ou teólogo. Ao contrário, ele nos lembra de que qualquer estudo iniciático ou esotérico deve ser acompanhado por uma prática cotidiana da virtude (o que vemos nas correntes martinistas). A esse trabalho interior é associado o estudo da natureza por um exercício incessante de nossa razão. Esse é um dos elementos que nos ajudarão a não cair na loucura ou nas ilusões fantasiosas. Mas a importância da razão não deve nos fazer perder de vista o objetivo de nossa busca que

---

[1] Ibid., p.26.
[2] Ibid., p.186.
[3] Ibid., pág.200.

deve permanecer espiritual e divina. Ora, para isso, a lembrança do mundo no qual estávamos antes do nosso nascimento, deve fazer nascer em nós o puro desejo de reencontrar esse mundo divino e o estado que era nosso.

ROSA-CRUZ E KABBALAH

"A cruz está estreitamente enlaçada de rosas. Quem, então, uniu as Rosas à Cruz?" *Goethe*

Figura 10: representação maçônica alegórica da Rosa-Cruz.

A ROSA-CRUZ

APARECIMENTO DA FRATERNIDADE

Entre a longa cadeia de iniciados que transmitiram a herança prática da Kabbalah e do hermetismo, se encontra frequentemente citada a célebre fraternidade Rosa-Cruz. É inegável que ela era originalmente uma corrente extremamente importante reagrupando as personalidades de primeiro plano no domínio da filosofia e da espiritualidade. Esse também foi o caso de todas as ciências chamadas ocultas, como a alquimia, astrologia, magia, etc. Certamente a Rosa-Cruz não foi o veículo essencial do hermetismo e de técnicas teúrgicas que a ela estavam associadas. Ela foi, entretanto, o lugar de reunião de hermetistas assim como de kabbalistas, e desempenha como vamos ver um papel precioso de conservadora de várias áreas da tradição esotérica ocidental. Como a Ordem Kabbalistica da Rosa-Cruz e seus pais fundadores mostraram, ela consegue manter em seu seio a preciosa origem de Mistérios mediterrâneos e plantou ao longo de sua história as sementes que não cessaram de frutificar. Assim foi a maioria das próprias Ordens Rosa-Cruz, mas também alguns graus da maçonaria, de escolas kabbalisticas e mágicas.

Mas nada no verão de 1625 poderia prenunciar um destino tão glorioso, quando misteriosos cartazes foram afixados em diversos muros de Paris.

Os primeiros estavam redigidos assim: "Nós, deputados do colégio principal da Rosa-Cruz, permanecemos visíveis e invisíveis nesta cidade, pela graça do Altíssimo, para o qual se volta o coração dos justos. Nós mostramos e ensinamos, sem livros, nem sinais, a falar em todos os tipos de língua dos países em que quisermos estar, para tirar os homens, nossos semelhantes, do erro da morte.".

Foram seguidos, algum tempo depois, por este verdadeiro chamado: "Nós, deputados do colégio principal da Rosa-Cruz, informamos que todos os que desejam entrar em nossa sociedade e Congregação que os ensinaremos em perfeito conhecimento do Altíssimo da parte do qual estamos hoje reunidos e os tornaremos, como nós, visíveis invisíveis e invisíveis visíveis e serão transportados por todos os países estrangeiros em que seu desejo os levará. Mas para alcançar o conhecimento dessas maravilhas, nós os advertimos que conhecemos seu pensamento, e, que se a vontade os leva a nos ver somente por curiosidade, jamais se comunicarão conosco, mas se a vontade os leva realmente a se inscrever nos registros de nossa fraternidade, nós que julgamos os pensamentos, os faremos ver a realidade de nossas promessas de modo que não damos o local de nossa residência uma vez que os pensamentos ligados à sua verdadeira vontade, serão capazes de nos fazer conhecer a eles, e eles a nós".

Essas declarações repetidas então de boca a boca fizeram sensação nessa época atribulada e sensibilizada por disputas religiosas, sociais e políticas. De fato, na França, a paz imposta em 1622, aos católicos e protestantes parece bem precária. Enfatizamos que os termos

"Altíssimo" ou "coração dos justos" pertencem ao vocabulário "evangélico", o que inquietou as autoridades e suscitou uma amarga controvérsia.

Todavia, é com certo atraso que a França assim aprendeu sobre a existência de uma fraternidade Rosa-Cruz. De fato, em 1614 e 1615, já haviam sido publicadas em Cassel, duas obras "reveladoras":

- O *Fama Fraternitatis Rosae Crucis;*
- O *Confessio Fraternitatis;*

Essas duas obras foram completadas em 1616, pelas *Noces Chymiques de Christian Rosencreutz.*

FAMA FRATERNITATIS E CONFESSIO FRATERNITATIS

No ano da publicação do primeiro texto da Rosa-Cruz, o *Fama Fraternitatis*, Paracelso estava morto há 73 anos e Jacob Boehme tinha 39 anos. Como vimos no capítulo anterior, correntes de ideias paralelas ao poder religioso circularam durante toda a Idade Média. Mas é no século 17 que a maioria tomou conhecimento de uma fraternidade de mentes de concepções avançadas, iniciados nas artes invisíveis e prontos para assumir um mundo que estava terminando.

A crise naquela época era principalmente religiosa. A Igreja presa ao poder e aos apetites temporais propunha somente ritos esclerosados. Desde 31 de outubro de 1517, as Teses contra as indulgências, exibidas por Martinho Lutero, nas portas do castelo de Wittenberge haviam dado o sinal de seus questionamentos. A fé cega que tinha sido uma das chaves do sistema começava a vacilar sob os ataques de tentativas de livre exame. A desordem dos espíritos e a confusão das pessoas podem ser tragicamente simbolizadas pelas devastações da guerra de Trinta Anos (1618-1648) e suas absurdas carnificinas. Em todos os domínios, outro mundo era concebido.

Os eruditos ainda discutem sobre quem é ou quem são os autores presumidos dos textos que revelaram a Fraternidade Rosa-Cruz. Os detalhes dessa disputa não dizem respeito ao nosso propósito, mas sobre isso, não podemos ignorar a personalidade de Valentin Andreae (1586-1654), personagem importante do luteranismo ortodoxo. Ele reconheceu a paternidade das *Noces Chymiques* e foi, aliás, o autor de uma importante obra educativa. É assim que ele imagina em 1616 e 1617, o plano de uma associação de sábios cristãos, depois a de uma cidade utópica, *Christianopolis*, em 1620. Posteriormente, ele deveria, entretanto, negar a realidade de uma fraternidade Rosa-Cruz. Isso pode ser explicado pelos problemas políticos e religiosos assim como o desejo de não se comprometer frente à sua comunidade religiosa. Ao mesmo tempo, isso também pode corresponder ao imperativo que era feito aos membros da Rosa-Cruz de se ocultar assim que sua missão pública fosse realizada.

O *Fama Fraternitatis Rosae Crucis* ou os *Ecos da Fraternidade* se endereça a todos os dirigentes e homens de ciência da Europa.

Seu tom é, para nós, singularmente moderno. O autor expõe uma crítica do estado do mundo. Ele reconhece o progresso constante do espírito humano manifestado pelas novas descobertas científicas, a exploração de terras desconhecidas, a tomada de consciência por um maior número de homens de sua qualificação essencial e a multiplicação de suas pesquisas. O homem compreende enfim a grandeza e a magnificência que são suas, e sua condição de microcosmo...

Infelizmente, tudo isso estava comprometido pela vaidade e disputas de alguns que preferiam manter os dogmas estabelecidos. Nenhuma dúvida, portanto, que os Mestres do passado tiveram prazer em revisar seu conhecimento e reconsiderar o grande livro da natureza. Essa abordagem é bem próxima da de Paracelso que os textos da Rosa-Cruz tinham por um Mestre incontestável.

O grande projeto a realizar, era o de uma reforma universal e a personagem que a encarna é o fundador da fraternidade. Ele nos é apresentado como um nobre alemão, enviado muito jovem ao convento, que empreende uma peregrinação a Jerusalém. Mas ele negligencia essa primeira visão para visitar a Arábia, em Damasco, que abriga os Sábios. Estes últimos não o acolhem como um estrangeiro, mas como alguém muito esperado. Ele foi chamado pelo seu nome e para sua surpresa, eles manifestaram um perfeito conhecimento do que ele havia experimentado em seu convento.

Depois de três anos em sua companhia, ele retornou, levando o livro M. (Liber Mundi?) que ele havia traduzido do árabe para o latim. Depois de ter passado pelo Egito, ele permaneceu em Fez por dois anos. Ele tomou contato nessa cidade com os "elementares" que lhe comunicam outros segredos.

Christian Rozencreuz voltou então para a Europa. Ele primeiro passa pela Espanha onde ele compartilhou seus conhecimentos e procurou convencer os homens da ciência da necessidade de uma reforma completa de seus conceitos.

É na Alemanha, sua pátria, que o clima político e religioso lhe parece mais propício ao desenvolvimento de seu projeto. Christian se instala em uma ampla casa. Lá ele desenvolveu o conjunto de seus conhecimentos, todos centrados sobre o homem. Ele reúne vários irmãos aos quais fez prometer um comprometimento supremo a seu respeito, de fidelidade, trabalho e silêncio, pedindo-lhes para escrever cuidadosamente as instruções que ele lhes daria. As palavras foram transmitidas em uma língua e escrita mágicas em extenso vocabulário e a atividade dos membros foi dividida entre a composição do livro M. e os cuidados de muitos doentes. Depois, os membros da fraternidade se dispersaram por todos os países para estudar e em seguida partilhar o saber adquirido.

Eles se submeteram a somente as seguintes obrigações:

- Nenhuma outra profissão que a cura dos doentes, gratuitamente.

- Nenhuma vestimenta especial para a confraria, mas ao contrário, adoção dos costumes locais.

- Obrigação de se apresentar no dia C. (?) na morada do Espírito Santo (nome da casa de onde haviam partido) ou fornecer os motivos de sua ausência.

- Busca do homem de valor susceptível de lhes suceder.

- Seu selo e sua marca de reconhecimento serão as letras R+C.

- A confraria permanecerá ignorada por um século.

A morte do irmão Christian permaneceu desconhecida de todos.

A narrativa prossegue cento e vinte anos depois (1604) [1], pela maravilhosa descoberta da tumba do Mestre por seus sucessores. Essa tumba continha coisas surpreendentes. Foi considerado um resumo do universo e a parte central revelou várias inscrições. Também tinha objetos curiosos: espelhos mágicos, luminárias sempre acesas...

O *Confessio Fraternitatis* foi anunciado no livro precedente como um ensinamento mais explícito. Os temas do *Fama* foram retomados e o foco foi primeiramente sobre a conclusão de um ciclo da história do

---

[1] A descoberta da tumba do Mestre dá nascimento a diversas narrativas míticas e a diversos ritos iniciáticos. Esse é o caso, por exemplo, na tradição da Franco Maçonaria. Para ilustração desse extraordinário encontro, damos em anexo um texto maçônico em relação direta com esse pensamento e que se articula nos elementos de Kabbalah que abordamos anteriormente.

mundo. É um grande texto da tradição esotérica, que resume uma grande quantidade de conhecimentos.

Não vamos discorrer sobre a personalidade real ou mística do autor desses textos. Esta última é quase aceita atualmente, mas, entretanto, permanecem teses opostas. Por outro lado, o caráter anti-papista desses escritos é muitas vezes evidente, assim como o de certo nacionalismo germânico. Mas sobre esse último ponto, não vamos esquecer o contexto histórico do tempo, que fazia da Alemanha o centro de ebulição cultural. Se o Imperador alquimista, Rodolph de Hasbourg (1576-1611) não tivesse feito de seu castelo de Praga o local de encontro de adeptos e príncipes germânicos...

Além desse contexto histórico, observamos o surgimento em um momento crucial da história, de um pensamento consciente, mesmo que tenha sofrido longos períodos de ocultação. Essa é a síntese essencial da fé e do conhecimento, da correspondência entre o Homem e o Universo, ou seja, entre o microcosmo e o macrocosmo. Toda civilização que atinge seu paroxismo à custa dessa síntese, gera sua própria morte e pede um questionamento dos valores e conhecimentos adquiridos. É também nesse momento que os iniciados se mostram durante o tempo necessário. Tal era, sem dúvida, o sentido social e por que não político da Fraternidade Rosa-Cruz, verdadeira comunidade de espíritos, ligados por intuições ou revelações sutis. Mas como dizíamos na introdução deste Capítulo, a corrente Rosa-Cruz do século 17 permitiria aos conhecimentos ocultos vindos da Kabbalah hermetista de se transmitir e permanecer presentes na memória de sábios como os pesquisadores sinceros. Os extratos que damos anexo permitirão ter uma boa ideia desse rico conteúdo simbólico.

UMA TRADIÇÃO KABBALISTICA ROSA-CRUZ, A O.K.R.C.

Alguns séculos mais tarde, grupos surgiram e começaram a exercer uma influência duradoura nos meios rosa cruzes. Os dois primeiros a se manifestar ao grande público foram a Golden Dawn e a Ordem Kabbalistica da Rosa-Cruz. Depois disso, nos anos 1913-1918, várias ordens rosa cruzes surgiram, duas nos Estados Unidos, a AMORC, depois a Associação Rosacruciana Max Heindel e duas na Europa, a Antroposofia de Rudolf Steiner e o Lectorium Rosicrucianum. Outras ramificações vieram mais tarde, como ramos vindos da árvore original.

Algumas foram autênticas e sinceras, outras reinventaram a tradição dando-lhe uma tintura por vezes egípcia, às vezes pró-cristã...

Mas entre os ramos originais desse período moderno, a Ordem Kabbalistica da Rosa-Cruz foi a única a exibir sua herança claramente ao mesmo tempo kabbalistica e hermetista. Parece ser, além disso, a única até agora a ter mantido suas iniciações e seus ritos secretos. Nós vamos ver mais adiante na técnica de estudo de gravuras, como seu fundador deixou algumas preciosas indicações em intenção aos leitores mais experientes. Para estudar essa Ordem surpreendente não se deve limitar às aparências. Como seus Mestres kabbalistas, Rosa-Cruz e hermetistas, os fundadores sabiam dizer e indicar o que deveria ser em um determinado momento, mantendo secreto o que era a chave da potência e da prática: seus ritos. Assim, essa tradição conseguiu estabelecer uma síntese equilibrada entre o hermetismo mediterrâneo, a Rosa-Cruz e a Kabbalah.

A partir do século 18, o Sudoeste da França ocupou um lugar importante no mundo hermetista. Foi o lugar de nascimento de célebres correntes religiosas vindas do gnosticismo, de Altos Graus maçônicos e de várias escolas Rosa-Cruz e kabbalisticas.

Essa região permaneceu uma espécie de local de origem inevitável de sociedades iniciáticas ocidentais. Também, conservou um lugar idêntico no imaginário coletivo, ultrapassando muito a própria França. Para ser lembrado, por exemplo, do enigma de Rennes le Château e do Priorado de Sião que se desenvolveu na região de Razès.

No que se refere à Rosa-Cruz, vimos que surgiu na Alemanha durante a reforma alemã. Mas é evidente que essa corrente existia no Sudoeste da França. O visconde Louis-Charles-Edouard de Lapasse (1792-1867), médico e esoterista, foi o animador em Toulouse por volta de 1850. Os assuntos hermetistas e ocultistas eram comuns nessa região e a natureza dos escritos de Lapasse é atestada pelo esoterista Simon Brugal (seu verdadeiro nome é Firmin Boissin que viveu de 1835 a 1893). As correntes Rosa-cruzes dessa região permitiram o encontro entre as tradições místicas e simbólicas alemãs e as correntes hermetistas mediterrâneas. Isso explica a orientação egípcia que Spencer Lewis tomou quando fundou a AMORC após ter sido recebido em um círculo Rosa-Cruz em Toulouse. A Rosa-Cruz da qual falamos foi, por essa contribuição do hermetismo, mais voltado à ritualística operativa, alquimia, astrologia e certa forma de teurgia.

A Rosa-Cruz era certamente, independente da Franco-Maçonaria, mas seus membros eram na maioria membros ativos em diferentes graus.

Eles criaram grupos com tendência hermetista, kabbalistica e egípcia. Por prudência, os conjuntos então estudados e praticados não foram revelados como tais ao público. Nós encontramos vestígios nos ritos maçônicos de altos graus do século 18 e nos escritos de Lapasse e de Jollivet Castelot.

Os historiadores e autores, testemunhas das marcas externas dessas correntes, foram capazes de identificar alguns desses elementos. No entanto, nem sempre eles foram capazes de ver as relações entre elas, porque um dos aspectos importantes é o contato direto entre os iniciados, assim como seu desejo de transmitir suas pesquisas e conhecimentos.

Em 1884 o Marquês Stanislas de Guaita leu o livro escrito por Joséphin Péladan "o Vício Supremo". Atraído pela mística de Péladan ele entra em contato com o mesmo, mas também com seu irmão que estava ligado à Ordem Rosa-Cruz de Toulouse dirigida por Firmin Boissin. Foi através desses contatos que ele recebeu a transmissão da corrente hermetista da Rosa-Cruz, grande parte de seu ensinamento e uma missão. Ele foi encarregado de reunir em uma Ordem, a autêntica iniciação Rosa-Cruz composta por uma formação teórica de qualidade centrada nas ciências tradicionais e autores clássicos, e uma abordagem ritual precisa, séria e rigorosa. O único aspecto de deveria permanecer visível era o ensinamento e os estudos até então um pouco negligenciados nesses grupos ocultos. Imediatamente após essa formação e transmissão, Stanislas de Guaita, então muito jovem, escreveu vários livros ocultistas.

É em 1888 que Stanislas de Guaita, então com 27 anos de idade, funda a "Ordre Kabbalistique de la Rose-Croix", (O.K.R.C). Esta era dirigida por um Supremo Conselho composto por doze membros, seis entre eles permanecendo desconhecidos "de tal maneira que a Ordem poderia ressuscitar em caso de morte".

Figura 11: retrato de grupo de fundadores da Ordem Kabbalistica da Rosa-Cruz.

Essa data não foi escolhida por acaso. A Fraternidade da Rosa-Cruz de Ouro alemã original seguia um ciclo de 111 anos e seu sistema de graus tinha sido reorganizado em 1777. Seguindo as diretivas recebidas, Stanislas de Guaita exteriorizou a Ordem 111 anos depois, ou seja, em 1888.

Entre os membros mais conhecidos podemos notar: Stanislas de Guaita, como primeiro Grande Mestre; Papus (Gérard Encausse) o Balzac do ocultismo, autor prolífico e entre outras coisas, restaurador do Martinismo; Joséphin Péladan que se separa em 1890 para funda sua própria Ordem Rosa-Cruz, essencialmente centrada na pesquisa estética.

A OKRC imediatamente atrai os ocultistas europeus mais influentes dessa época, tais como: Paul Adam [1862-1920], Jollivet-Castelot, August Reichel, o Abade Alta (cujo nome verdadeiro era Calixte Mélinge (1842-1933), cura de Morigny, na diocese de Versailles, que substituiu Péladan), Francois-Charles Barlet (pseudônimo de Albert Faucheux 1838-1921) um dos fundadores da sociedade teosófica na França, Marc Haven (Dr. Lalande) [1868-1926], Edouard Blitz, August Strindberg [1849-1912], Gabron e Thoron, Victor Blanchard (Sar Yesir) [-1953], Spencer Lewis, Lucien Chamuel, Paul Sedir (Yvon Le Loup) [1871-1926], Pierre Augustin Chaboseau, Maurice Barrès, Victor-Emile Michelet (1861-1938), Erik Satie, Emma Calve, Camille Flammarion e muitas outras figuras bem conhecidas.

Papus, testemunha e participante do nascimento de outra corrente Rosa+Cruz original britânica (Golden Dawn), escreveu sobre a Ordem Kabbalistica da Rosa-Cruz:

"O movimento Rosa+Cruz teria continuado no silêncio, ou no abrigo de outras organizações iniciáticas, se ocultistas estrangeiros não tivessem pretendido arrancá-la da França – lugar de escolha das tradições ocidentais – à suas origens, para levar a um movimento que deveria mudar o eixo de gravitação do esoterismo para colocá-lo fora de Paris. [...]. Teria sido um sacrilégio deixar naufragar a obra de mestres do ocidente. Por isso foi decidido em alta instância que um movimento de difusão seria empreendido, destinado a selecionar pelo trabalho e exame, os iniciados capazes de adaptar a tradição esotérica ao século que estava prestes a abrir. "

No plano visível, uma formação em Kabbalah foi estabelecida. Era sancionada pelos diplomas de Bacharelado, Licenciatura e Doutor em Kabbalah. Mas essa formação ultrapassava largamente a Kabbalah hebraica, porque também exigia um conhecimento prático dessa via. Entre outras coisas eram estudadas as obras de Eliphas Lévi, Bulwer-Lytton [1803-1873], Fabre d`Olivet, Wronsky, Jacob Böhme, Emmanuel Swedenborg, Martinez de Pasqually e Louis Claude de Saint Martin. Todos foram grandes místicos e esoteristas que contribuíram para a difusão do conhecimento e da espiritualidade.

Paradoxalmente, sabe-se muito pouco de coisas da Ordem interna. Desde que seus rituais permaneceram a maior parte desconhecidos, alguns historiadores às vezes até mesmo duvidaram da natureza de sua estrutura iniciática. Nós teremos a chance de ir além e mostrar no Capítulo sobre a prática da via hermetista que como todas as ordens iniciáticas tradicionais, havia um percurso interno. Como poderia ser de outra forma, quando se conheciam as personalidades que presidiram seu despertar naquela época?

As gerações de ocultistas franceses, europeus que perpetuaram as tradições iniciáticas e os mistérios do Ocidente foram grandemente influenciados por essa escola estranha. Esse foi o caso, por exemplo, de Saint-Yves d`Alveydre [1842-1909] e seu conceito de «Sinarquia» ou ainda de Rudolph Steiner.

A Ordem Kabbalistica da Rosa-Cruz foi a inspiração contínua de correntes espirituais ocidentais. É interessante notar que alguns representantes da Ordem receberam a missão de criar uma escola ligada de maneira invisível à tradição mãe.

Encontramos aí um paradoxo que nos coloca na mais pura tradição do Ocidente: uma visibilidade essencialmente cultural e espiritual da Ordem, um segredo sobre seus ritos e uma aprendizagem clássica de grande qualidade.

É nesse espírito que a Ordem foi concebida e que continua a se perpetuar ao mesmo tempo no plano exterior quanto interior ou oculta no Colégio Invisível de seis irmãos da Ordem e do Patriarca que dirige esse grupo.

Os Grandes Mestres exteriores da Ordem também responsáveis pela Ordem interior como Grandes Patriarcas Rosa-Cruz depois de Guaita foram:

François Charles Barlet (Albert Faucheux) [de 1897 a?]

Gérard Encausse (Papus) [de ? a 1916]

Charles Detre (Teder) [de 1916 a 1918]

Jean Bricaud (Em 1922 Bricaud criou uma Sociedade ocultista internacional, com o médico Joseph Ferrua em relação com Jollivet-Castelot.)

Após Jean Bricaud, foi introduzida uma separação entre o Grande Patriarca Rosa-Cruz que dirige a Ordem interior e o Grande Mestre exterior.

Este último era um representante público da Ordem atuando sob o controle da Ordem interior e do Grande Patriarca Rosa-Cruz que representava a verdadeira direção oculta da Ordem. Esse representante exterior não estava autorizado a divulgar o que quer que seja por sua própria iniciativa. Esse modo de funcionamento está em parte explicado nas obras de Fabre d'Olivet.

Após Bricaud a Ordem exterior deixa de existir como tal. O tempo para recolhimento havia chegado. A transmissão exterior de Grande Mestre tonou-se honorífica e associada a algumas responsabilidades na franco-maçonaria egípcia, no martinismo ou no gnosticismo. Essa sucessão foi transmitida de Jean Bricaud a Constant Chevillon (com seu antecessor, eles animaram uma Rosa-Cruz kabbalistica e gnóstica e a fizeram aderir à FUDOFSI.), depois a Charles-Henry Dupont, Philippe Encausse e Robert Ambelain.

É fácil de perceber isso, porque as personagens que se referem a esse título não tinham plena consciência dos ritos internos da Ordem. Constant Chevillon e Robert Ambelain foram os únicos a receber certo número de práticas e de técnicas da Ordem interior. Eles estavam autorizados a colocar em prática para a criação das Ordens que eles estavam encarregados. Ambelain também estava encarregado de transmitir em seus escritos diferentes elementos da Ordem interior em uma linguagem que era adaptada à sua época. Ele cumpriu sua tarefa e de múltiplas atividades esotéricas com muito talento e seriedade. Esse foi, certamente, um dos últimos adeptos que não confundiu a iniciação, o ritual e a fé cega.

No nível da Ordem Interior, a sucessão ininterrupta sempre foi transmitida com a mesma preocupação de elevados padrões da Ordem Rosa-Cruz original e na mesma região que sempre foi o cadinho do hermetismo Rosa-Cruz: o Sudoeste da França.

Jean Bricaud então, ao mesmo tempo Patriarca Rosa-Cruz e Grande Mestre exterior da Ordem decidiu confiar a herança e a transmissão iniciática que ele detinha, a indivíduos que aceitassem ao mesmo tempo conservá-los preciosamente e de não despertar a Ordem antes que o tempo previsto tenha chegado. Esse depósito foi colocado no maior segredo dentro do que então se chamava Igreja Católica Galicana. Como os Rosa-Cruzes têm o hábito durante toda a sua história, jamais mencionaram esse depósito. No máximo poderíamos ouvir falar de filiação martinista. E foi assim até 1986. É em seguida a uma reunião martinista na presença do último Patriarca, que ele entregou sua herança oculta e alguns objetos rituais que marcam essa transmissão a quem deveria assumir esse cargo e novamente revelar essa tradição.

Mas o tempo ainda não havia chegado para reativar a Ordem e o segredo sobre essa transmissão deveria ser mantido durante alguns anos para respeitar o ciclo tradicional de 111 anos. Certo número de Ordens iniciáticas do Ocidente funciona segundo o princípio de ciclos de dormência e de manifestação. Pouco é explicado por qual razão é assim. Tudo na natureza obedece a esses ciclos. As estações, os animais, resumindo, tudo o que está vivo. Imaginar uma ausência de ciclos se traduziria pela morte do organismo em questão. Interromper essa alternância em nossa vida de momentos de vigília e sono nos conduziria simplesmente à exaustão ou loucura. É a mesma coisa para as ordens iniciáticas que também são verdadeiros organismos vivos de outro gênero. Essas sociedades não poderiam obter uma verdadeira perenidade, sem seguir tais ciclos de dormência e renascimento baseados em períodos extremamente precisos. Isso não significa que toda atividade cessa durante o período de dormência, muito ao contrário. A única diferença é que não é permitido a qualquer pessoa não apadrinhada por um membro, ser iniciada e entrar assim na egrégora da Ordem. As únicas pessoas que podem ser recebidas são parentes ou amigos muito próximos de membros. Qualquer publicidade é proibida. Se for perguntado aos membros se pertencem à fraternidade, eles podem negá-lo. As atividades continuam normalmente, mas todas acontecem de maneira secreta. Quando o tempo para despertar a estrutura chega, um período de reativação de sete anos é iniciado pela hierarquia da Ordem. É por isso que em 1999, a Ordem interior pôde retomar seus trabalhos ocultos. Esse período sempre teve por objetivo despertar na memória dos buscadores a presença desta tradição, de seus valores e de sua filosofia. O desejo é assim reativado na consciência dos que já deram um primeiro passo na via oculta. O primeiro período de quatro anos, dentro dos sete anos, foi destinado a revelar o hermetismo ocidental e manifestar sua presença. Como anteriormente, isso foi organizado no interior da estrutura iniciática mais exterior possível e a mais popular da franco-maçonaria francesa. Uma estrutura foi construída pelos responsáveis pela Ordem e colocada onde pode ser facilmente acessível. Alguns ritos foram transmitidos de tal forma que as energias sejam colocadas em movimento. Dessa maneira, algumas modificações apareceram no panorama do mundo oculto europeu. Começou-se a falar mais do hermetismo e foram colocadas conexões entre as correntes iniciáticas tradicionais já existentes e as antigas Escolas de Mistério. Outras Obediências quiseram utilizar esses ritos e essa estrutura exterior, sem mesmo conhecer a origem exata das práticas, nem mesmo a natureza da filosofia veiculada por esses ritos. Tudo isso participa do despertar de energias e muitos foram surpreendidos pela potência e pela rapidez do que assim se manifestou. Foi como se uma força ou uma potência superior presidisse a obra. Livros começaram a aparecer, mencionando esta ou aquela característica em relação indireta com o movimento subterrâneo que estava em causa. Isso foi feito tanto pelos esoteristas quanto pelos universitários. Em seguida, decorridos os quatro anos, a segunda etapa do renascimento da tradição poderia aparecer. Tratava-se, pelos responsáveis pela Ordem, de reativar os processos ritualísticos internos durante ritos praticados em dias precisos e em frequências repetitivas particulares. Do ponto de vista dos dados kabbalisticos, os ciclos de trabalho de quatro, depois três anos, como tal, são significativos. Em 2006, no final desse período, a Ordem Kabbalistica da Rosa-Cruz, foi novamente vivificada pela contribuição hermetista, Rosa-Cruz e martinista para retomar suas atividades, transmitir de novo as iniciações e abrir seus Capítulos segundo os princípios internos da Augusta Fraternidade.[1] Essa é em resumo a história dessa importante escola iniciática. Presente hoje, como anteriormente, sua herança conservou esse vigor e essa riqueza que

[1] Você pode consultar a bibliografia se desejar ir além no estudo dessa tradição ocidental apaixonante.

sempre lhe permitiu se adaptar à sua época, fazendo brilhar a chama de sua iniciação.

DO MARTINISMO À KABBALAH CRISTÃ CONTEMPORÂNEA

INTRODUÇÃO

É comum nas obras históricas que tratam da Kabbalah cristã de só considerar os períodos antigos e distantes da época contemporânea. Esse hábito tenderia a nos dar a falsa ideia de que essa tradição certamente teve seu auge, mas que hoje desapareceu completamente. Ora, não é bem assim. Os adeptos kabbalistas do passado tinham copiado e seus conhecimentos e ritos foram transmitidos até hoje. Várias escolas iniciáticas receberam uma parte dessa preciosa herança e continuaram a transmiti-la, a desenvolver e a adaptar à compreensão dos indivíduos de nosso século. Dois importantes aspectos da Kabbalah cristã serão revelados nos dois últimos séculos: o misticismo e a ritualística. Eles serão desenvolvidos por verdadeiros adeptos e tomam forma em várias Ordens e sociedades iniciáticas. Sem por enquanto entrar em detalhes, vamos citar aquelas sobre as quais vamos nos demorar mais particularmente, isto é, o martinesismo, o martinismo e a que falamos no capítulo precedente, a Ordem Kabbalistica da Rosa-Cruz. Esses períodos dos séculos 19 e 20 são extremamente importantes, porque representam os fundamentos da aparência moderna da kabbalah cristã e mágica. Lembremo-nos que aqui nós nos interessamos não pela Kabbalah em seu conjunto, mas na corrente específica que citamos acima. Para alguns, os kabbalistas ocultistas do século 19 oferecem pouco interesse e têm da Kabbalah um conhecimento aproximado. Este é, infelizmente, um julgamento que se baseia sobre uma ideia e uma visão imobilista da tradição. Ora, essa corrente permaneceu bem viva. Ela evolui e aqueles que podem ser chamados justamente de Mestres Passados, prosseguiram a obra comum.

Existem vários aspectos e algumas escolas insistiram muito sobre um ou outro. Esse foi o caso da magia no martinesismo, do misticismo no martinismo e uma fusão hermetista dos dois para a Kabbalah Rosa-Cruz. Longe de serem incompatíveis, esses aspectos tornaram-se sua própria maneira, o que se tornou a kabbalah cristã. Vamos então começar aqui a traçar o retrato dessas correntes:

AS ORIGENS DO MARTINISMO

O martinismo é uma corrente espiritual vinda do teósofo francês Louis Claude de Saint-Martin. Sua obra foi essencialmente teosófica e filosófica.

Figura 12: retrato de Louis Claude de Saint Martin.

Ele nasceu em Amboise em 18 de janeiro de 1743. Após ter se tornado advogado e como era comum para os indivíduos com sua condição, entrou para o exército. Munido de uma patente de oficial, ele integra o regimento de Foix que tinha guarnição em Bordeaux, juntando-se assim ao rico meio iniciático do Sudoeste da França. É nessa cidade que ele encontra M. de Grainville e foi iniciado na Ordem Maçônica dos Elus-Cohens fundada por Martines de Pasqually. Maçom a partir de 1765, Saint-Martin ficou fascinado por Martines do qual se tornou secretário. Alto dignitário cohen, promovido ao grau supremo de "Réau-Croix", Saint-Martin abandonou alguns anos mais tarde suas atividades maçônicas, sem renegar sua iniciação "Cohen". Ele se consagra a seus estudos metafísicos, tornando-se o maior dos teósofos.[1] franceses de seu tempo.

Quando Saint-Martin descobriu e traduziu com verdadeiro entusiasmo a obra de Jacob Böhme, não deixou de fazer a conexão com o gnosticismo iniciático e teúrgico de seu antigo mestre Martines de Pasqually. Como ele escreveu, Martines tinha a chave ativa de "tudo o que nosso querido Böhme expôs em suas teorias". Esse é um "excelente casamento de nossa primeira Escola e de nosso amigo Böhme". Mas Saint-Martin desejava colocar a teurgia sob o controle do misticismo. Este último, segundo ele, iria direto à região superior, enquanto que a primeira se exercia em uma região em que o Bem e o mal se confundem e se misturam. É bem evidente que seu julgamento decorria diretamente da doutrina de Martines.

Saint-Martin escolheu para nome de autor o de "Filósofo desconhecido". É sob esse pseudônimo que ele publicou uma obra importante, da qual eis alguns títulos: *Dos erros e da verdade; A Tábua natural das relações que existem entre Deus, o Homem e o Universo; O Homem de desejo; Ecce homo; O Crocodilo; o Ministério do Homem-Espírito, etc.*

Pela magnitude de sua obra e a profundeza de sua visão interior, o Filósofo desconhecido poderia muito bem ser chamado de o "Swedenborg francês". A maioria de suas obras foi escrita entre os anos de 1775 e 1803, ano de sua morte ocorrida em Châtenay, perto de Paris. A riqueza de sua obra, associada a seus estudos junto a Martines de Pasqually, trouxe muitos discípulos entre os maçons ocultistas de sua época e contribuiu para fazer conhecer o sistema de Jacob Böhme.

A DOUTRINA MARTINESISTA

Antes de ir adiante, é importante apresentar brevemente a doutrina de Martinès de Pasqually. Para uma análise complementar, indicamos historiadores franceses como referência, Robert Ambelain, Robert Amadou, Serge Caillet e Antoine Faivre para citar alguns.

G. Van Rijnberk apresenta assim o ensinamento de Martines: "Para se formar uma ideia de seu ensinamento restam-nos três tipos de documentos: 1° Seu *Tratado da Reintegração dos Seres em suas primeiras propriedades, virtudes e potências espirituais e divinas;* 2° Os rituais e

---

[1] Termo usado no sentido religioso do século 18.

catecismos de sua Ordem dos Élus Coens; 3° As cartas sobre as operações mágicas endereçadas pelo Mestre a Willermoz.".

O Tratado contém a doutrina secreta (que era reservada somente aos Réau-Croix da Ordem): Trata da queda do espírito, da queda do homem na matéria, da História oculta do Cosmos e da Terra, do papel esotérico do Mal e das potências demoníacas, e finalmente, da possibilidade de um retorno a seu primeiro estado de glória.

Os rituais e catecismos da Ordem expõem essa mesma doutrina, mas ocultando nos bordados e ornamentos de detalhes míticos seguindo o procedimento maçônico. Eles também ensinam como o homem pode se purificar e tentar se tornar digno de usufruir, após a morte, da totalidade de seus privilégios primitivos.

Finalmente, as cartas de Willermoz ensinam os meios teúrgicos para estabelecer ligações com os espíritos das esferas superiores e supremas. ".[1]

"A doutrina de Martines é uma doutrina da reintegração dos seres. Reintegração implica na expulsão preliminar, drama e desfecho. Pelo culto e as práticas operativas (evocações), o homem deve obter sua reconciliação com Deus, depois sua reintegração ao seu estado primitivo."

É interessante observar que essa doutrina poderia por determinados pontos, e aproximar dos conceitos herméticos da tradição neoplatônica. Entretanto, o discurso é muitas vezes confuso, pesado e muitas vezes sobrecarregado de reviravoltas complicadas. Não há nada do estilo dos autores gregos ou romanos.

Para Martines, Deus emanou seres espirituais dos quais alguns cedem ao orgulho e buscando se igualar a Deus querem eles próprios se tornar criadores. Para puni-los, o Criador os expulsa do mundo espiritual no qual eles se encontravam. Deus cria em seguida um andrógino, Adão, para dominar esses espíritos. Mas por sua vez, ele se torna a vítima, querendo também criar. Ele foi então exilado sobre a terra sem contato com Deus e deverá, a partir desse momento, utilizar os espíritos intermediários para encontrar essa comunicação com seu Criador e se reconciliar com ele. Esse é o objeto de todas as operações de teurgia ensinadas por Martines. Em seguida, ele poderá ser reintegrado na sua forma e suas funções originais e trazer junto todas as criaturas ainda separadas de Deus.

---

[1] R. Amadou, Louis Claude De Saint-Martin, Edição Adyar, 1946.

Evidentemente, um grande número de detalhes e episódios enriquece esse mito e estruturam as práticas teúrgicas.

Assim são apresentadas sob uma forma muito simples a doutrina e as ideias de Martines. Saint-Martin vai como dissemos, rejeitar a via exterior sem por isso renega-la. Entretanto, ele reconhece o valor e a eficácia dos estudos e ensinamentos de seu mestre, mas considera essa via muito perigosa. Sua sensibilidade o guiará então a outros horizontes. Sua doutrina, no entanto, permanece a mesma em substância, isto é, os conceitos da queda do espírito e do homem na matéria e a possibilidade de um retorno da humanidade ao seu primeiro estado de glória. Esse é o caminho mais conhecido pelo nome de *reintegração* ou de acordo com as palavras dos Réaux+Croix, o da *reconciliação*.

A DOUTRINA MARTINISTA

Vamos agora ao ensinamento e desenvolvimento do pensamento de Saint-Martin. Robert Amadou escreveu: "Saint-Martin foi franco-maçom, Saint-Martin foi Elu-Cohen, Saint-Martin aderiu ao Mesmerismo. Ele se prestou de bom grado aos ritos e costumes dessas sociedades. Ele se conduziu como um membro irrepreensível de fraternidades iniciáticas. Mas essa atitude só representa uma fase de sua vida."[1] Esse é um ponto importante que deve ser observado, sem, todavia, extrapolar. O secretário de Martines, praticante de teurgia se afastou. "Mestre, um dia disse ele a Martines, é preciso tantas coisas para orar a Deus?" Essa tendência cada vez mais forte nele, o venceu. De fato, acima de tudo, sua busca era a de Deus. Incessantemente o que o impelia era a sede do Bom, do Belo e do Verdadeiro que somente Deus poderia saciar. Assim sua evolução interior o conduziu a se afastar dos fenômenos para se unir à via interior que mais tarde seria chamada, de via mística ou cardíaca. Após ter praticado os ritos de Martines, ele leu os autores da moda, Voltaire, Rousseau, Montesquieu dos quais agora dizemos, "escritores muito pouco místicos. " Mas Saint-Martin se torna capaz de pensar por si próprio, de elaborar sua obra, sintetizar seu pensamento.

---

[1] Ibid, pág. 43.

Figura 13: retrato de Jacob Boehme (1575-1624)

Depois, "aconteceu a revelação que transforma sua vida: Saint-Martin descobriu Jacob Böhme."[1] Nós dizemos transformação, mas devemos ver aí uma verdadeira iluminação interior que modifica o pensamento e a vida de Saint-Martin até a sua morte. A mensagem de Jacob Böhme reflete sobre o filósofo desconhecido, o purifica por trazer uma verdade que nenhuma das práticas dos Elus-Cohens pode fornecer. Isso foi o aparecimento no esoterismo francês, da via interior, por sua obra em primeiro lugar, mas também pela tradução que ele fez de algumas obras de Böhme. Analisar em detalhe o pensamento do Filósofo Desconhecido nos levaria bastante longe. É por essa razão que vamos dar a visão mais concisa possível do que era para ele a via interior, a busca da divina Sofia. Primeiro vamos examinar o que ele escreveu de Jacob Böhme na introdução de sua primeira tradução:
"Jacob Böhme, conhecido na Alemanha pelo nome de Filósofo Teutônico, e autor de "A Aurora Nascente", assim como de várias outras obras teosóficas, nasceu em 1575, em uma pequena cidade da Alta Luzace, conhecida como Seidenburg, a meia milha de distância de Gorlitz. Seus pais eram da última classe do povo, pobres, mas honestos. Eles o ocuparam durante seus primeiros anos a cuidar de animais. Quando ele ficou um pouco mais velho, eles o enviaram para a escola, onde aprendeu a ler e escrever; e de lá eles o colocaram como aprendiz com um mestre sapateiro em Gorlitz. Ele se casou com 19

---

[1] Ibid.

80

anos, e teve quatro filhos, a um dos quais ele ensinou o ofício de sapateiro. Ele morreu em Gorlitz em 1624, de uma doença aguda.

Enquanto estava na aprendizagem, e seu mestre e esposa se ausentaram por algum tempo, um estranho com vestimentas muito simples, entra na loja, e, pegando um par de sapatos, e pede para comprar. O jovem que não se acreditava capaz de vender esses sapatos, recusa-se a vende-los; mas o estranho insistiu, e ele fez um preço excessivo, esperando com isso ficar longe da reprovação por parte de seu mestre, ou desagradar o comprador. Este dá o preço pedido, pega os sapatos e saiu. Afastando-se alguns passos da casa, e com uma voz alta e firme, ele diz: "Jacob, Jacob, vem aqui". O jovem ficou de início surpreso e assustado de ouvir esse estranho, que lhe era totalmente desconhecido, chama-lo assim por seu nome de batismo, mas tendo se recuperado, foi ter com ele. O estranho, com um ar sério, mas amistoso, coloca seus olhos sobre os dele, fixa-os com um olhar brilhante de fogo, o toma pela mão direita. E ele lhe diz: "Jacob, é pequeno; mas serás grande, e te tornarás outro homem, de modo que será para o mundo objeto de admiração. Porque é piedoso, teme a Deus e revências sua palavra; especialmente lês atenciosamente as santas Escrituras, na quais encontrarás consolo e instruções, pois terá muito a sofrer; terá de suportar a pobreza, a miséria, e perseguições, mas sejas corajoso e perseverante, porque Deus te ama e te é propício."

Nisso, o estranho apertou sua mão, ainda o fixa com os olhos penetrantes e se foi, sem indicações de que jamais se vissem novamente.

"Depois dessa época, Jacob Böhme recebe naturalmente, em várias circunstâncias diferentes desenvolvimentos que lhe abrem a inteligência sobre diferentes matérias, das quais tratou em seus escritos".[1]

Aqui temos um quadro bastante diferente do que ele conheceu com Martines. Aqui não se trata de um teórico do oculto ou de um mestre sábio em conhecimento mágico, mas de um simples sapateiro, de um homem sem grandes conhecimentos intelectuais. É preciso perceber que no pensamento do século 18 tal homem divide o meio esotérico ou místico. Não encontramos iniciações cerimoniais e eruditas;

---

[1] Jacob Böhme, A aurora nascente, ou a raiz da filosofia, da astrologia e da teologia, traduzido do alemão pelo Filósofo Desconhecido, Edições. Arché 1977, pág. 7-8.

somente a união entre dois homens, um sapateiro e um estranho que lhe abre ou revela a única porta que leva ao reino do Espírito. Assim a mensagem do sapateiro de Gorlitz vai guiar seu pensamento, orienta-lo, apoiar sua pesquisa e lhe abrir as portas do "além do espírito" fora das armadilhas dos filósofos. Ponto importante da doutrina, a Sofia vai se situar no centro do debate entre vários teósofos desse século.

Para situar essa ideia, citamos um fragmento do livro dos Provérbios 8:22-23 e 8:30-31 "O Eterno me possuía no começo de sua atividade. Antes de suas obras mais antigas. Eu fui constituído desde a eternidade. A partir do princípio antes da origem da terra. [...]. Eu estava na obra com ele e fazia todos os dias suas delícias, regozijando-me diante dele todo o tempo, regozijando-me sobre a superfície da terra, e encontrando minhas delícias entre os seres humanos." Nessa perspectiva, Koyré escreveu: "A sabedoria divina é, por assim dizer, o plano, o modelo preexistente da criação. Ela não criou a si mesma, ela não engendra. Ela é apenas o mundo ideal ou sua imagem. Um ideal e não uma ficção, e por isso ela possui certa realidade; ela representa a harmonia das potências criadoras de Deus..." Böhme escreveu: "Essa virgem é uma similaridade de Deus, sua imagem, sua Sabedoria na qual o espírito se vê e na qual o Eterno revela suas maravilhas..."[1] "A Sabedoria divina ainda chamada Sophia, Verbo eterno, Glória e Esplendor de Deus, é portanto, um espelho, um quarto termo que Deus se opõe para poder se refletir, se realizar e tomar plena consciência de si mesmo"[2]. Na introdução ao "Ministério do Homem-Espírito" (Paris 1802), ele resume com uma notável clareza as bases dessa tradição sofiológica ocidental; representando o essencial da ideia que Saint-Martin fez dessa noção, esse texto é de grande importância: "A natureza física e elementar atual é só um resíduo e uma alteração de uma natureza anterior, que J. Böhme chama de a natureza eterna; (...) essa natureza atual formava, antigamente, em toda sua circunscrição, o império e o trono de um dos príncipes angélicos, chamado Lúcifer; (...) esse príncipe queria reinar somente pelo poder do fogo e da cólera, e põe de lado o reino do amor e da luz divina, que deveria ter sido sua única chama, inflama toda a circunscrição de seu império; (...) a

---

[1] Psychologia Vera, questão 1-48, citada por A. Faivre em sua obra: Kirchberger e o iluminismo no século XVIII, Arquivos internacionais da história das ideias, Martinus Nijheff, Lahaye, 1966.
[2] A. Faivre, Op. Cit., pág. 163-164.

sabedoria divina opõe a esse incêndio uma potência temperante e refrigerante que contém esse incêndio sem extingui-lo, o que faz a mistura do bem e do mal que percebemos atualmente na natureza." "O homem, explica em seguida Saint-Martin, é colocado na natureza para conter Lúcifer no elemento puro; ele é formado pelo fogo, pelo princípio da luz e pelo princípio de quintessência da natureza física ou elementar." Portanto, ele se deixa "atrair mais pelo princípio temporal da natureza do que pelos outros dois princípios", e cai no sono e na matéria.

"As outras duas tinturas, uma ígnea e a outra aquosa, que deveriam estar reunidas no homem, e se identificar com a Sabedoria ou a Sophia – mas que agora estão divididas – procuram-se mutuamente com ardor, esperando encontrar uma na outra essa Sophia que lhes falta."[1] Assim a sabedoria divina deve ser colocada em um lugar chave porque o homem deve se identificar com ela para encontrar o princípio da Luz. "O homem descobrindo a ciência de sua própria grandeza, aprende que se apoiando em uma base universal, seu Ser intelectual torna-se o verdadeiro Templo, que as chamas que lhe devem iluminar são as luzes do pensamento que o envolvem e o seguem por todos os lugares; que o Sacrificador, é sua confiança na existência necessária do Princípio da ordem e da vida; é essa persuasão ardente e fecunda diante da qual a morte e as trevas desaparecem; que os perfumes e oferendas, são sua oração, são seu desejo e seu zelo para o reino da exclusiva Unidade; que o altar, é essa conversão eterna baseada em sua própria emanação, e à qual Deus e o Homem vêm visitar, para aí encontrar um sua glória e o outro sua felicidade; numa palavra, que o fogo destinado à consumação dos holocaustos, esse fogo que jamais deveria apagar-se, é o dessa faísca divina que anima o homem e que, se ele fosse fiel à sua lei primitiva, estaria para sempre como uma lâmpada brilhante colocada no caminho do trono do Eterno, para iluminar os passos dos que estavam distantes; porque enfim, o homem não deve mais duvidar de que ele recebeu a existência para ser testemunha viva da Luz e da Divindade."[2]

Essa citação da Tábua Natural, nos mostra muito claramente o caminho de Saint-Martin. Todos os aspectos visíveis e exteriores, as

---

[1] Ibid., pág.167.
[2] Citado em: Sobre o Martinismo e as Ordens martinistas, J. Boucher, Ed. Dervy, 1953, pág. 16-17.

chamas, perfumes, oferendas, altar são interiorizados. Para ele, o essencial do caminho não consiste em perseguir sua busca por intermédio de ritos visíveis, mas de começar pelo caminho interior e em seguida se elevar até o divino presente em nós. Esse caminho vai ser o do Filósofo Desconhecido, mas sem permanecer uma pura especulação. Ele vai alcançar uma elevação interior pela oração, zelo e o desejo de união com Deus. Algumas frases do "Ministério do Homem Espírito" ilustram isso muito bem:

"Por um lado, a magnificência do destino natural do homem é de não poder realmente e radicalmente querer por seu desejo a única coisa que possa realmente e radicalmente tudo produzir. Essa única coisa é o desejo de Deus; todas as outras coisas que conduzem o homem, ele não as deseja, ele é o escravo e brinquedo. Por outro lado, a magnificência de seu ministério é de só poder realmente e radicalmente agir após a Ordem positiva a ele pronunciada a todo instante, como o mestre a seu servidor e isso pela única autoridade que seja equitativa, boa, consequente, eficaz e de acordo com o desejo eterno."[1]

Aquele que sente esse apelo, essa vontade de trilhar o caminho ascendente torna-se assim um homem de desejo. Esse caminho que leva à iniciação espiritual torna-se com Saint-Martin uma via de oração e ascetismo, aparentemente independente de vias exteriores conhecidas naquela época. Ele não rejeita nada. Ele realmente não afirma que um rito é inadequado. O que podemos deduzir é que o trabalho deve começar por uma abordagem interior. Assim, se uma chama for acesa sem preparação interior, nós realizamos um ato mágico. Se ao contrário, o fato de acender uma vela é o começo de uma iluminação interior, então estamos em um princípio teúrgico. Saint-Martin nos lembra essa primeira necessidade.

É absolutamente evidente hoje para todos, que Saint-Martin é o inspirador por excelência de uma via interior vinda de Jacob Böhme. É ainda mais clássico opor isso, como fizemos, à via exterior de Martines frequentemente com o objetivo de rejeita-la ou desacredita-la. Para alguns a prática mística se limita à observância de uma via passiva, estática, imobilista qualificada de "Martinismo e via cardíaca". O que nós chamamos imobilidade mística? Essa prática ou esse estado de espírito consiste, sob o pretexto de uma prática interior, a se contentar passar pelos eventos, a confundir oração e vigilância interior, com

---

[1] Ibid, pág. 14.

meditação passiva e estéril. Crer que se pode, nessa via, avançar para Deus cultivando tal atitude mental é muito certamente um erro. Da mesma maneira, acreditar que essa via seria incompatível com a prática ritual seria igualmente falso.

Os homens de desejo dos quais Saint-Martin fala são os homens de ação, de fogo e não de fatalistas que escolhem uma atitude evasiva e condescendente frente à vida e a suas circunstâncias. Eles não se deixam oprimir pelas impressões ou influências do invisível. Eles têm neles o desejo do retorno ao divino, o desejo do conhecimento e da sabedoria. Eles não se deixam mais agitar por esse oceano que são o universo e a vida.

O homem de desejo é um homem de ação. Todavia, como já dissemos, Saint-Martin não preconiza a via passiva, mas a vida interior! Muito se acreditou que se a via fosse interior ela se tornaria meditação passiva, distinta da ação exterior, via de Martines. Ora, não é nada disso. Basta observar a vida do Mestre Philippe de Lyon para perceber o que Saint-Martin desejava. O homem voltado para seus semelhantes realmente os ajuda, a todo instante, não somente pelos planos invisíveis, mas também por sua presença efetiva junto dos que sofrem. A via interior se desenvolve pela oração (mostraremos mais adiante o que significa exatamente essa palavra para os kabbalistas cristãos do Renascimento), pelo retiro no seu templo interior.

A via cardíaca do Filósofo Desconhecido é paradoxalmente uma via que se situa tanto no visível quanto no invisível. É uma via de desejo entendida como um puro dinamismo, uma vontade.

Assim definida, a via martinista se revela sob uma nova orientação, com uma força e uma grandeza que está longe de ter desaparecido, ainda que seja às vezes difícil de reconhecer. Saint-Martin escreveu livros que teriam grande interesse em se estudar mesmo se possam parecer árduos. Uma mensagem, uma experiência e uma via estão aí contidos que só podem acender em nós a chama adormecida. Mas se Saint-Martin escreveu, sabemos que ele também transmitiu, "duas letras e alguns pontos" dizia Papus; mas também um influxo, uma iniciação. É a abertura de uma porta, a S∴I∴, Superior Incógnito – pouco importa o termo – a porta do coração. É abertura, mas também transmissão de um espírito, de uma concretização simbólica e além de duas letras, de algumas luzes suplementares.

ASPECTOS DA KABBALAH CRISTÃ CONTEMPORÂNEA

Alguns meses após ter criado a Ordem Kabbalistica da Rosa-Cruz, ou seja, vinte e quatro anos após a morte de Saint-Martin, Papus e Chaboseau, ambos membros da direção da Ordem, descobriram que tinham recebido uma filiação que remontava ao célebre teósofo. Lembramo-nos, de fato, que a tradição relatou que Louis-Claude de Saint-Martin havia fundado uma "pequena escola em Paris" alguns anos após a morte de seu mestre Martines de Pasqually. Essa sociedade (comunidade) tinha por objetivo a mais pura espiritualidade. Ele tinha integrado as doutrinas de Martines às suas e instaurou como único grau o de S∴ I∴. Esse título era uma retomada da denominação distintiva da dignidade suprema dos membros do Tribunal Soberano da Ordem dos Elus-Cohens. Na maioria das sociedades secretas a iniciação era feita por graus. Aqui Saint-Martin escolheu instaurar uma transmissão antes de tudo moral e espiritual. Tratava-se de receber a chave que abre a porta interior da alma pela qual se comunica com as esferas do Espírito. Nessa altura, nenhuma exigência, nenhum estado intermediário. Era requisitado somente uma manifestação do desejo, um compromisso da alma e um despertar da vontade firme. Como já vimos, os princípios eram ao mesmo tempo idênticos e diferentes aos da Ordem dos Elus-Cohens. As técnicas e as preparações rituais, por exemplo, sempre foram simples na escola de Saint-Martin. Este considerava que a preparação é o resultado da vida que se leva interiormente e exteriormente. Nessa via mística, diferentemente de algumas etapas mágicas e teúrgicas, é o nosso trabalho diário, nossa "atitude moral de pureza" que tem lugar na preparação. Isso significa que todas as preparações rituais seriam inúteis para qualquer um que não pratique esse caminho interior. Essa é a única condição para a abordagem de uma verdadeira pureza interior.

Papus afirma ter sido iniciado ao grau de S.I. « Superior Incógnito » em 1882 por Henri Delaage que reivindicou uma ligação direta com Saint-Martin pelo sistema de « livres iniciações ». Quanto à Chaboseau, sua filiação lhe teria sido transmitida por sua tia Amélie de Boisse-Mortemart. Ambos decidiram iniciar-se mutuamente e imediatamente informaram aos outros responsáveis pela Ordem. Papus e Chaboseau transmitiram essa filiação de Louis-Claude de Saint-Martin essencialmente espiritual à Ordem Kabbalistica da Rosa-Cruz. Como declara Delaage, ela era materializada somente por « duas letras e alguns pontos ».

Imediatamente consciente da riqueza dessa herança, a Ordem dá um corpo a essa transmissão associando-a à iniciação de « Filósofo Desconhecido » do sistema maçônico de H.-T. de Tschoudi. Em seguida, essa cerimônia de « Superior Incógnito » tornou-se o grau preliminar da Ordem. A versão maçônica que estava na origem essencialmente simbólica foi desse modo ativado pelos conhecimentos operativos dos membros da Ordem. Sendo os fundamentos da kabbalah cristã hermetistas a Ordem realizou duas coisas simultâneas e de aparência contraditórias. Por um lado, desenvolver um ritual único de S.I. com base nos conhecimentos mágicos e teúrgicos de seus fundadores e por outro lado, como acabamos de mostrar acima, tornar essencial a mensagem martinista livrando-a de seu contexto histórico. Tratava-se de extrair a mensagem universal presente na obra do fundador tentando reduzir ao máximo as contribuições estranhas ao coração da doutrina.

Foram revelados valores fundamentais antes de tudo, morais e universais, portanto, sagrados. Assim o coração e o centro do Martinismo se resumiram a um conjunto de atitudes simples: ser bom e fazer o bem. Mas a maneira de realizar isso tornou-se estritamente pessoal e seria bem difícil e presunçoso querer ensinar. Basta encorajar a ser humilde, a ter uma vida moral honesta, a fazer o bem em todos os momentos da vida, sem nenhum prejulgamento. Todo o resto é de ordem pessoal.

Resumido dessa maneira, concebe-se que esse pensamento é acessível a todas as religiões. Quer seja muçulmana, cristã ou budista, não apresenta nenhum problema, porque essa doutrina se refere somente ao plano moral. Se nós procuramos nos elevar à essência das coisas, isso significa que enquanto Saint Martin utiliza as orações cristãs, ele não pratica o martinismo, mas expressa seu misticismo através da linguagem que recebeu em sua infância. Quando se revela o coração de seu pensamento descobrimos a bondade e a humildade, virtudes que são ambas universais.

Se considerarmos os textos de Saint-Martin literalmente, então essa doutrina ou mística só estaria aberta aos cristãos ou àqueles considerados aptos a se tornarem. Essa é também a direção que tomou o Regime Escocês Retificado, sistema maçônico criado por Jean Baptiste Willermoz, outro adepto de Martinès de Pasqually. Mas se seguirmos o exemplo da kabbalah cristã e buscarmos a essência por trás da letra, então a universalidade se revela. Poderíamos dizer que textos como "as orações de Saint-Martin" são importantes e ao mesmo tempo "perigosos"... Importantes, porque é possível experimentar a bondade, mas ao mesmo tempo perigosos porque poderíamos ser tentados a reduzir essa abordagem a uma prática estritamente cristã. Ora, isso não nem o objetivo, nem o espírito de Saint-Martin. Uma das indicações é que nunca se tornou um religioso no sentido estrito do termo. Ele prosseguiu sua obra filosófica e seu trabalho principalmente interior e místico.

Com isso em mente, imitar Saint Martin não nos tornaria Martinistas, mas São Martinistas. Deve ser feita uma escolha entre a cópia histórica da personagem e a busca em nós do princípio universal que ele descobriu. É essa a única condição que podemos revelar essa via mística em nós mesmos, chamada via cardíaca. É, portanto, verdade que um kabbalista cristão nunca será um imitador de Saint Martin. Mas é, entretanto, possível para ele compreender a unidade entre os místicos como Eckartshausen, Lopoukine ou o próprio Saint Martin. De certa maneira, não se pode ser martinista, como não se pode ser cristão. Nesse espírito, houve somente um cristão, o Cristo e houve somente um martinista, Louis Claude De Saint Martin. Ao contrário, cada praticante dessa via pode compreender a natureza da porta que esses mestres tinham encontrado e assim ter acesso aos mesmos valores essenciais.

A partir desse momento, todo novo membro da Ordem Kabbalistica da Rosa-Cruz deveria primeiro ser recebido S∴I∴ (Superior Incógnito), Adepto de Saint-Martin, antes de receber a primeira iniciação na Ordem. Esse engajamento moral realizado, os estudos e iniciações da Ordem poderiam começar.

Esse primeiro grau de S∴ I∴ constitui o fundamento moral e espiritual da Ordem. Continua a ser o pré-requisito. É por essa razão que a Ordem Kabbalistica da Rosa-Cruz sempre considera esse grau como pré-requisito moral para a formação empreendida. Portanto, naquele momento, não foi necessário nesse caso fazer uma nova Ordem. O martinismo permanece o que deveria ser, um encorajamento à prática da via cardíaca como condição fundamental do trabalho iniciático. Essa primeira etapa de S.I. é, portanto, fundamental e paradoxalmente só precisa de uma formação teórica mínima.

Esse estado é espiritual e constitui um caminho interior indefectível. Como imaginar que é preciso estudar kabbalah, teologia ou qualquer outra ciência para se envolver moralmente em tal caminho interior? O intelectual não tem nada a ver com esse tipo de tomada de consciência. A formação é de outra ordem e visa os graus e etapas diferentes.

Alguns anos mais tarde, em 1891, enquanto a Ordem Kabbalistica da Rosa-Cruz atingiu outra etapa de sua existência, foi solicitado a Papus que desenvolvesse a iniciação de Superior Incógnito na forma de uma Ordem exterior cujo papel essencial seria a espiritualidade e o cavalheirismo cristão. Papus escolheu estrutura-la de acordo com a escala maçônica em três graus. A única verdadeira iniciação foi, evidentemente, a de S.I. (Superior Incógnito), a única transmitida por Saint-Martin. Nenhuma ambiguidade na missão confiada a Papus. Tratava-se de permitir a um maior número de pessoas de descobrir o pensamento de Saint-Martin e de empreender o caminho moral representado na mais pura forma de cavalheirismo cristão.

Essa estrutura deu alguma continuidade à Ordem Martinista que continuou a se desenvolver após a morte de Papus e a se ramificar seguindo os caprichos de sua história.

Deve ser reconhecido que as múltiplas Ordens martinistas foram conhecidas depois dessa época e até hoje têm um problema de identidade e de conteúdo. De fato, segundo a formulação dessa tradição por seu fundador, a prática martinista é simples, tolerante e integrante. A própria iniciação integra bem evidentemente vários aspectos que explicam a doutrina e lhe permitem se integrar no beneficiário. Mas uma vez que isso seja efetuado, a realização desse ideal diz respeito ao próprio indivíduo. Essa é uma questão pessoal e, infelizmente, não pode conhecer desenvolvimentos teóricos particulares sem se tornar intolerante ou dogmática.

Figura 14: selo fundador das Ordens martinistas.

Para terminar, é interessante citar aqui o fundador da Ordem Kabbalistica da Rosa-Cruz se dirigindo aos iniciados após uma iniciação ao grau preliminar de S.I. da Ordem. Isso nos dá uma boa ideia da doutrina martinista assim como era então considerada nessa Ordem reunindo todas essas influências com base no hermetismo.

"Tu foste sucessivamente revestido por três graus hierárquicos de nossa Ordem; nós te saudamos S∴ I∴ (Superior Incógnito), e quando tiveres transcrito e meditado nossos livros, te tornarás por sua vez Iniciador. Em tuas mãos fiéis será colocada uma importante missão: a tarefa te incumbirá, mas também a honra, de formar um grupo em que serás, diante de tua consciência e diante da Divina Humanidade, o Pai intelectual e eventualmente o Tutor moral.

Não se trata aqui de te impor convicções dogmáticas. Que acreditas ser materialista, espiritualista ou idealista; que faças profissão Cristianismo ou do Budismo; que te proclames *livre pensador* ou que sejas até afeto do ceticismo absoluto, pouco nos importa depois de tudo: não esmagaremos teu coração, molestando teu espírito com problemas que não deves resolver, a não ser diante de tua consciência e no silêncio solene de tuas paixões apaziguadas.

Provido de um verdadeiro amor ardente por teus irmãos humanos, que nunca procures dissolver as ligações de solidariedade que te ligam estreitamente ao Reino Hominal considerado em sua síntese, és de uma religião suprema e verdadeiramente universal (Esse é o sentido radical da palavra católico), porque é ela que se manifesta e se impõe (multiforme, é verdade, mas essencialmente idêntica a si mesma), sob os véus de todos os cultos esotéricos do Ocidente assim como do Oriente.

Psicólogo, dá a esse sentimento o nome que quiseres: *Amor, Solidariedade, Altruísmo, Fraternidade, Caridade; Economista ou Filósofo,* chame-o *tendência ao Socialismo,* se quiseres... *ao Coletivismo, ao Comunismo...* As palavras nada são!

Honras, *Místico,* sob os nomes de *Mãe divina* ou de *Espírito Santo.*

Mas quem quer que sejas, não esqueças jamais que em todas as religiões realmente verdadeiras e profundas, são, baseadas no Esoterismo; colocar em ação esse sentimento é o primeiro ensinamento, capital, essencial, desse próprio Esoterismo.

Busca sincera e desinteressada da Verdade, eis o que teu Espírito deve a si mesmo; ternura fraternal em relação aos outros homens, é o que teu Coração deve ao próximo.

Exceto esses dois deveres, nossa Ordem não pretende prescrever-te outros, pelo menos de um modo imperativo.

Nenhum dogma filosófico ou religioso é imposto mais à tua fé. Quanto à doutrina que resumimos para ti os princípios essenciais, nós somente te rogamos que medites calmamente e sem viés. É somente por meio da persuasão que a Verdade tradicional quer te conquistar à sua causa!

Nós abrimos a teus olhos os selos do Livro; mas está para ti aprender a soletrar primeiro a *Letra*, e depois *penetrar o Espírito* dos mistérios que esse livro encerra.

Nós começamos: o papel de teus Iniciadores deve limitar-se a isso. Se atingires por ti mesmo a inteligência dos Arcanos, merecerás o título de Adepto; mas saibas bem isto; é em vão que os mais sábios mestres quiseram te revelar as mais supremas fórmulas da ciência e do poder mágico; a Verdade Oculta não pode ser transmitida em um discurso: *cada um deve evoca-la, cria-la e desenvolve-la em si.*

Tu és *Initiatus*: aquele que outros colocaram na via: esforça-te para te tornar *Adeptus*: aquele que conquistou a ciência por si mesmo; em poucas palavras o *filho de suas obras.*

[...]

Mas entende bem, *meu irmão,* uma terceira e última vez eu te rogo, compreende bem que o *Altruísmo* é a única via que conduz ao objetivo único e final, - eu quero dizer *a reintegração de submúltiplos na Unidade Divina;* - a única doutrina que fornece o meio, que é o *dilaceramento dos entraves materiais,* para a ascensão, através das *hierarquias superiores,* até o astro central da regeneração e da paz.

Jamais te esqueças que o Adão Universal é um *Todo homogêneo,* um *Ser vivo,* do qual nós somos os átomos orgânicos e as células constitutivas. Nós vivemos todos *uns nos outros, uns para os outros*; e nos fundimos *individualmente salvos* (para falar a linguagem cristã), não deixaremos de sofrer e de lutar até que todos os nossos irmãos estejam salvos como nós!

O Egoísmo inteligente conclui, portanto, como o concluiu a *Ciência Tradicional*: a fraternidade universal não é um engodo; é uma *realidade de fato.*

Quem trabalho por altruísmo trabalha para si; quem mata ou fere seu próximo se mata e se fere; quem desacata, insulta a si mesmo.

Que esses termos místicos não te assustem; a alta doutrina nada tem de arbitrário: nós somos os matemáticos da ontologia, os algebristas da metafísica.

Saibas bem, *filho da Terra,* que tua grande ambição deve ser de reconquistar o *Éden zodiacal* de onde jamais deverias ter descido, e enfim retornar na *Inefável Unidade,* FORA DA QUAL NÃO ÉS NADA, e no seio do qual encontrarás após tanto trabalho e tormento, essa *paz celestial,* esse *sono consciente* que os Hindus conhecem pelo nome de NIRVANA: *a beatitude suprema da Onisciência, em Deus.*

S. DE G. Alpeh∴

S∴I∴"[1]

Prosseguindo com o mesmo espírito, citamos um texto ritual extraído sem dúvida, dessa mesma tradição. Ele nos deixa entrever claramente o compromisso moral requisitado dos membros: "Incógnito, não recebes ordens de ninguém; somente tu és responsável por teus atos diante de ti mesmo e tua consciência é o Mestre temido com o qual deves sempre te aconselhar, o juiz severo e inflexível a quem deves prestar contas de teus atos."

O iniciado é colocado em frente de sua própria consciência, sem mandamentos específicos sobre sua vida diária, sobre sua escolha de alimentação ou os prazeres da vida. Ele é o único que escolhe o que é melhor para ele de acordo com os princípios morais afirmados acima. É o mesmo para qualquer coisa na vida.

Evidentemente, isso implica que quando comete um erro, ele tem por juiz somente sua consciência. Portanto ele pode errar. A única solução nesse caso é aplicar o preceito universal: « a árvore é conhecida por seus frutos. »

Pode-se imaginar quanto esse impulso do ser na prática incessante da virtude pode ter de rico, e, entretanto, às vezes, desconfortável. Como seria mais fácil a aplicação das leis absolutas válidas em qualquer tempo e se apoiando na base de uma fé cega e que cega. O caminho assim tomado não é fácil, mas permite a cada um desenvolver essa tolerância e o amor pela vida em todas as suas dimensões totalmente incompatíveis com todos os extremismos.

---

[1] Stanislas de Guaita, Discurso iniciático para uma recepção martinista – Tênue do 3º grau.

TÉCNICAS DA KABBALAH CRISTÃ

FÉ E RAZÃO

Existem várias formas para praticar a kabbalah cristã ou o que vamos começar a chamar de kabbalah hermetista. Na realidade isso se define mais por uma maneira de aproximar a teoria e a prática, do que por um conteúdo específico. É por essa razão que devemos preferencialmente falar de maneira hermetista de abordar a kabbalah cristã, do que de uma forma particular desta última.

Nós vimos anteriormente que existem vários aspectos nessa tradição. Não estamos diante de um conjunto monolítico, mesmo que existam constantes facilmente identificáveis. Vamos estabelecer uma distinção entre as práticas místicas e as abordagens teúrgicas embora isso não seja sempre tão óbvio como se poderia desejar.

Agora já compreendemos que o misticismo é uma prática interior e individual de união com o divino. Quando falamos de religião, a prática se enquadra em um conjunto de rotinas e de dogmas que estão além da liberdade individual de interpretação. No cristianismo, talvez com exceção de tradições decorrentes de reformadores (protestantismo, etc.), as verdades reveladas são explicadas e formuladas de forma definitiva pela Igreja. O fiel ou crente não exerce seu espírito crítico ou seu livre arbítrio. De fato, existem intermediários entre ele e Deus: a Igreja e seu clero. A verdade foi assim revelada desde a origem e manifestada pelo sacrifício e a ressurreição do Cristo. Esse episódio histórico-mítico é a pedra fundamental do cristianismo. Todos os ritos, quer sejam coletivos ou individuais, são baseados nessa crença. Não vamos esquecer o que tivemos a chance de dizer, isto é, que essas verdades fazem parte plena da natureza dos kabbalistas cristãos anteriores ao século 18. Eles nasceram nessa cultura e esta lhes parecia tão evidente quanto o solo que eles pisavam. Hoje é mais fácil nos afastarmos desses dogmas, de discutir e de fazer intervir nosso raciocínio. Naquela época, era algo relativamente difícil. Os que trabalharam, transcenderam essa cultura, mas não a rejeitaram. Ela continua a fazer parte deles. Sua abordagem hermetista foi mais integrante que exclusiva. Foi enriquecida pelas contribuições culturais e religiosas que eles redescobriram em seus estudos e práticas. Essa síntese ampliada das antigas tradições, não foi uma negação do próprio cristianismo. Aparece como uma apropriação deste e uma adaptação à abertura desse mundo interior que começa a se efetuar. Não se pode negar que a fé deles também sempre foi grande durante sua vida, mesmo se fosse bem diferente da defendida pela Igreja. A percepção dessa transcendência sempre esteve presente e a também a compreensão de nossa natureza humana. Demasiado humano para humano, dirá Nietzsche bem mais tarde, em outro contexto. Não esqueçamos que a fé pode ser suficiente para o fiel no acesso à salvação e a vida eterna. « Crês e serás salvo » nos lembra o Evangelho durante toda sua mensagem. É o mesmo quando Jesus aparece a Pedro no lago Tiberíades e pediu-lhe para se juntar a ele caminhando sobre as águas. Longe de nós a ideia de criticar este ou aquele que vive essa fé de maneira harmoniosa e tolerante. Mas não podemos nos impedir de observar que essa fé, além de ser encontrada em outras religiões monoteístas, é a fonte de muitos abusos que levam à intolerância e ao extremismo. A partir do momento em que uma fé se afirma sem basear-se em um espírito crítico e livre, é em comum que o fiel e mais ainda o religioso, passem da sensação de viver uma verdade interior, à certeza de possuir a única e indiscutível verdade. Pode-se facilmente imaginar as consequências. A história humana está constantemente aí para nos lembrar disso. Poderiam ser encontrados todos os argumentos possíveis, a verdade é que a certeza de ter a única verdade possível para todos os homens é uma armadilha do orgulho e um obstáculo na via que nos conduz ao divino.

O que pode nos levar ao erro é o fato de que a tradição cristã, para falar somente dela, possui conhecimentos e práticas bastante autênticas e eficazes. Aqueles que os fundaram e compuseram eram frequentemente seres de grande valor. Muitas vezes eram extraídos das tradições filosóficas e práticas rituais da antiguidade, até distorcer e transforma-los em sua propriedade. A egrégora da Igreja, e mais ainda da tradição cristã, é extremamente poderosa. Batizados cristãos, vamos estar conectados nessa egrégora. Mas nós podemos nos afastar e até, de certa maneira, sermos desconectados quando nossas práticas, nossas crenças e nossa vida interior se distanciam dela. O fato é que nossa cultura e frequentemente nossa infância deixaram em nosso inconsciente, traços profundos apenas esperando para se revelar. A egrégora de uma religião age como uma entidade totalmente à parte. Primeiro ela procura não desaparecer e em seguida aumentar sua potência. Os conceitos rituais da Igreja são baseados nesse princípio e a alimentam incessantemente pelas orações e ritos dos fiéis. O rito, do qual falaremos mais em detalhes, dá uma grande potência à essa assembleia de fiéis. Não vamos esquecer que a Igreja é o lugar no qual são celebrados os mistérios do cristianismo, mas também a assembleia dos fiéis.

As práticas kabbalisticas cristãs vão, portanto, se basear nessa tradição. Elas vão, durante o tempo de sua prática, se juntar a essa corrente. Não encontramos aí uma posição paradoxal. O kabbalista deve saber atravessar o véu que o separa da verdade. Isso significa que assim como os antigos iniciados, ele deve aprender a revelar o véu de Isis e contemplar o corpo nu da Deusa. A kabbalah nos ensinou que existe uma realidade atrás do véu dos dogmas e textos. É preciso então conservar esse ímpeto que nos conduz além destes, sem nos perdermos no espelho fascinante da ilusão dogmática. Um sábio budista dizia a seus discípulos: "Se Buda aparecer para ti, mata-o!" Pode-se facilmente imaginar o que daria a transposição de uma frase assim na tradição da qual falamos: "Se Maria aparecer para ti, mata-a!"; "Se o Cristo te propõe receber os estigmas, recusa-os! ", etc. Tudo é ilusão! A realidade está além da aparência ilusória que nos envolve. Em um mesmo movimento, seria de todo absurdo rejeitar o que nossos mestres passados kabbalistas cristãos nos transmitiram. Mas nós não vivemos na época deles. Nós somos filhos de nosso século e não podemos ignorar o mundo no qual vivemos. As tradições iniciáticas e espirituais evoluíram e com elas as armadilhas da ilusão. Estamos em um lugar em que os ritos e as tradições mais antigas se reúnem com a modernidade mais atual. É preciso então avançar nesse conhecimento e nessa prática com precaução infinita, atentos a cada uma das etapas de nosso progresso. Nosso caminho consiste em aprender uma tradição para descobrir os tesouros ocultos. Vamos procurar utilizar os poderosos ritos que nos transmitiram porque foram "emprestados" daqueles que existiram muito antes... Repetimos mais uma vez que não condenamos os crentes sinceros que vivem sua fé humildemente sem desejo de impô-la a quem quer que seja. Essa atitude é louvável e pode trazer muito aos que baseiam sua vida no princípio de amor altruísta e o princípio moral que todas as nações têm ou deveriam ter em comum: "Não faça aos outros o que não queres que te façam!"

Nesta abordagem mais prática, vamos aqui revelar dois métodos principais que podem se coordenar e se associar. O primeiro é o da oração e o segundo o do ritual. Todas as tradições religiosas utilizaram essas duas técnicas. O Ocidente contemporâneo muitas vezes conhece melhor o Oriente que suas próprias tradições e muitos ouviram falar de

Yoga sem imaginar que a oração pode ser uma técnica mística completa. No Yoga existem posturas (Hata Yoga), respirações (pranayama), adorações ou orações (Bhakti yoga), etc.

É dessa última que agora vamos falar. Para os que podem se desenvolver de maneira coerente e sem riscos, as técnicas de adoração e de orações são baseadas em princípios específicos. Não esqueçamos que nosso objetivo é utilizar as técnicas que poderiam ser qualificadas de religiosas, mas de maneira iniciática, isto é, isentas de dogmas e anexos. Como antigamente, vemos aqui essas técnicas como elementos operativos que nos permitem atingir planos particulares de consciência. A fé levanta montanhas, dizem... devemos saber se falamos da fé cega ou da energia interior que a religião qualifica por essa palavra. Se olharmos os textos dos kabbalistas cristãos veremos que eles qualificam os rituais e a energia que operam no interior, por esse termo fé. No entanto a utilização feita pelos autores e tradições antigas nos mostra que os kabbalistas não estavam dogmaticamente ligados à consideração de uma única verdade. Eles consideravam que a verdade tem múltiplas faces. A consequência é que devemos tentar pensar em termos de integração e não de exclusão.

DO VERBO À PALAVRA SAGRADA

A pronúncia e o canto são, assim como a imagem mental, elementos indispensáveis da via mística.

O Verbo ou a Palavra, é necessário dentro de todas as religiões e de todas as tradições espirituais. O Verbo divino, substituto do Demiurgo, é um dos elementos ativos da criação. Ele tira as formas do caos, e então dá vida à criatura. Os dois textos de referência, considerados como os fundamentos ocultos e testamentários do texto bíblico, ilustram bem isso. No Gênesis, "Deus criou o céu e a terra" a partir de nada, ou melhor, a criação veio do nada. Como diz o texto, "a terra era informe e vazia; havia trevas na face do abismo. Mas o espírito de Deus planava acima das águas. " (Gên. 1:2). Nessa etapa do relato tudo é sombrio, escuro, pois a luz não havia aparecido. Depois, como relata o texto "Deus disse: que se faça a luz! E a luz se fez." (Gên. 1:1-3). Aqui está claramente indicado que o verbo, a palavra, o som é criador ou animador. Se nos ativermos ao texto, não sabemos se a luz foi tirada do nada sob o impulso dessa invocação ou se ela foi ativada de dentro do caos, como é o caso nos textos do Corpus de Hermes..[1] No prólogo do Evangelho de João, nós lemos: "No começo era o Verbo (ou a Palavra), e o Verbo estava com Deus e o Verbo era Deus. Ela (a palavra) estava no começo com Deus. Tudo foi feito por ela e nada do que foi feito foi feito sem ela." (João 1:1-4) O texto hebraico usa a palavra amar (אמר) para designar esse Verbo e essa potência criadora.

A palavra grega *Logos* quanto a isso induz a uma ambiguidade, porque significa ao mesmo tempo palavra e razão. É importante notar que a criação só pode se manifestar no plano material a partir do momento em que um som é emitido. É preciso que a coisa seja dita para que possa existir. Essa observação nos permite identificar uma regra importante da prática, assim como uma implicação teológica e moral muito significativa. Nós somos seres de espírito feitos de carne. Nosso corpo nos permite viver, respirar e sentir o prazer assim como o sofrimento. É o elemento que nos permite estar em interação com nosso mundo. Portanto, ele nos é indispensável para qualquer realização concreta. Sem ele somos impotentes frente ao mundo. Nós poderíamos criar ideias, mas certamente não podemos realiza-las no mundo material e visível. É, entre outras coisas, por essas razões que não se pode conceber o corpo como a causa do mal e sujeito a uma penalidade divina. Ele é, ao contrário, o centro de uma experiência apaixonante do humano e o único meio de realizar, criar e dar

---

[1] "Mas muito abaixo de mim, senti um movimento sinuoso. Uma ondulação tenebrosa, assustadora rastejou perto de onde eu me encontrava. Ela avançou, semelhante a uma sombria serpente que se enrolava em espirais, em um silêncio ameaçador. A obscuridade aos poucos se tornou menos intensa, enquanto o ar se carregou de uma umidade crescente. Nuvens de vapor começaram a se liberar, em minha direção, como braços imensos e móveis que assobiando assustadoramente em cada um de seus movimentos. O mundo que era até então silencioso se animou, gritos inarticulados pareciam jorrar do Fogo que preenchia o ar."
"A luz se tornou mais intensa em um sopro vibrante jorrou. Esse som que eu não ouvi, fez meus tímpanos vibrarem e desceu para se misturar a essa estranha natureza em formação. No instante em que toca a obscuridade carregada de umidade, um fogo magnífico, brilhante, quase irreal avanças às regiões maravilhosas em que eu me encontrava. As chamas se elevaram e circularam levadas pelo vento e o ar. Essa intensa e maravilhosa dança era um verdadeiro encanamento celeste. Em baixo, a água e a terra estavam tão intimamente misturadas uma à outra que era impossível distingui-las em seus movimentos. " *Corpus Hermeticum*, Livro 1 Cap. 4-5, Tradução e adaptação de J.L. de Biasi.

nascimento. Mas longe de nós a ideia de limitar tudo isso a uma perspectiva materialista. O corpo é o suporte, o veículo do espírito e da alma. Ele é o receptáculo da divindade interior que devemos realizar neste mundo. Simbolicamente, poderíamos nos comparar a pontes entre o mundo material e o mundo espiritual. Nossa dupla natureza nos dá essa possibilidade de sermos criadores segundo o espírito, mas ainda e, sobretudo utilizar esse poder demiúrgico no próprio mundo. Algumas operações de kabbalah mágica utilizam esse processo. Para dar uma ideia, convém se lembrar dos quatro mundos da kabbalah, dos quais falamos em outro capítulo. Nosso desejo se volta aos planos espirituais mais elevados (o mundo de Atziluth), as ideias (o que hoje chamaríamos de arquétipos) são apreendidas pela "chama sutil do intelecto".[1]. Depois, vamos revestir de uma imagem ideal, simbólica, que até então era impossível de representar. Esse é o mundo de Briah. Nossa visualização vai em seguida se associar às respirações, aos gestos ativando a parte energética de nosso ser. A imagem vai ser conectada ao plano de Yetzirah, em um plano que os antigos classificaram de astral. Até aí não havia exteriorização no mundo material. Entretanto, a ideia começou a tomar forma no invisível. O trabalho energético torna cada vez mais densa a forma-pensamento, levando-a muito perto de sua manifestação. É preciso então que o mago utilize a potência do verbo para fazer nascer no mundo das formas, o que havia sido criado no plano interior. É bem evidente que a Palavra não é suficiente, mas é ela que dá vida. A kabbalah levou essa ideia bem longe, porque a palavra tem também uma aparência visível. São os caracteres visíveis do alfabeto hebraico. Ele é a representação visível desse poder de vida e lembramos que seu traçado único, a mera presença dessas palavras implica na manifestação no mundo de Assiah das ideias e caracteres que elas representam.

A palavra do homem é, portanto, criadora e portadora de uma potência insuspeita. Ela pode criar atraindo, seguindo assim o processo

---

[1] "Existe uma Primeira Potência Divina que deves perceber pela flor de teu intelecto. Se tentas fazê-lo da mesma maneira que concebes um determinado objeto, não conseguirás, porque tem a força de uma espada luminosa que brilha com bordas afiadas. Não deves tentar agarra-la com força, mas pela chama sutil de teu intelecto. É preciso que voltes para ele o puro olhar de tua alma que se afasta do sensível, e estendas nessa direção teu espírito vazio e imparcial. Poderás então começar a conhecer o divino que reside fora do alcance do espírito humano." *Oráculos Caldaicos*, Cap. 1, Tradução e adaptação de J.L. de Biasi.

da criação, mas também veicular e canalizar nosso desejo aos planos divinos mais elevados. A esse respeito, a simples palavra, quer tenha saído da mais humilde expressão de fé ou da grandiosa declamação litúrgica, terá resultado, com a condição de que emane um desejo sincero. A diferença virá em seguida à conscientização desse ato, criando assim a diferença entre o fiel, o místico e o teurgo kabbalista.

Segundo a antiga fórmula, « o que está acima é como o que está em baixo. » Nós fazemos parte de uma mesma unidade. Nossa condição de criaturas nos qualifica, não como iguais aos Deuses, mas como seu reflexo no espelho da manifestação. A técnica da oração deixa de ser uma contemplação passiva, para se tornar uma ação criadora da qual somos a origem. Tradicionalmente, o místico ou o teurgo, têm assim evocado as potências. E em todos os momentos, a multidão zombou e condenou seu suposto orgulho.

A oração, tal como foi utilizada em todas as tradições religiosas, ou é silenciosa, ou é oral. Levando em conta o que vamos dizer, é muito fácil perceber a diferença de função e destinação dessas duas formas principais. De maneira geral e sem que essa distinção seja absoluta, poderíamos dizer que a oração silenciosa e interior nos leva à elevação aos planos divinos. A que é pronunciada em voz alta implica uma atração consciente da parte daquele que reza, o orador, visando a manifestar no visível o nível espiritual ao qual ele se eleva. Essas duas formas são compatíveis, a expressão silenciosa podendo ser uma preparação que precede a expressão verbal. De fato, é melhor ser capaz de disciplinar, dirigir e controlar sua mente antes de procurar manifestar essa concentração no plano material.

Reuchlin resume essa atitude em termos inequívocos. "É necessário, segundo ele, uma voz espiritual e não um grito. [...]. Se usamos alguma oração nas súplicas, não é para comover Deus ou os anjos usando como para os mortais, sílabas ou expressões, mas para incitar nossas forças a se inflamar para eles e fixar, assim como uma âncora, nossa confiança neles. [...]. Por meio de sinais sensíveis, parece-nos que atraímos a divindade invisível, mas que, na verdade, atraímos a nós mesmos, nós que somos móveis em direção à divindade imóvel."[1]

A oração e o rito são, portanto, meios de se elevar voluntariamente ao divino. Essa ascensão se faz pela utilização do desejo adequadamente

---

[1] Johann Reuchlin, A kabbalah (*De arte kabbalistica*), Tradução de François Secret, Aubier Montaigne, 1973, Paris, pág.233.

orientado. Esse princípio constitui para ele o fundamento de toda a prática: "Nesse fundamento secreto repousam todos os sacramentos e os ritos das cerimônias". É assim que nós usamos os sinais, caracteres, e da voz, hinos e cânticos, o coro e o saltério, cordas, címbalos, órgão e outros instrumentos desse tipo, não para enternecer Deus como a uma mulher, nem para capturar os anjos por nossas adulações lisonjeiras, mas para conhecer e exaltar Deus... .[1]

Assim o poder constituído do Verbo nos permite nos elevar nas asas do espírito em direção dos planos superiores de consciência. Aplicar uma técnica específica não é contrário à ideia que podemos fazer da oração, porque se trata somente de utilizar nossos poderes para nos elevarmos a um nível superior e atingir assim um estado de equilíbrio.

Algumas línguas são consideradas como sagradas. É, por exemplo, o caso do hebraico e do sânscrito. No domínio hebraico, é dito que Deus gravou e esculpiu as 22 letras do alfabeto com as quais ele construiu o Universo. Mas é o Sábio que « sustenta » o mundo, recitando a Torá. Assim, quando Deus confia ao homem a escritura e a palavra, ele os associa ao ato criador. Além de sua capacidade de conferir um sentido ao mundo no qual vivemos, as letras e sons são portadores de um verdadeiro poder demiúrgico.

Em relação à kabbalah cristã, o praticante tem, para a pronunciação, a escolha entre as três ou quatro línguas comumente utilizadas nos textos bíblicos, isto é, o hebraico, grego, latim e a língua vernácula, ou seja, sua língua de nascimento. De acordo com os rituais, podemos nos apegar mais especialmente a uma ou a outra. No princípio, nada se opõe à pronúncia de uma invocação em sua língua. Um hino na língua natal seria uma maneira para fixar seu significado, de se impregnar até faça verdadeiramente parte de nós mesmos. A pronúncia serviria então de suporte de meditação. É preciso, entretanto, reconhecer que a noção de língua sagrada implica uma potência associada à própria vibração sonora. É fácil compreender e sentir que uma pronunciação do texto em hebraico, grego ou latim não tem absolutamente o mesmo alcance que uma declamação em sua própria língua. Isso é ainda mais evidente, senão impossível, quando falamos de invocações curtas, assim como os nomes divinos. Nesse caso, não temos outra escolha a não ser usar a palavra original. Sua compreensão também não é um obstáculo. Os hermetistas sempre foram bem claros quanto a esse

---

[1] Johann Reuchlin, Op. cit., pág.233.

assunto. Assim Jâmblico explica "se os nomes dependem da natureza dos seres [como Platão também afirma], os que mais se aproximam são também, eu imagino, mais agradáveis aos deuses, segue-se disso que tivemos razão de preferir a língua dos povos sagrados à língua de outros homens; porque, sendo traduzidos, os nomes não conservam inteiramente seu sentido: cada povo tem suas características impossíveis de transpor na língua de outro; então, mesmo se podemos traduzir esses nomes, em todo caso, eles não guardam mais a mesma potência; além disso, os nomes bárbaros [estrangeiros] têm ambos, muito de solenidade e muito de concisão, têm menos de ambiguidade, variedade e as palavras que os expressam são menos numerosas; Por todas essas razões se harmonizam com os seres superiores.".[1] Não se pode resumir melhor o interesse da utilização de palavras sagradas, mesmo se o texto do hino às vezes está em sua própria língua. Mas quando utilizarmos as partes traduzidas, é importante manter em mente a necessidade de uma eficiência da linguagem. Isso não significa absolutamente, que qualquer erro de pronúncia é perigoso. Nessa etapa, não é, estritamente falando, de magia, mas de teurgia. Quando a palavra sagrada é pronunciada, adquire uma dimensão e uma potência particular que realmente nos coloca em contato com a realidade que lhe corresponde. Uma pequena diferença na pronúncia será então compensada pela concentração de nosso pensamento e eventualmente pelos caracteres gráficos da palavra colocados em nossa presença.

A questão da fé ou da crença na eficácia de nossa prática é um elemento que convém levarem consideração. Como tivemos a ocasião de dizer, nossa prática deve se colocar em um estado de "fé controlada". É preciso se apropriar do nome divino, do texto sagrado, mas sempre mantendo a distância que nos permite de não cair no dogmatismo cego de uma crença intolerante. Nossa associação deve ser tão estreita quanto possível durante a própria prática. Mas ela não deve em nenhum momento substituir ou se impor à sua própria consciência livre. Seria então perder de vista o objetivo desse tipo de prática que é de se elevar ao plano de Atziluth e de não se perder nos planos inferiores. Ora, uma fé que tivesse rejeitado a razão, nos encerraria em um mundo de ilusões, cheio de espíritos e demônios, nos afastando da ascensão ao Verdadeiro e o Bem.

---

[1] Jâmblico, *Os mistérios do Egito*, VII-5, Trad. Edouard Des Places, Les Belles Lettres, Paris, 1996.

COMO PRONUNCIAR?

AS TRÊS FASES

É útil saber como pronunciar. Isso difere quanto ao objetivo perseguido.

Em todos os casos, é conveniente conhecer o melhor possível o texto a ser utilizado para não ficar ansioso ou hesitante e se deixar perturbar por essas pequenas imperfeições. O ideal é conhecer de cor. Mesmo se isso for possível na língua materna, não é necessariamente tão fácil na língua sagrada utilizada. Você também pode pronunciar o texto regularmente. Você vai perceber que irá memoriza-lo pouco a pouco. Não está fora de questão que no começo da leitura, você o leia, mas desde que essa leitura não seja um obstáculo à interiorização.

No caso da pronúncia na língua materna, é importante progredir por etapas.

1- A partir do momento em que a oração é conhecida ou memorizada, o primeiro ponto consiste em se impregnar com as palavras e a deixar aflorar sua sensibilidade e sua emoção. É evidente que a pronúncia única de um hino ou de uma oração não é suficiente. É preciso repetir várias vezes, até alcançar o efeito procurado. O fato de você avançar nessa direção vai se manifestar pelo prazer e a emoção que nasce em você enquanto pronuncia. Sair engrandecido, o espírito mais aberto aos altos níveis de consciência, o mundo e os outros é o sinal de uma integração bem-sucedida.

2- A etapa seguinte é a meditação pessoal, teológica ou kabbalistica. É preciso meditar e refletir sobre o sentido da palavra antes de pronuncia-la. Quando pronuncia, sua mente estabelecerá relações simbólicas entre o que você adquiriu e o que sente naquele instante. Você pode assim pensar no sentido das palavras que pronuncia. A intenção que deve prevalecer é a de elevar seu espírito graças à razão e ao rito. Tudo isso dará um alívio e uma profundidade que somente a emoção não necessariamente deixaria atingir. Esse trabalho se faz regularmente. Compreendemos bem que a pronunciação de um hino e ainda mais de palavras sagradas, sempre se faz da mesma maneira, regular e repetitiva. Poder-se-ia acreditar que seria mais simples refletir sobre um texto sem pronuncia-lo, simplesmente lendo e refletindo sobre ele. Certamente isso é verdadeiro, mas aí se trata de outro aspecto do estudo que visa um plano de consciência mais profundo de nosso psiquismo, falando não somente à nossa inteligência, mas também à nossa alma. Trata-se de outra abordagem da apropriação de uma palavra sagrada. A verbalização age aí como uma onda que leva nossas reflexões ao mais profundo de nosso ser. Ela dinamiza nossa reflexão, mas sobretudo ela realiza um verdadeiro trabalho interior que nos ajuda a progredir nessa escada de Jacó da qual falava Reuchlin.

3- Depois, quando tivermos a impressão de ter percebido várias sensações, nós as abandonaremos para nos deixar invadir pela pronúncia, ela própria veiculada pela sensibilidade e a emoção. É muito importante não se limitar a uma meditação ativa que se torna intelectualmente esclerosante. Deve-se relaxar a mente e retornar à única potência do verbo.

Você então constatará que esse impulso é maior e mais vivo. Ele lhe permite estabelecer melhor harmonia em sua vida. Você também notará o nascimento de uma maior compreensão que aparecerá naturalmente, como resultado de um trabalho e maturação interiores.

A PRONUNCIAÇÃO

Existem vários tipos de pronunciações dos hinos e palavras de poder: declamados, pronunciados em voz baixa, cantados, etc. e isso em diferentes línguas. Vamos manter apenas dois, que vamos definir a partir de sua função.

A primeira é a pronunciação lenta e livre, que permite a reflexão e a impregnação do texto. Note-se que nesse caso, o objetivo é o sentido do texto. Essa forma pode corresponder às três etapas que explicamos no parágrafo anterior.

Mas devemos também falar da técnica particular que é executada na kabbalah cristã na forma de repetições ritmadas de textos curtos ou de palavras sagradas. O ritmo e a frequência desses verdadeiros "mantras" são frequentemente codificados. Como você verá nos capítulos seguintes, a natureza e o número de repetições são estabelecidas com precisão por imperativos simbólicos muito precisos. Na verdade, o objetivo é trabalhar em conjunto com as realidades invisíveis e é por essa razão que as codificações são precisas. Essas técnicas assim utilizadas pelos iniciados encontravam-se nas formas particulares da religião exotérica. No catolicismo, é o caso, por exemplo, para o rosário que serve de base às devoções populares mais difundidas. Encontram-se técnicas similares em muitas religiões. Elas se baseiam no que poderíamos chamar de ritmo e que põem em ação a potência própria associada aos sons. As palavras ou textos curtos são pronunciados repetidamente, como as litanias que se encadeiam em um ritmo variável. O ritmo da pronunciação varia segundo os exercícios espirituais, mas é sistematicamente cadenciado. Esse tipo de pronunciação visa ultrapassar o sentido dado às palavras para que estas sejam colocadas em plano secundário e que nós permaneçamos focados unicamente no ritmo, fôlego, respiração e que nossa mente se torne disponível. É sobre isso que vão se basear as imagens mentais que iremos utilizar. Quanto ao volume sonoro, deve ser estabelecido livremente, mas não será nem muito alto, nem muito baixo. No máximo, não se poderia ouvir distintamente de outro cômodo, e no mínimo, você deveria poder ouvir a própria voz.

A IMAGEM MENTAL

Nós encontramos poucas indicações explícitas da visualização na tradição esotérica ocidental antes do fim do século 19. Nós poderíamos compara-la com a visão extática, mas a representação mental é uma ação voluntária, desencadeada por um determinado resultado enquanto que a primeira procede da pura busca mística. Permanece, portanto, o resultado da potência divina. Tanto em uma como na outra, podemos claramente notar a diferença que existe entre um trabalho ritual e uma contemplação mística.

A prática exotérica do rosário católico implica na representação mental de várias cenas sobre as quais somos convidados a meditar. Está, portanto, subentendido que somos capazes de nos representar essas cenas. Todavia, a utilização que é feita pelos kabbalistas envolvem técnicas que nos permitem criar, intensificar e manter essas imagens ativas em nossa consciência.

Assim, é lógico que abordemos agora a questão dessa representação mental, hoje em dia chamada de visualização. Esse ato que já foi natural, hoje em dia deixou de ser e, portanto, é útil aprender de novo. É por isso que a apresentamos aqui e seu domínio vai constituir uma etapa fundamental de seu percurso.

A visualização consiste em criar uma imagem mental correspondente às descrições fornecidas. Para isso, você precisa imaginar da mesma maneira que representa alguém que você conhece ou um lugar que lhe seja familiar. Evite ficar mentalmente tenso durante essa etapa.

Quando falamos de visualização e de imaginação criadora, falamos de uma função real e não de uma ficção. Na realidade trata-se de uma função que nos permite criar no mundo invisível o que se representa em nossa mente. Mas também, e isso é o que nos interessa aqui, ela nos coloca em relação com os planos divinos e a egrégora de todos os indivíduos que utilizam os mesmos textos e as mesmas visualizações. Assim, se visualizamos um ou mais símbolos específicos, nós realmente nos colocamos em relação com os planos divinos. Nosso estado de consciência muda e a potência engendrada por nossas orações se manifesta.

Quanto mais nossa prática e nossas invocações forem ritmadas, interiorizadas e dominadas, mais eficazes são, tornando-se capazes de nos colocar em harmonia com o plano divino. É especialmente possível imaginar, criar uma imagem mental fora de nossas mentes. Estamos falando de « imaginar ». Isso significa que não é estritamente uma visão física, material, mas sim de um pensamento. Entretanto, e é aí que está uma chave fundamental, temos que assegurar que esse pensamento se torne para nós a certeza de uma realidade interior.

Nesse processo, é necessário representar várias cenas ou personagens. Mas não se trata de elementos em que você seria o autor. Eles existem e foram codificados por séculos. Poderíamos até dizer que nos colocamos na situação de criar uma « alucinação » visual controlada. O ato de « imaginar » tem por função servir de ancoragem à percepção de realidades existentes no plano divino. Quando você visualiza a partir de uma descrição tradicional, você cria um verdadeiro "ícone imaterial" que servirá de polo de atração à potência divina correspondente, e depois de canal, permitindo entrar em relação direta com ela. A "fé controlada" ou "adesão temporária" o ajudarão a animar esse "ícone divino".

Para resumir, essa visualização tendo criado em sua mente tal representação sagrada, será estabelecida uma tripla relação entre você, a realidade divina em causa e a força engendrada para todos os que utilizam a mesma invocação.

No que diz respeito à técnica propriamente dita, fixe-se nos seguintes elementos:

Você deve permanecer relaxado e descontraído. O ato de construção mental deve ser análogo ao pensamento, à memória. Relaxe-se.

Ela deve ser dinâmica, deslizar no movimento, como um gesto natural. Não é natural pensar por alguns instantes em um amigo distante prosseguindo suas atividades? Não vamos cometer o erro de acreditar que isso se trata de coisa extraordinária, muito ao contrário...

Essa visualização deve ser feita no momento apropriado e liberada logo que você alterar ou interromper suas práticas. Não convém, no início, manter uma visualização ativa mais tempo que as próprias orações. Melhor ter uma visão clara, intensa e curta, do que uma visão prolongada que se degrada pouco a pouco. Você imagina as cenas a alguma distância à sua frente.

Evidentemente, você pode visualizar com os olhos fechados, semicerrados ou abertos. Você determina no início o que lhe é mais prático. Escolha o que lhe facilita a prática. Você pode visualizar com os olhos fechados durante algum tempo, depois manter os olhos semicerrados durante a visualização da imagem desejada. Nesse último caso, você « imagina » que ela se encontra à sua frente superpondo de alguma forma sua imagem sobre o ambiente físico que você percebe. No início, seu objetivo se limitará a essa sobreposição visualizada. Geralmente você não verá a cena em uma « densidade » semelhante ao ambiente físico. Mas em seguida, você constatará que as coisas se colocarão naturalmente no lugar, umas em relação com as outras.

A EXPRESSÃO CORPORAL

Outro aspecto é a expressão corporal. Você percebeu que existe toda uma série de gestos e de posições tradicionalmente associada aos ritos. No cristianismo, encontramos, por exemplo, o sinal da cruz, a genuflexão, a prostração, etc. Todas são formas particulares de oração. É evidente que não são arbitrárias, mas correspondem a uma lógica particular que se pode descobrir durante o estudo. Cada uma dessas formas de expressão tem uma história particular e detalha-las exigiria um estudo muito importante. Vamos, no entanto, a uma série de observações, que poderão nos conduzir a meditações úteis.

A atitude do corpo traduz, como o olhar, os sentimentos da alma e a atitude de espírito de quem trabalha. O texto do Evangelho nota esse fato mostrando de que maneira os hipócritas mostram seu jejum ou sua oração para se dar importância aos olhos da multidão. Ao contrário, os kabbalistas cristãos defendem a discrição na oração. Pelo esquema corporal, essa posição vai nos conectar a uma emoção particular e a uma forma de sensibilidade específica. A posição participa dessa construção do canal que nos conecta com os planos divinos.

Muitos monumentos antigos, afrescos, sarcófagos, exibem indivíduos em oração. Eles oram de pé, a cabeça reta, olhos elevados para cima, mãos estendidas diante deles ou para os lados em forma de cruz. Levantar-se é em nossa cultura uma atitude de respeito diante de alguém que se honra. Quando ficamos de pé durante um rito, estamos conscientes de nossa liberdade e da potência divina que está em nós. Encontram-se também outras atitudes de oração durante a liturgia cristã, mesmo que a posição ajoelhada ou a cabeça curvada suplantem a precedente. Quanto ao costume de recitar o Pai Nosso com os braços cruzados, esta desapareceu quase completamente, exceto em algumas comunidades.

Nós dissemos anteriormente que o estado de espírito de quem ora se expressa em seus gestos e atitudes. Por outro lado, e isso não é menos importante, as posições adotadas durante as práticas têm igualmente uma repercussão sobre o estado de espírito. Para um praticante, a oração frequente com os braços cruzados ou ajoelhado, os olhos fechados, não terá a mesma repercussão sobre seu psiquismo e por extensão sobre toda sua vida. Portanto, não se deve negligenciar esses aspectos quando se estuda ou pratica um rito. Evidentemente, isso é ainda mais ativo do que são frequentes as repetições da oração. É por essa razão que vamos indica-lo as posições a adotar nessa ou naquela etapa da prática espiritual.

A posição da cruz é um bom exemplo que nos permite mostrar a distância existente entre o praticante moderno da kabbalah cristã e o simples crente. Para essa posição, esse último se coloca diretamente em relação com o sacrifício do Cristo para os homens. Ele encarna a submissão de uma simples criatura desnudada de qualquer liberdade e a extinção de sua personalidade diante do salvador. Os braços em cruz, mas as palmas das mãos dirigidas para frente, coloca o que ora em relação com a experiência de Cristo na cruz. Essa posição de sacrifício de si, marca ao mesmo tempo uma redenção que ilumina o mundo. Algumas representações do Cristo, com os braços em cruz e as mãos abertas emitindo raios luminosos muito poderosos são essa ilustração. Voltar as mãos em direção à terra, é se inscrever nessa esperança da Parusia, é participar do estabelecimento do reino de Deus, da paz e da harmonia do mundo. Por essa oração, o crente dirige as graças que recebe para a terra e aos homens que a povoam.

No entanto, nem sempre foi assim. Quando Tertuliano nos diz que « os cristãos fazem o sinal da cruz ao se levantar, se vestir, ao sair de suas casas, entrando, indo ao banho, ao se colocar à mesa, acendendo uma vela, de maneira geral ao começar qualquer nova ação », não se deve acreditar que se tratava do sinal que conhecemos. Certamente consistia em traçar uma pequena cruz na fronte ou no peito com o polegar. Esse sinal ainda é utilizado durante várias passagens da liturgia cristã e às vezes, é traçado um círculo no centro. Também é utilizado nas ordenações e diversas consagrações. Santo Agostinho escreveu: « É pelo sinal da cruz, que se consagra o corpo do Senhor, que as fontes do batismo são santificadas, que os sacerdotes e os outros graus da Igreja são iniciados e tudo o que deve ser santificado é consagrado pelo sinal da cruz do Senhor com a intenção do nome do Cristo. »

Mais tarde, por volta do século 4, o sinal da cruz se faz levando a mão da fronte ao peito e de um ombro ao outro, acompanhado pelas palavras « Em nome do Pai, do Filho e do Espírito Santo ».

No plano interior, o iniciado kabbalista considera e pratica tudo isso de maneira radicalmente diferente. O símbolo da cruz é transcendido pelo conjunto de correspondências e pela universalidade desse sinal. Várias técnicas de kabbalah prática foram desenvolvidas a partir dessa posição. Foi assim na Ordem Kabbalistica da Rosa-Cruz, a Ordem da Aurora Dourada ou a tradição ogdoádica da Aurum Solis. Os kabbalistas rapidamente associaram os centros sephiroticos e suas correspondências a esse gesto, destacando assim o alcance simbólico e vibratório dessa prática.

Assim, vemos que o mesmo símbolo pode ter uma profundidade e um eco bem diferente segundo as perspectivas do fiel ou do iniciado. É o que veremos mais claramente na parte prática.

Da mesma forma, a genuflexão pode também ser vista como uma atitude de temor e humildade, assim como de meditação, interiorização e de respeito como o mostram algumas estátuas do antigo Egito. Evidentemente, na prática da religião cristã, ajoelhar-se foi e permanece um sinal de submissão mais especialmente praticado durante períodos de penitência, domingo de Páscoa e no Pentecostes. No século 2, São Irineu escreveu: « Nós nos colocamos de joelhos durante seis dias da semana em sinal de nossas quedas no pecado, mas o domingo nos colocamos de pé, como para mostrar que o Cristo nos aliviou e que por sua graça ele nos livrou do pecado e da morte. » Essa posição é muito antiga, dado que os próprios apóstolos são descritos ajoelhando-se na margem do rio para orar. A posição de mãos abertas, juntas, dedos cruzados ou não, as palmas para o céu, para a terra, etc. são múltiplas. Nós as mencionaremos quando for necessário. Cada uma das posições tem um sentido simbólico. Além disso, é interessante notar a assimilação de formas antigas pela religião cristã, até mesmo a esvazia-las de seu sentido original.

Os braços abertos e as mãos voltadas para o céu são posições antigas de oferenda de si mesmo e receptividade. Trata-se de uma verdadeira troca, na qual tomamos consciência de nossa origem e procuramos atrair em nós a força e a paz dos mais elevados níveis de nossa personalidade.

Você também notará em algumas representações, posições particulares de dedos. Esse é o caso, por exemplo, da união do polegar e do anular, formando um círculo, o indicador e o médio esticados. Essa posição de bênção é atribuída ao Cristo. Às vezes é usada pelos bispos na bênção dos fiéis. Devemos considerar que essa representação não é, evidentemente, invenção do Cristianismo porque as posições das mãos em certas orações permitem tornar mais densas certas energias e foram utilizadas no conjunto de tradições religiosas. No Oriente toma a forma do que é chamado de Mudras. São uma linguagem simbólica em si mesmas. Os teurgos e kabbalistas cristãos também utilizam gestos similares. Assim, eles mantiveram os conhecimentos vindos das mais antigas tradições mediterrâneas. É por isso que muitas vezes eles foram banidos da religião oficial. O saber e a consciência que eles adquiriram e desenvolveram em suas práticas os tornaram muito suspeitos aos olhos do poder religioso. Portanto, é interessante meditar sobre esses gestos para descobrir o sentido simbólico e o alcance energético.

AS GRAVURAS HERMETISTAS

A TRADIÇÃO DE GRAVURAS SIMBÓLICAS

As tradições esotéricas e iniciáticas têm usado há muito tempo métodos simbólicos para transmitir seus conhecimentos. Para compreender esse modo de transmissão e de ensinamento, devemos ter em mente essa distinção estrita entre o que é visível, comunicável a todos e o que é velado e deve ser conservado sob o selo do segredo. Essa precaução é ainda mais importante porque os períodos da história foram agitados e perigosos para os espíritos livre e os iniciados. Assim, a tradição hermetista velou-se durante sua história, tanto para preservar suas técnicas como para atravessar os séculos evitando tanto quanto possível que seus iniciados não fossem perseguidos. Evidentemente, houveram algumas exceções devidas à intolerância da Igreja. Giordano Bruno foi queimado vivo em Roma, foi um exemplo célebre.

Para que a tradição não despareça da memória dos homens, os iniciados então, sempre a manifestaram sob uma forma simbólica, alegórica e filosófica. Eram tratados alquímicos, kabbalisticos e teúrgicos. Nem tudo era expresso explicitamente. Esse foi o caso mesmo para os filósofos, como Descartes que declarou que deveria "avançar disfarçado", evidentemente por medo do poder da Igreja. Os tratados de Campanella, também expressaram esse aspecto das coisas e devem ser lidos ultrapassando tanto quanto possível a letra do discurso. Não se trata de dizer que o primeiro sentido exotérico seja falso, desonesto ou voluntariamente enganador.

Entretanto, podemos dizer que foram raros os kabbalistas cristãos que se contentaram em fazer trabalho livresco no plano da Kabbalah e de ciências relacionadas. Um bom número deles praticara diferentes técnicas místicas e rituais e velaram o resultado de seu trabalho nas figuras alegóricas. Nós temos muitos exemplos de séries de gravuras simbólicas. Os orientais também utilizam há muito tempo essas técnicas visuais que eles chamam de mandalas. Essas são representações simbólicas que resumem o macrocosmo ou o microcosmo. A meditação ou a construção ritual de tais figuras constitui uma prática ritual e espiritual totalmente à parte. Quase não é sabido que a tradição ocidental possui exatamente a mesma coisa. Os iniciados desenvolveram verdadeiras mandalas que chamamos aqui de gravuras simbólicas ou alegóricas. Elas têm exatamente a mesma função que na tradição oriental e são transmitidas da mesma maneira.

A primeira etapa do trabalho sobre as pranchas e gravuras repousa na análise dos símbolos. Várias coisas podem ser destacadas, como o simbolismo alquímico, sentido kabbalistico, elementos astrológicos, etc. Entretanto, o objetivo é procurar reunir esses diferentes aspectos em um conjunto coerente. É bem possível que uma análise simbólica centrada sobre um elemento particular nos leve a considerações que não serão mais as dos autores. Muito mais, nossas interpretações poderiam derivar em um delírio tendo mais de uma autoanálise selvagem, do que de um trabalho tradicional. No melhor dos casos, isso nos daria acesso a uma representação simbólica de nosso mundo interior, mas não à mensagem e ao ensinamento da gravura simbólica. É bem possível trabalhar dessa maneira para explorar nosso inconsciente, mas esse tipo de trabalho interior vem depois da análise tradicional em geral transmitida de iniciado a iniciado. Para evitar erros de interpretação que podem nos levar a graves confusões, temos duas soluções principais. A primeira consiste me estudar tradicionalmente em uma Ordem iniciática autêntica. Isso nos permitiria progredir com total segurança. A segunda, que não é incompatível com a primeira, consiste em considerar os símbolos individualmente, depois em seu conjunto. É sua relação recíproca e sua coerência que nos permitirão evitar enganos e erros.

A segunda etapa do trabalho é de identificar os aspectos práticos e frequentemente rituais da gravura. Os autores dessas representações simbólicas codificaram um processo de trabalho interior e espiritual. Esses elementos velados muito precisos nos permitem compreender como devem ser aplicados dentro de nosso progresso. Esse é um trabalho importante, que nos conduz da teoria à prática.

A terceira etapa consiste em fazer uma cópia da gravura. Esta realização faz parte de um quadro ritual e as indicações transmitidas são muito precisas. A natureza das cores, os dias e horários da execução, a ordem na qual se efetuam os traçados, são alguns dos aspectos que devem ser preenchidos para transformar tal exercício em verdadeiro ascetismo. A gravura será então capaz de desencadear um resultado tanto interior, como também exterior no que se torna um pentáculo vivo em estreita reação conosco.

Entre as gravuras tradicionalmente usadas para essas práticas, as contidas no *Anfiteatro da Sabedoria Eterna* de Heinrich Khunrath são extremamente representativas e importantes. Portanto, é nessa obra que nos basearemos para lhe dar uma ideia da maneira de proceder.

O ANFITEATRO DA SABEDORIA ETERNA

Esta obra é bem conhecida pelos adeptos da tradição ocidental. Foi publicada pela primeira vez em 1609 e foi obra de Heinrich Khunrath. Este, nasceu em Leipzig em 1560. Ele estudou medicina nessa mesma cidade e depois em Bâle. Ele seguiu os cursos de espargiria com o místico protestante Johannes Arndt. Ele foi alquimista, kabbalista e como suas gravuras mostram, muito provavelmente teurgo. Morreu em 1605, com a idade de quarenta e cinco anos. A obra da qual falamos contém gravuras, em talhe doce, em número de doze. Geralmente eram encadernadas na parte de cima da obra. Estão agrupadas arbitrariamente, tendo o autor negligenciado a sequência precisa.

Três delas estão em formato simples. Também estão representadas cinco pranchas retangulares grandes e quatro circulares. Essas quatro últimas foram feitas sob o controle direto do autor. Isso é menos certo para as outras, mesmo se um exame atento nos confirme a autenticidade da origem para muitos elementos. É a realização do conjunto que pode revelar menos coerência que as gravuras circulares. Foram atribuídos vários nomes às gravuras, mas não estão na obra original. Isso permitiu a diferentes comentaristas de designa-las pelas palavras que lhes parecessem mais adequadas. De Guaita escolheu, por exemplo, chama-las assim: O grande andrógino hermético; o Laboratório de Khunrath; o Adão-Eva no triângulo verbal; a Rosa-Cruz pentagramática (da qual reproduzimos a análise comentada por nós); Os Sete graus do santuário e os sete raios; A Cidadela alquímica com vinte portas sem saída; O Gymnasium naturae, figura sintética e muito sábia sob o aspecto de uma paisagem muito ingênua; Tábua de esmeralda gravada na pedra ígnea e mercurial; O Pantáculo de Khunrath. Ainda haveria muito a dizer sobre esse texto e suas representações e por isso nos limitaremos ao exame da prancha que Stanislas de Guaita chama de "a Rosa-Cruz pentagramática". Para um exame claro, rigoroso e histórico dessa obra, nós aconselhamos a obra de Umberto Eco citada na bibliografia. É notável e essencial.

Figura 15: gravura chamada de Rosa-Cruz de Heinrich Khunrath.

Como já dissemos, nós nos basearemos e comentaremos aqui a explicação que Stanislas de Guaita fez dessa gravura circular do Cristo.

Como em qualquer estudo desse tipo, nós recomendamos contemplar a gravura por um tempo antes de ler o texto que segue. É importante impregnar-se de se entregar à sua contemplação, sem exercer primeiro seu espírito crítico ou sua razão.

Essa primeira meditação deve se basear em um sentimento estético. Note que você encontra no anexo os meios para procurar uma reprodução de boa qualidade.

Após esse período de meditação e contemplação, você pode prosseguir com a leitura do comentário que segue. Isso lhe dará uma boa ideia, ainda que externa dessa abordagem simbólica de uma representação tradicional. Nossos comentários aparecem em notas de final de página.

"Esta figura é um pantáculo maravilhoso, isto é, o resumo hieroglífico de toda uma doutrina; encontram-se, agrupados em uma síntese erudita, todos os mistérios pentagramáticos da Rosa-Cruz dos adeptos..[1]

Primeiramente é o ponto central que implanta a circunferência em três graus diferentes, o que nos dá as três regiões circulares e concêntricas figurando o processo da Emanação propriamente dito.

No centro, um Cristo em cruz dentro de uma rosa de luz: é o resplendor do Verbo ou de Adão Kadmon; esse é o emblema do Grande Arcano: nunca a identidade de essência entre a síntese do Homem e Deus manifestado foi tão audaciosamente revelada.

Não é sem razões as mais profundas que o hierógrafo reservou para o meio de seu pantáculo o símbolo que apresenta a encarnação do Verbo eterno. De fato, é pelo Verbo, no Verbo e pelo Verbo (ele próprio indissoluvelmente unido à Vida), que todas as coisas, tanto espirituais quanto corporais, foram criadas. « *In principio erat Verbum* (disse São João) *et Verbum erat apud Deum, et Deus erat Verbum ... Omnia per ipsum facta sunt et sine ipso factum est nihil quod factum est. In ipso vita erat...* » Se quisermos ter atenção a qual parte da figura humana é atribuível o ponto central que implanta a circunferência, talvez se compreenda com qual potência hieroglífica o iniciador era capaz de expressar esse mistério fundamental. .[2]

A radiação luminosa floresce em torno; é uma rosa desabrochada em cinco pétalas, a estrela de cinco pontas do Microcosmo kabbalista, a Estrela flamejante da Maçonaria, o símbolo da Vontade toda poderosa, armada com o gládio de fogo dos Querubins.

---

[1] Após muitos anos a palavra "Mistérios" é usada no plural pelos iniciados para se referir aos Mistérios da antiguidade. Essas escolas, essencialmente gregas, foram as primeiras no Ocidente a transmitir o que hoje pode ser qualificado de iniciações. Então tornou-se possível falar de conhecimentos esotéricos, isto é, reservados aos próprios iniciados, e de exotéricos, se dirigindo aos profanos não iniciados. É o que fazemos aqui. Os elementos transmitidos são os mesmos e podemos dizer que se tratam de dois níveis de compreensão e de explicação de uma mesma realidade.

[2] A simples contemplação dessa figura lhe permitirá perceber o valor desse comentário de Stanislas de Guaita. A leitura das linhas precedentes nos incentivarão espontaneamente a associar seu propósito a uma visão puramente cristã em conformidade com o dogma. Mas essa observação apaga em um instante o que poderíamos ter imaginado. Em vez disso, ela nos coloca em uma perspectiva hermética otimista que não foi estranha a determinadas correntes do gnosticismo antigo. Aqui o criador coloca sua energia sagrada onde toda vida aparece no ser.

Para falar a linguagem do Cristianismo exotérico, [1] porque essa é a esfera de Deus Filho, colocada entre a de Deus o Pai (a Esfera da sombra do alto onde corta Ain-Soph (em caracteres luminosos), e a de Deus o Espírito Santo, Rouach Hakkadosch (a esfera luminosa de baixo onde o hierograma Aemeth corta em caracteres negros).

Essas duas esferas aparecem como perdidas nas nuvens de Atziluth, para indicar a natureza oculta da primeira e da terceira pessoa da Trindade Santa: a palavra hebraica que as expressa se destaca em vigor, aqui luminosa sobre um fundo de sombra, ali tenebrosa sobre um fundo de luz, para fazer entender que nosso espírito, incapaz de penetrar esses Princípios em sua essência, somente pode vislumbrar suas relações antagônicas, em virtude da analogia dos contrários.

Acima da esfera de Ain-Soph, a palavra sagrada Jehovah ou Iahôah se decompõe em um triângulo de chamas, como segue:

Iod,
He, Iod,
Vav, He, Iod,
He, Vav, He, Iod,

Sem entrarmos na análise hieroglífica desse vocábulo sagrado, acima de tudo sem pretender expor aqui os arcanos de sua geração – o que exigiria intermináveis desenvolvimentos – podemos dizer que nesse ponto de vista especial, Iod ‛ simboliza o Pai, Iah o Filho, Iahô o Espírito Santo, Iahôah o Universo vivo e esse triângulo místico é atribuído à esfera do inefável Ain-Soph ou de Deus o Pai. Os Kabbalistas quiseram mostrar com isso que o Pai é a origem de toda a Trindade, e mais ainda, contém em virtualidade oculta tudo o que é, foi ou será. [2]

---

[1] Esta expressão destaca o que dissemos acima à respeito dos dois níveis de interpretação desse ensinamento.

[2] Como tivemos a ocasião de dizer, os kabbalistas cristãos conservaram uma estreita relação entre os mistérios esotéricos cristãos e os dos mestres iniciados da antiguidade. É por essa razão que Pitágoras tinha um lugar importante na tradição mediterrânea. Temos a prova disso nessa decomposição do tetragrama que retoma o que os pitagóricos chamavam de Tetraktis e que para eles representava o Ser supremo, o divino. Como você pode ver na comparação das duas figuras, a Tetraktis era constituída somente por pontos, enquanto que esta representação associas as letras, desenvolvendo e especificando assim um conhecimento mais universal. Os

Acima da esfera de Emeth (a Verdade) ou do Espírito Santo, na própria irradiação da Rosa-Cruz e sob os pés do Cristo, uma pomba com a coroa pontifical toma seu voo inflamado. [1] Certamente, o Espírito Santo está bem representado por uma pomba: emblema da dupla corrente de amor e de luz que desce do Pai ao Filho – de Deus ao Homem – e sobe do Filho ao Pai – do Homem a Deus; - suas duas asas abertas correspondem exatamente ao símbolo pagão de duas serpentes entrelaçadas ao redor do caduceu de Hermes.

Apenas para os iniciados a inteligência dessa aproximação misteriosa. [2]

Voltemos à esfera do Filho, que precisa de maiores comentários. Enfatizamos acima o caráter impenetrável do Pai e do Espírito Santo, contemplados em sua essência.

Sozinha, a segunda pessoa da Trindade – representada pela Rosa-Cruz central – atravessa as nuvens de Atziluth, arremessando ali os dez raios sephiroticos.

São como muitas janelas abertas sobre o grande Arcano do Verbo, e por onde se pode contemplar seu esplendor, em dez pontos de vista diferentes. O Zohar compara, de fato, as dez Sephiroth a vários vasos

---

iniciados cuidam, na utilização prática desses símbolos de não esquecer seu fundamento tradicional.

[1] Que nos seja permitido aqui desenvolver esse símbolo no plano esotérico para torna-lo coerente com a sequência da frase desse mestre e as representações mais tradicionais dessa gravura. Como podemos notar em uma representação colorida maior, esse pássaro é representado em cor vermelha. Suas asas, ou mesmo sua forma toda, não corresponde a de uma pomba. O que poderia aparecer como uma coroa não tem esse aspecto quando observamos em melhores condições. Trata-se mais de uma forma particular de brilho ao redor de sua cabeça. Uma análise simbólica respeitando a coerência oculta dessa gravura, nos conduz então a aproximar esse pássaro da fênix ou da águia vermelha.

[2] Aqui está um ponto de vista que os iniciados das tradições ocidentais adoram. Nos ritos transmitidos na tradição interior hermetista da Ordem Kabbalistica da Rosa-Cruz, a representação simbólica do caduceu de Hermes, assim como a obra desse estranho pássaro vermelho estão totalmente integrados. Eles constituem uma indicação de primeira ordem da natureza não dogmática dessa representação. Nós entendemos porque a autoridade da Igreja cristã sempre desconfiou dos kabbalistas cristãos. Não demorou muito tempo para entender que atrás da aparência cristã ainda estavam ocultando os antigos Mistérios, que assim conseguiam se perpetuar. Foi o mesmo no plano simbólico, filosófico e ritual. O que foi uma realidade permanece hoje como essas alusões demonstram. Também encontramos a indicação explícita em outra gravura desse conjunto de Kunrath.

transparentes de várias cores, através das quais resplandece, em dez aspectos diferentes, o foco central da Unidade-síntese.

Suponhamos ainda uma torre transpassada por dez cruzamentos e no centro dos quais brilha um candelabro de cinco velas; esse quinário luminoso será visível a cada uma delas; quem parar ali sucessivamente poderá contar dez candelabros ardentes com cinco braços... (Multiplique o pentagrama por dez, fazendo brilhar as cinco pontas em cada uma das dez aberturas, e você terá as Cinquenta Portas da Luz, ou da Inteligência)

Quem pretende ir à síntese deve entrar na torre. Ele não sabe apenas contorna-la? É um analítico puro. Vê-se a quais ilusões de ótica ele se expõe, desde que queira raciocinar sobre o conjunto.

Diremos adiante algumas palavras sobre o sistema sefirotico; devemos terminar com o emblema central. Reduzido a proporções geométricas de um esquema, pode ser traçado assim:

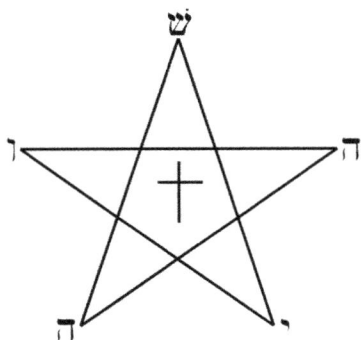

Figura 16: o pentagrama e o nome de Ieschouah.

Uma cruz dentro da estrela flamejante. É o quaternário que encontra sua expansão no quinário.

Essa é a pura substância que se sub multiplica, descendo até a fossa da matéria onde ficará parada por algum tempo; mas seu destino é de encontrar em sua própria degradação a revelação de sua personalidade, e já - presságio de salvação – ela sente, no último degrau de sua decadência, sobre ela, de modo instintivo, a grande força redentora da Vontade. [1]

---

[1] Devemos aqui distinguir os valores filosóficos da gnose chamada otimista e da gnose chamada pessimista. No primeiro caso, devemos falar de descida da alma na

É o Verbo Iavé que se encarna e torna-se o Cristo doloroso ou homem corporal Iod, He, Chin, Vav, He, até o dia em que, assumindo com ele sua natureza humana regenerada, .[1] ele regressará à sua glória. Isso é o que expressa o adepto Saint-Martin, no primeiro livro de *Erros e da Verdade*, quando ele ensina que a queda do homem vem do fato de que ele trocou as folhas do Grande Livro da Vida, e substituiu a quinta página (a da corrupção e decadência) pela quarta (a da imortalidade e da entidade espiritual).

Adicionando o quaternário crucial e o pentagrama estrelado, obtém-se 9, número misterioso cuja explicação completa nos faria sair do contexto que traçamos. Nós detalhamos bem em outra obra (Lotus, tomo II, 12, pág. 327-328) e demonstramos por um cálculo de kabbalah numérica, como 9 é o número analítico do homem. Remetemos o leitor a essa exposição... (Veja essa análise no anexo desta obra).

Notemos ainda – porque tudo se encaixa na Alta Ciência e as concordâncias analógicas são absolutas - notemos que nas figuras geométricas da Rosa-Cruz, a rosa é tradicionalmente formada por nove

---

matéria. Na sequência desse movimento voluntário de encarnação a alma é obscurecida e não pode manter a visão clara que era sua no mundo celestial ou inteligível no qual se encontrava antes de seu nascimento. Sua encarnação lhe permite então prosseguir suas experiências mantendo assim intacto tanto quanto possível a lembrança de sua origem. Orientada dessa maneira em direção ao divino, ela pode continuar a trabalhar para seu bem e de seus semelhantes, encarnando o equilíbrio e a harmonia necessários à sua realização. Vemos, portanto, que nesta expressão não é absolutamente necessário rejeitar o corpo que não é, como tivemos a chance de repetir várias vezes neste livro, em nenhum momento a fonte do mal. No segundo caso, p da gnose pessimista, a alma cai na matéria e no corpo. Ela é exilada em um lugar obscuro que lhe é estranho, mas principalmente lhe é hostil. As dores, às quais frequentemente se faz alusão na tradição cristã, são, portanto, as consequências de sofrimentos da alma exilada. Deve-se então combate-lo considerando a carne que nos constitui como algo de fundamentalmente mal e origem do pecado. O objetivo é retornar a Deus, mas não pela busca da harmonia. Devemos rejeitar e mortificar o corpo de forma a libertar a alma. É esta perspectiva que a religião cristã e as doutrinas martinesistas tomaram emprestado. Os kabbalistas cristãos como um todo também compartilharam essas duas doutrinas. Percebe-se bem a diferença radical que existe entre essas duas perspectivas, assim como a escolha de vida e e de prática que decorre disso. De nossa parte, nos referimos à doutrina que é a da via hermetista da qual falamos e também da via teúrgica, isto é, a gnose otimista.

[1] Ou seja, quando retornar a seu lugar natural, o plano divino, o mundo inteligível descrito pelos filósofos gregos.

circunferências entrelaçadas, como os anéis de uma cadeia sem fim. Sempre o número analítico do homem: 9!

Uma observação sugestiva se impõe e isso será uma nova confirmação de nossa teoria. É evidente, para todos os que possuem algumas noções esotéricas, que os quatro braços da cruz interior (representado pelo Cristo com os braços estendidos) devem estar marcados com as letras do tetragrama: Iod, He, Vav, He.- Não vamos repetir aqui o que já dissemos em outro lugar (No umbral do Mistério, página 35 – Lotus, tomo II, n 12, páginas 321-347) sobre a composição hieroglífica e gramatical dessa palavra sagrada: os comentários mais extensos e mais completos são comumente encontrados nas obras de todos os kabbalistas.

Mas consideremos por um instante o hierograma *Ieschouah* Iod, He, Chin, Vav, He: de quais elementos ele é composto? Todos podem aí ver o famoso tetragrama Iod, He, Vav, He, dividido no meio Iod, He - Vav, He, depois reunido pela letra hebraica Chin. Ora, Iod, He, Vav, He aqui expressa o Adão-Kadmon, o Homem na síntese integral, em uma palavra, a divindade manifestada pelo seu Verbo e contendo a união fecunda do Espírito e da Alma universais. Dividir essa palavra, é tornar emblemática a desintegração de sua unidade e a multiplicação divisional que dela resulta para a geração de submúltiplos. O Chin, que junta as duas partes, representa (Arcano 21 ou 0 do Tarô) .[1] o fogo gerador e sutil, o veículo da Vida não diferenciada, o Mediador plástico universal cujo papel é de efetuar as encarnações, permitindo ao Espírito descer na matéria, penetra-la, agita-la e enfim elabora-la à sua maneira. O Chin, tratado de união com as duas partes do tetragrama mutilado, é então, o símbolo desmoronamento e da fixação, no mundo elementar e material, de Iavé em estagnação da sub multiplicação.

---

[1] Nós damos um exemplo das práticas dessa tradição nos capítulos seguintes. Como você verá, o Tarô é efetivamente associado ao ritual na forma de visualizações específicas. Essa é uma maneira extremamente poderosa de se conectar com as energias específicas de assimilá-las, compreendê-las, sem necessariamente passar pelo intelecto. As experiências de vários inicados mostraram que existem correspondências das letras hebraicas com os Arcanos do Tarô, frequentemente mais ricas que as que são dadas aqui. É o que usamos nas tabelas que você encontra neste livro. A letra schin refere-se neste caso ao Arcano 20, o julgamento ou a ressurreição, o que corresponde completamente ao caractere da palavra Ieschoua assim constituída.

Enfim, é o Chin, cuja adição ao quaternário verbal, da forma que dissemos, que gera o quinário ou número da decadência. .[1] Saint-Martin viu isso muito bem. Mas 5, que é o número da queda, também é o número da vontade, e a vontade é o instrumento da reintegração. .[2]

Os iniciados sabem como a substituição de 5 por 4 é apenas temporariamente desastrosa; como, na lama onde ele caiu, o submúltiplo humano aprende a conquistar uma personalidade verdadeiramente livre e consciente. *Felix culpa!* Por sua queda, ele se levanta mais forte e maior; é assim que o mal nunca vence o bem a não ser temporariamente e para realizar o melhor! .[3]

O número 5 esconde os mais profundos arcanos; mas somos obrigados a limitar nossos comentários, caso contrário nos encontraremos comprometidos em intermináveis digressões. O que dissemos do 4 e do 5 em suas relações com a Rosa-Cruz basta aos Iniciáveis. Nós escrevemos para eles. .[4]

Vamos agora dizer algumas palavras sobre os raios, em número de dez, que atravessam as nuvens, ou Atziluth. É a década de Pitágoras que em Kabbalah é chamada: emanação sefirótica. Antes de apresentar aos nossos leitores a mais luminosa classificação das Sephiroth kabbalisticas, vamos traçar uma pequena tabela de correspondências tradicionais entre as dez sephiroth e os dez principais nomes dados à divindade pelos teólogos hebreus: esses hierogramas que Khunrath gravou em círculo no desabrochar da rosa flamejante, correspondem cada uma delas a uma das Sephiroth.

Quanto aos nomes divinos, após ter fornecido sua tradução em linguagem comum, vamos, o mais brevemente possível, deduzir do exame hieroglífico de cada uma delas, o significado esotérico médio que pode lhe ser atribuído.

SEPHIROTH	**NOMES DIVINOS RELACIONADOS**

---

[1] Da encarnação, diríamos, para não criar ambiguidade.

[2] Assim como o número do homem regenerado como Stanislas mostra mais acima.

[3] É de fato esse o caso como nós o mostramos, porque qualquer experiência neste mundo é fonte de grandeza do ser.

[4] Podemos melhor destacar o caráter esotérico do texto que apresentamos e comentamos?... Evidentemente a passagem do 4 ao 5, é assunto de desenvolvimentos rituais e práticas.

Kéther	A Coroa	Ehiéh	O Ser
Hokmah	A Sabedoria	Iah	Iah
Binah	A Inteligência	Iehoah	Jeová, o Eterno
Resed	A Misericórdia	El	El
Gueburah	A Justiça	Elohim Guibor	Elohim Guibor
Tiphereth	A Beleza	Eloha	Eloha
Netzah	A Vitória	Iehoah Tsebaoth	Jehovah Sabaoth
Hod	A Eternidade	Elohim Tsebaoth	Elohim Sabaoth
Yesod	O Fundamento	Chadai	O Todo Poderoso
Malkuth	O reino	Adonai Meleur	O Senhor Rei

Ehiéh. – O que constitui a essência inacessível do Ser absoluto, em que fermenta a vida.

Iah. – A união indissolúvel do Espírito e da Alma universais.[1].

Iehoah. – Copulação dos Princípios masculino e feminino, que geram eternamente o Universo vivo (Grande Arcano do Verbo.)

El. – O desdobramento da Unidade-princípio. -Sua difusão no Espaço e no Tempo.

Elohim Guibor. – Deus-os-deuses dos gigantes ou homens-deuses.

Eloha. – Deus refletido em um dos deuses.

Iehoah Tsebaoth. - O Iod-heve (ver acima) do Setenário ou do triunfo.

Elohim. – Deus-os-deuses do Setenário ou do triunfo.

Tsebaoth. – O Fecundador, pela Luz astral em expansão quaternizada; depois o retorno dessa Luz ao princípio sempre oculto de onde ela emana. (Masculino de *Tsebaoth*, a Fecundidade, a Natureza.)

---

[1] <u>Nota de Stanislas de Guaita</u>: Os que sabem ler os hierogramas invertidos, decompondo-os (seguindo os mesmos princípios radicais estabelecidos por Fabre d'Olivet, para a etimologia em sentido direto e normal), não encontram nenhuma dificuldade que esse método complementar vem também confirmar as interpretações esotéricas que propomos aqui.

As ideias de totalização, perfeição, por um lado, se unem à da ligação simpática e mútua do outro... O sentido novo controla e completa maravilhosamente o que o hierograma normal já manifesta esotericamente, aberto pelas chaves desejadas.

Adonai. – A multiplicação quaterna ou cúbica da Unidade-princípio, para a produção do Devir que muda sem cessar (o παντα ρει de Heráclito); depois a ocultação final do objetivo concreto, pelo retorno ao subjetivo potencial.

Meleur. – A Morte materna, grávida da vida: lei fatal que se implanta em todo o Universo, e que interrompe seu movimento de perpétua mudança com uma força súbita, cada vez que um ser qualquer se objetiva (2) .[1].

Esses são os hierogramas em um de seus significados secretos.

Observamos, por fim, que cada uma das dez Sephiroth (aspectos do Verbo) corresponde, no pantáculo de Khunrath, a um dos coros angélicos; ideia sublime quando se sabe aprofunda-la. .[2] Os anjos, segundo a Kabbalah primitiva, não são seres de uma essência particular e imutável: tudo se move, evolui e se transforma no Universo vivo! Aplicando às hierarquias celestes a bela comparação pela qual os autores do Zohar se esforçam para expressar a natureza das Sephiroth, diremos que os coros angélicos são comparáveis aos envelopes transparentes e de diversas cores, em que vem brilhar alternadamente uma luz cada vez mais esplêndida e pura, os Espíritos, que, definitivamente libertos das formas temporais, sobem os supremos degraus da escada de Jacó, que o misterioso *Iehoah* ocupa o topo.

A cada um dos coros angélicos, Khunrath faz corresponder ainda um dos versículos do decálogo: é como se o anjo que dirige cada grau abrisse a boca para promulgar um dos preceitos da lei divina. Mas isso parece um pouco arbitrário e menos digno de chamar nossa atenção. .[3]

Uma ideia mais profunda do teósofo de Leipzig é de trazer à luz as letras do alfabeto hebraico da espessa nuvem de Atziluth crivada dos raios sephiroticos.

---

[1] Nota de Stanislas de Guaita: Esse sentido oculto se irradia no vocábulo *Malkuth*, o *Reino* (10ª Sephirah), derivada de *Meleur* מל o Rei. *Malkut* expressa em Kabbalah o *Reino do Astral,* suporte das criações físicas, efetivo das objetivações.

[2] Nós mostramos na parte prática seguinte, uma das aplicações rituais individuais dessa alusão. Trata-se da prática do Rosário chamado de São Miguel.

[3] Ver anexo

Fazer as vinte e duas letras do alfabeto sagrado hieroglífico nascer dos contrastes da Luz e das Trevas, as quais correspondem, como se sabe, aos vinte e dois arcanos da Doutrina Absoluta, traduzidos em pantáculos nas vinte e duas chaves do Tarô dos Boêmios, - não é condensar em uma imagem impressionante toda a doutrina do Livro da Formação, Sepher-Yetzirah ?.[1] Esses emblemas, com efeito, alternadamente brilhantes e lúgubres, figuras misteriosas que simbolizam tão bem o *Fas* e o *Nefas* do eterno Destino, Henry Khunrath os faz nascer da união fecunda da Sombra e da Claridade, do Erro e da Verdade, do Mal e do Bem, do Ser e do Não-Ser! Subitamente surgem no horizonte fantasmas imprevistos, de face sorridente ou lúgubre, esplêndido ou ameaçador, quando sobre o acúmulo de nuvens densas e escuras, Phoebus, mais uma vez ainda vencedor de Píton, arremessa suas flechas de ouro.

A tabela aqui fornecida, com o sentido real das Sephiroth, as correspondências que a kabbalah estabelece entre estas últimas e as hierarquias espirituais.

---

[1] Essa referência ao Sepher Yetzirah é extremamente importante. Ela dá uma das chaves de interpretação esotérica mais importantes dessa gravura. est extrêmement importante. Esse texto nos conta a criação do mundo e do ser com a ajuda do poder das letras hebraicas manifestadas diante do Eterno. Essa relação é evidentemente utilizada nos ritos iniciáticos interiores desta tradição. Assim, podemos ler, por exemplo para a letra Iod (10), nessa obra: "O Eterno fez reinar a letra Iod sobre a Ação, ornou-a com uma coroa e a combinou com as outras. Por ela criou o signo de Virgem no mundo, o mês de Hellul no ano e o rim esquerdo no corpo." É igual para as diferentes letras do alfabeto e as etapas da criação.

AS SEPHIROTH DE		CORRESPONDENTE A	
Kether	A Providência equilibrante	*Raiot Hakodech*	As inteligências providenciais
Hokmah	A Sabedoria divina	*Ophanim*	Os Motores das rodas estelares
Binah	A Inteligência sempre ativa	*Aralim*	Os Poderosos
Resed	A Misericórdia infinita	*Rachmalim*	Os Lúcidos
Gueburah	A Justiça absoluta	*Seraphim*	O zelo ardente dos Anjos
Tiphereth	A Beleza inacessível	*Meleurim*	Os Reis do esplendor
Netzah	A Vitória da Vida sobre a Morte	*Elohim*	Os deuses (enviados de Deus)
Hod	A Eternidade do Ser	*Bnei Elohim*	Os filhos dos deuses
Yesod	A geração, pedra angular da estabilidade	*Keroubim*	Os ministros do fogo astral
Malkuth	O princípio das Formas	*Ichim*	As Almas glorificadas

Para completar as noções elementares que poderíamos produzir, em relação com o sistema sephirotico, terminaremos este trabalho pelo esquema, bem conhecido do triplo ternário trazido à unidade pela década; essa classificação é a mais brilhante em nossa opinião, e a mais fecunda em corolários preciosos.

Os três ternários representam a trindade manifestada nos três mundos.

O primeiro ternário – o do mundo intelectual – é a única representação absoluta da Santa Trindade: a Providência irá equilibrar os pratos da balança na ordem divina: a Sabedoria e a Inteligência.

Os dois ternários inferiores são somente reflexos do primeiro, nos ambientes mais densos dos mundos moral e astral. Também, estão invertidos, como a imagem de um objeto que se reflete na superfície de um líquido.

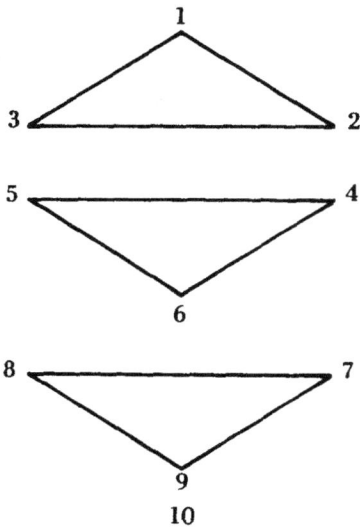

Figura 17: os três ternários da árvore da vida.

No mundo moral, a Beleza (Adão Magno é Tiphereth) (ou a Harmonia ou a Retidão) equilibra os pratos da balança: a Misericórdia e a Justiça.

No mundo astral, a Geração, instrumento da estabilidade dos seres, garante a Vitória sobre a morte e o nada, alimentando a Eternidade pela inesgotável sucessão das coisas efêmeras.

Finalmente, Malkuth, o Reino das formas, realiza em baixo a síntese totalizada, desabrochada e perfeita das Sephiroth, que no alto Kether, a Providência (ou a Coroa) encerra a síntese antecedente e potencial.

Ainda restariam muitas coisas ainda a dizer sobre a Rosa-Cruz simbólica de Henry Khunrath. Mas precisamos nos limitar.

Além disso, não seria muito um livro inteiro para o desenvolvimento lógico e normal das matérias que temos mencionado superficialmente nestas notas; também, o leitor fatalmente achará muito abstrato e até obscuro. Nós apresentamos aqui nossas desculpas. Talvez, se ele se der ao trabalho de se aprofundar na Kabbalah por suas próprias fontes, não seria desculpa para encontrar, durante essa exposição maciça e de leitura tão fatigante, a indicação precisa e até a explicação em linguagem iniciática de grande número de arcanos transcendentes.

Assim como a álgebra, a Kabbalah tem suas equações e seu vocabulário técnico. Leitor, essa é uma língua a aprender, cuja precisão maravilhosa e o uso costumeiro irão compensa-lo adequadamente, depois disso, os esforços que seu espírito pode dispensar no período de estudo."

PRÁTICAS DERIVADAS DA ROSA-CRUZ DE HEINRICH KHUNRATH

No estudo de uma representação simbólica como esta, resultam vários níveis de práticas e rituais. Alguns podem ser adaptados a uma aproximação exotérica como fazemos nesta obra. Outros podem ser praticados em total segurança somente no interior de uma egrégora.

Uma vez que o estudo esteja bem avançado, é preciso não permanecer aí. Tal análise deve ser incorporada para ser assimilada de maneira proveitosa. As palavras e os gestos compõem os ritos que agem em nosso corpo. Seu impacto repetido cria um tipo de eco que consegue iluminar esse envelope opaco que constitui o corpo. Dessa maneira a alma é capaz de se revelar e iluminar a totalidade do nosso ser.

No capítulo seguinte, damos vários exemplos da utilização dessa gravura no capítulo com o título "A Obra da Rosa e da Cruz".

Nós podemos concluir isso pela representação central da gravura. Como você pode ver, o Adão Kadmon está envolto por uma rosa brilhante em que as cinco pétalas ou chamas principais tem as cinco letras hebraicas Iod, He, Chin, Vav, He. Nós já tivemos a chance de abordar uma parte de seus significados. Aqui elas são atribuídas à imagem do ser radiante no pentagrama.

PRÁTICA DA ROSA-CRUZ

Coloque a representação da gravura na sua frente, por exemplo, presa em uma parede no Leste do lugar em que você está. Fique de frente a essa direção. Se você puder, coloque cinco velas brancas sobre uma pequena mesa à sua frente. Elas serão colocadas uma do lado da outra, alinhadas paralelamente na parte Leste dessa pequena mesa.

Após um momento de recolhimento, acenda as velas começando pela da esquerda.

Após um momento de silêncio, realize o Cálice (você encontra a descrição neste livro), e depois tome a posição do pentagrama. Primeiro, imagine que você está no centro da roda de luz que se encontra na gravura, no coração dessa rosa resplandecente. Tome consciência de suas vibrações, sua luz e seu calor.

Figura 18: prática da Rosa-Cruz.

Em seguida, visualize as cinco letras hebraicas nas seguintes cinco partes de seu corpo:

Iod (vermelho): pé esquerdo,

He (azul): mão esquerda,

Chin (luz branca brilhante): Cabeça,

Vav (amarelo): mão direita,

He (marrom escuro): pé esquerdo.

Associe se puder as cores correspondentes a cada uma das cinco letras.

Sinta a presença e a potência de cada uma das letras.

Respire tranquila e profundamente enquanto reforça essa visualização.

Depois, pronuncie ou vibre a primeira letra, Iod. Pronuncie o nome dessa letra cinco vezes. Cada uma das inspirações reforça a nitidez e a precisão dessa letra. (Nós recomendamos que você faça essa prática de frente à representação, o que lhe dará as referências necessárias e lhe permitirá visualizar melhor a forma das letras. Entretanto, damos aqui um esboço que você pode também reproduzir e ampliar para servir de apoio ao seu trabalho: Iod, Hé, Chin, Vav.) Prossiga da mesma forma para as outras quatro letras que você também vibrará cinco vezes.

Assim que o ciclo completo for efetuado, concentre-se na sephirah Yesod situada em seu corpo aproximadamente três dedos acima de seu umbigo.

Em seguida, solte os braços, tomando assim a posição do início da prática, isto é, os braços estendidos ao longo do corpo. Respire tranquilamente tomando consciência desse centro energético.

Depois, trace à sua frente no Leste e no sentido horário, um pentagrama de invocação. (Veja figura ao lado)

Durante o traçado, vibre uma vez o nome sagrado *Ieschouah* de tal maneira que o nome comece pelo início do traçado e termine no final do mesmo. Vire-se um quarto de volta para a sua direita para ficar de frente para o Sul. Proceda da mesma maneira nessa direção.

Continue de frente para o Oeste e depois de frente para o Norte.

Em seguida, fique de frente para o Leste para completar a volta sobre si mesmo. Você terá então traçado o pentagrama quatro vezes.

Coloque seus braços na horizontal, as palmas das mãos voltadas para a frente. Suas pernas permanecem juntas.

Respire tranquila e profundamente por alguns instantes.

Pronuncie seis vezes o nome sagrado *Ieschouah* ativando mental e sucessivamente em sua aura, cada uma das letras que compõem a palavra. Esteja simultaneamente consciente do movimento giratório que assim é impresso em sua aura. Essas invocações também ter por efeito intensificar a luminosidade de seu corpo energético.

Assim eu essas seis invocações forem realizadas, relaxe seus braços.

Imagine que sua aura aumenta em diâmetro e brilha amplamente à sua volta. Cruze seus braços sobre o peito, a esquerda sobre a direita, de tal forma que a ponta de seus dedos chegue à altura de sua clavícula. Pronuncie então as 22 letras do alfabeto hebraico visualizando-as ao seu redor em um plano vertical e prosseguindo assim no sentido horário: Alèf, Bèt, Guimel, Dalet, Hé, Vav, Zaïn, Rèt, Tèt, Iod, Kaf, Lamèd, Mèm, Noun, Samèr, Aïn, Pé, Tsadi, Kof, Rèch, Chin, Tav. Se você não conseguir visualiza-las em sua forma específica, simplesmente pense na letra e sua posição quando pronunciar. Isso não trará nenhum problema quanto à eficácia dessa técnica e vai permitir que pratique com mais facilidade. O que é preciso manter é a consciência do movimento circular durante a pronunciação das letras.

Após alguns instantes de silêncio, eleve seus braços para a frente, as mãos abertas para cima e termine essa prática pela pronúncia do tetragrama decomposto no triângulo superior dessa representação.

Pronuncie então as letras partindo da base do triângulo:

Iod – Hé – Vav – Hé

Iod – Hé – Vav

Iod – Hé

Iod

Relaxe seus braços. Permaneça alguns instantes silencioso e receptivo, depois apague as velas dizendo: "Que esta luz seja oculta e mantida secreta, e continue a brilhar no íntimo de meu ser."

O PATER KABBALISTICO

POR QUE O PATER?

O texto do Pater constituiu, desde o início do cristianismo, uma oração privilegiada. Portanto, era inevitável que fosse objeto de análises e práticas kabbalisticas. O exemplo que damos abaixo lhe permitirá compreender como a Kabbalah cristã contemporânea usa a herança que recebeu. Seria inútil querer buscar uma aplicação rigorosa da ortodoxia da Kabbalah hebraica. Não vamos esquecer que os kabbalistas contemporâneos deliberadamente se apropriaram dessa tradição. Eles desenvolveram seus próprios conceitos e orientação. A tradição é viva e é nesse sentido que falamos. O estudo da primeira frase do texto hebraico é feito segundo a tradição transmitida pela Ordem Kabbalistica da Rosa-Cruz e Fabre d'Olivet. Isso ainda implica que permanecemos bem enraizados na própria Kabbalah hebraica. Esse exemplo será seguido pelo texto do Pater kabbalistico, ele próprio derivado das análises da totalidade do Pater. Para a decomposição hebraica do texto inteiro, você pode se referir ao site do autor na Internet. .[1] Esse tipo de abordagem foi evidentemente utilizado em alguns ensinamentos internos, como provam diferentes escritos dos fundadores. Iremos seguir esse estudo histórico por um extrato que ilustra uma de suas utilizações rituais, assim como duas técnicas básicas.

A LÍNGUA DO FUNDADOR

Tornou-se comum lembrar que Jesus, filho de José, ou melhor, Iechoua ben Iosseph era um hebreu nascido em Belém e considerado por todos um Galileu. Esse ponto é muito importante, porque imediatamente situa o problema da língua na qual ele se expressava durante sua vida pública.

---

[1] Para a análise hebraica detalhada: http://www.debiasi.org

130

A controvérsia sobre esse ponto está longe de se encerrar, mas podemos ainda hoje fazer algumas observações com relativo acerto.

De maneira geral, é preciso distinguir três principais níveis linguísticos na época de Jesus, delimitados pelo uso social de cada um:

1°- O hebraico mishnaico falado pelos hebreus era a língua usada para ler a Torá, explica-la e ensina-la. Era mais especialmente consagrada a tudo relacionado com a religião, a partir de sua estrutura sagrada original. Pode-se dizer que naquela época se tornou a língua religiosa por excelência, título que não se desfez até nossos dias, como veremos adiante.

2° - O aramaico era a língua de comunicação entre os diversos grupos que então habitavam essa parte do mundo. Era utilizada na vida cotidiana e nas relações comunitárias.

3°- Quanto ao grego, foi usado nas relações internacionais. Isso explica sua escolha para difundir a mensagem evangélica por toda a bacia do mediterrâneo.

Uma vez definido o âmbito de utilização das principais línguas, é preciso examinar em qual Jesus se expressava em seus ensinamentos.

André Chouraqui escreveu: « Parece certo que Ieschoua geralmente falava o hebraico para comentar a Torá ou para ensiná-la. Mesmo se ele falasse aramaico, mesmo se os apóstolos disseminassem sua mensagem em grego, é certo que para todos eles o último termo de referência e o valor supremo se encontrava na Torá. »

Charles Guignebert em seu livro *Jesus* duvida que ele falava hebraico, mostrando que o aramaico lhe era bem mais diretamente atribuído. Ele escreveu assim: "Quando o evangelista vem nos dar a impressão de uma palavra de Jesus, é uma frase aramaica que ele põe na boca. Eu penso no grito do Gólgota, « Eloi, Eloi lama sabactani » Marcos 15:34 e no « Talita koumi » Marcos 5:41". Quanto a essas duas frases, é certo que são frases aramaicas. Tomemos o caso da primeira pronunciada sobre a cruz. O evangelista tem o cuidado de traduzir para restabelecer nos textos sagrados. Essa frase seria dita em hebraico, « Eli, Eli lama azavtani, » « Meu Deus, meu Deus por que me abandonaste? » Salmos 22:2. Sem falar aqui do sentido teológico dessa frase, é bem notável que as Escrituras sejam citadas em aramaico. Como explicar isso, senão pela ideia que Jesus ignorava o hebraico e era incapaz de se expressar nessa língua. Outra explicação seria que ele quis que todas as pessoas não instruídas do povo ao seu redor no Gólgota pudessem compreender o que ele dizia.

Era impossível para ele se expressar em hebraico ou ele tentava tornar acessível ao maior número? Devemos dizer que a segunda solução parece mais provável, levando em conta o número importante de frases construídas e estruturadas segundo a língua hebraica. É principalmente o caso das trocas entre Jesus e os apóstolos. Então é possível afirmar que Jesus conhecia o hebraico, enquanto usava o aramaico nos seus contatos com a multidão de seu país. Ele aplicava nisso a regra definida acima, que queria que o hebraico fosse reservado ao estudo religioso. Pode-se perfeitamente argumentar que seu ensinamento dispensado aos apóstolos foi transmitido em língua hebraica e, portanto, que esse foi o caso para o texto que vamos estudar aqui, o Pai Nosso.

A LÍNGUA DO PATER

O texto original que Jesus ensinou até hoje não foi recuperado. Mas considerando o que acabamos de dizer, a única oração que mantivemos deve ter sido dita nessa língua. A pesquisa neo-testamentária contemporânea foi capaz de encontrar no texto grego seu substrato semítico e reconhecer a formulação de frases características da tradição hebraica. Foi assim possível reconstituir o texto original. Isso nos permitirá levantar uma parte do véu e descobrir um novo sentido por intermédio do estudo kabbalistico do texto hebraico. Note, porém que essa interpretação se baseia na recuperação do texto. A parte de relatividade que pode existir na interpretação, tem base no princípio de não transmissão escrita do texto. Mas essa interpretação revela a riqueza do texto.

Nessa perspectiva vamos escolher os dois métodos mais simples e mais clássicos: o estudo das formas gramaticais hebraicas e da guematria. Dessa maneira, o texto poderá se revelar em um nível cosmológico, desvelando um aspecto até então ignorado. Para fazer isso, primeiro vamos apresentar um estudo de cada versículo. Cada um deles está apresentado em seu texto hebraico, grego, latim e português. Para as duas primeiras línguas, adicionamos a pronúncia em nossa língua, não de acordo com as regras da fonética, mas de acordo com os hábitos comuns de leitura. O texto em português foi ás vezes completado por uma formulação colocada entre parênteses destinada a lançar mais luz no texto hebraico. Em um segundo momento, as principais palavras do versículo foram estudadas separadamente antes que um primeiro estudo global dessa frase seja apresentado. Desnecessário dizer que essa restituição, para ser inteligível, deve emprestar o discurso mítico e simbólico. É nessa perspectiva que trabalhamos. Para finalizar apresentamos o texto completo do Pater, de acordo com essa interpretação.

ANÁLISE DO PATER

Pater Noster – Pai Nosso
Mateus VI-9
HEBRAICO: Avinou chébachamaïm
GREGO: Pater èmon o en toïs ouranoïs
LATIM: Pater noster qui es in coelis
PORTUGUÊS: Pai Nosso que estais nos céus

a) AVINOU, PAI:
Raiz: Pai, Av, (Alef,Bet).
Prefixo: nosso, inou, (Iod, Noun, Vav).
Outros sentidos da raiz: Ancestral, 1º mês do ano, julho-agosto, broto, planta jovem.

A força potencial (Alef) se reduz à da atividade interior induzindo todas as causas produtivas veiculadas na força geradora (Alef, Bet). O Pai que engloba essas funções que frutificam já determina em si as duas pessoas da trindade, (Alef, Bet = 1+2=3). A própria expressão « Pai Nosso » (6) destaca a união celeste e terrestre e implica os dois movimentos ascendentes e descendentes de nossas orações e de suas bênçãos.

Não vamos aqui confundir o Pai com o Eterno porque é ao Pai Nosso que dirigimos esta oração, sendo o Eterno inominável por sua natureza. A frase de Isaias ressalta isso muito bem « Ó Senhor, és nosso Pai. » *Isaias 64:7*. É bom observar que Isaias usando aqui a expressão « Nosso Pai » se dirige, entretanto, ao Eterno.

b) CHEBACHAMAIM, QUE ESTAIS NOS CÉUS:
Raiz: chamaïm (Chin, Mem, Iod, Mem)
Prefixo: chéba, (Chin, Bet).

133

O termo usado em hebraico é característico uma vez que inclui um plural, o que imediatamente indica o duplo aspecto das águas (*Gênesis 1:6-7*). Essa extensão eminentemente móvel, se divide segundo a vontade do Eterno, enquanto que o Iod símbolo do germe flamejante, vem se intercalar entre esses dois planos (Mem, Iod, Mem). Ele é « o espírito que plana sobre as águas » Gênesis 1:2. Ele é o ponto da vida em que as coisas se encontram e se separam criando uma troca perpétua entre o alto e o baixo. Atrás desses pontos se oculta o nome do Eterno(Chin, Mem), nome único que é toda a esfera, o espaço total, tudo o que brilha.

Mateus VI-9:
Jorrando do nome oculto de Deus, o germe divino apareceu em sua resplandecência e dividiu as águas do alto das de baixo.
A ideia do homem começa a tomar forma.
Para a análise hebraica detalhada de todo esse texto, você pode se dirigir ao site do autor: www.debiasi.org.

Texto do Pater em sua interpretação kabbalistica

Vamos agora resumir em um texto completo, a interpretação à qual chegamos por esse estudo kabbalistico do texto original e descubramos o resumo notável dessa cosmogonia. O tempo que utilizamos nessa narrativa não tem intenção particular.

<u>Mateus 6:9</u>:
« Jorrando do nome oculto de Deus, o germe divino apareceu em sua resplandecência e dividiu as águas do alto das de baixo.
A ideia do homem começa a tomar forma.
Depois, se voltando para o UM em um puro desejo de ser, ele o reconhece e o santifica.
Respondendo a esse apelo, o Pai se manifesta por um movimento contínuo e torna mais densa uma esfera capaz de receber o homem.
O grande tumulto dos elementos que reinava até então se apazigua, enquanto os raios vibrantes delimitavam o mundo criado, instaurando a vontade do Eterno.
Mas a manifestação de toda essa potência se encontra velada por trás da extensão árida, seca e deserta. As existências individuais apareceram e se multiplicaram.

A presença do Pai permaneceu presente, acompanhando o desenvolvimento do homem e assim tornando manifesta a existência elementar. O germe da luz que se encontrava no homem, lhe permitiu orientar sua vontade de elevação.

Mas o desejo ardente que o possuía, obscureceu seu espírito e o colocou em um estado de incerteza e de agitação que se impuseram nele.

Uma força sem consciência apareceu, procurando perturbar o equilíbrio do homem, acentuando sua confusão interior e seu sentimento de vazio.

É então que uma ajuda poderosa intervém e rompe a escravatura do corpo, opressiva demais até então, lhe permitindo se liberar e retornar ao Pai.

Em verdade assim foi! »

INTEPRETAÇÃO RITUAL DO PATER

Algum tempo depois de seu despertar, a Ordem Kabbalistica da Rosa-Cruz desenvolveu um rito exterior curto baseado na forma da oração que estudamos, o Pai Nosso. É uma oportunidade de perceber em uma estrutura ritual simples, a maneira que os iniciados aprendem a praticar um texto geralmente considerado exotérico. Nós o completamos com uma parte não publicada, ao nosso conhecimento, que indica os gestos a serem efetuados durante esse curto cerimonial. Também pode ser notado o nome dos Oficiais do ritual, que dá preciosas indicações simbólicas. Além disso, é preciso adicionar a função de Prior, que não é mencionada nesta parte.

INTERCÂMBIOS RITUAIS:

Cavaleiro do Oriente: Que horas são?

Cavaleiro do Oriente: A natureza desperta em uma primavera luminosa. A jovem folhagem que cobre as colunas partidas dos templos antigos, se agitam com o sopro da brisa. As rosas de Isis desabrocham e perfumam o ar!

Essa é a saudação das potências elementares ao Misterioso Arquiteto dos mundos, é o chamado do Homem à sua origem celestial, é a PALAVRA perdida que o Verbo divino revela a seu futuro soldado!!!

Cavaleiro do Ocidente, o que vês?

Cavaleiro do Ocidente: Eu vejo o sinal do sofrimento e da redenção. Invisível ao mundo das efígies graciosas, eu vejo o plano de origem das formas criadoras.

Quatro letras de fogo marcam os limites da cruz dos mundos e três coroas ilustram cada braço da cruz.

O iniciado está ligado à potência fatal e as doze letras dos signos celestes se apresentam a ele, e as sete letras em movimento marcam sua carreira, e Shemah que é Azoth forma o centro, o raio e o círculo da roda celeste.

E a natureza saúda as 22 luzes do Verbo se revelando a seu futuro soldado!!!!!

Cavaleiro Hermetista: Cavaleiro do Oriente, tu nos revelaste o mistério das rosas de Isis e a iniciação das formas.

Cavaleiro do Ocidente, tu nos revelaste o mistério da Cruz que mede todos os mundos e os 22 Aeloha de Aelohim que verbificam em todos os planos.

Oremos para que a Rosa se una à Cruz, para que o Visível, que está em baixo, seja a manifestação do Invisível que está no alto e para que a Palavra sagrada da antiga revelação, IEVE, seja exata e se ilumine na palavra da nova revelação, INRI.

Oremos, Ilustres Cavaleiros.

Cavaleiro do Oriente: PAI NOSSO QUE ESTÁS NOS CÉUS. (1)

Cavaleiro Hermetista: Ó poderoso criador do plano formador do Invisível.

Cavaleiro do Ocidente: SANTIFICADO SEJA TEU NOME. (2)

Cavaleiro Hermetista: Que a Palavra perdida e encontrada nunca seja pronunciada a não ser em um santuário, santuário de pedra, santuário da natureza ou santuário do coração.

Cavaleiro do Oriente: VENHA A NÓS O VOSSO REINO. (3) SEJA FEITA TUA VONTADE ASSIM NA TERRA COMO NO CÉU. (4)

Cavaleiro Hermetista: Na matéria como na força, em meu corpo como em meu espírito, no plano invisível como no plano visível, que tudo seja adaptado a teu Verbo para manifestar a Unidade hermética de Tua vontade, único Reino de Tua criatura prostrada.

Cavaleiro do Oriente: O PÃO NOSSO DE CADA DIA NOS DAI HOJE. (5)

Cavaleiro Hermetista: Dá-nos o pão do corpo para Teu sacrifício permanente e por nosso trabalho... a paz do coração para Tua caridade incessante em nossa oração... o pão espiritual, ou a prova do espírito, por Teu Verbo se sacrificando para nossa salvação.

Cavaleiro do Ocidente: PERDOE NOSSAS OFENÇAS ASSIM COMO PERDOAMOS A QUEM NOS OFENDEU. (6)

Cavaleiro Hermetista: Perdoa as nossas dívidas assim como perdoamos nossos devedores.... Ensina-nos a nunca apelar às potências temporais da terra... sois nossa única defesa contra os ataques desse mundo de efígies.

Cavaleiro do Ocidente: LIVRAI-NOS DE NOSSOS PECADOS, (7) LIVRAI-NOS DA TENTAÇÃO. (8)

Cavaleiro Hermetista: Afasta de nós as reações às marcas de nossas faltas anteriores, apague por Teu sacrifício as barreiras levantadas por nós anteriormente em nosso caminho... Vem em auxílio de nossa fraqueza na tripla tentação das marcas do presente.... Seja nosso Salvador em nosso futuro caminho.

Pois tu és: (9)

O ARCO, a Realeza, o Pai;

O METRO, a Regra, o Filho;

O ARCO METRO, a Força atuante, o Espírito, nos Aeloha de Aelohim, que manifestam Tua onipotência em todos os universos vivos. (10)

GESTOS DURANTE A RECITAÇÃO DESSE TEXTO:

1- Os dois braços abertos para a frente, mãos abertas para cima. O olhar e a cabeça são ligeiramente voltados para cima.

2- As duas mãos são trazidas para o rosto e a ponta dos dedos são colocadas sobre os lábios, a ponta dos dedos da mão esquerda em contato com os lábios e a ponta da mão direita sobre os dedos da mão esquerda.

3- As duas mãos são abaixadas, a palma das mãos voltada para o solo, os antebraços na horizontal à sua frente.

4- A mão esquerda permanece em sua posição, enquanto o antebraço direito é levantado na vertical, a palma da mão aberta para frente e ligeiramente em direção ao céu.

5- Os braços são abertos à sua frente como se você tivesse um grande feixe de trigo em seus braços.

6- Os braços são abertos amplamente à sua frente como se você acolhesse alguém que você ama e que volta para você após uma longa ausência.

7- Ambas as mãos são trazidas até o rosto e a ponta dos dedos se colocam sobre a fronte, a ponta dos dedos da mão esquerda em contato com a pele e a ponta da mão direita sobre os dedos da mão esquerda.

8- As duas mãos são levadas à sua frente, as palmas das mãos voltadas para fora e aproximadamente na altura da fronte. O gesto é determinado.

9- As duas mãos são trazidas até o peito, a palma da mão direita em direção ao peito e a mão direita na cavidade da mão esquerda. A posição é mantida a aproximadamente 15 cm do peito.

10- As mãos sempre na mesma posição são em seguida colocadas por alguns segundos sobre o peito antes de relaxar os braços.

PRÁTICA DA ROSA CRUZ KABBALISTICA

Esta prática é um clássico dos textos e ritos contemporâneos da Kabbalah. É encontrada significativamente na mesma forma nas diversas tradições ocidentais. Certamente ela foi elaborada dentro da Golden Dawn, mas é de essência kabbalistica e pode ser utilizada por todos que desejam se beneficiar de sua potência e de seu poder. Ela dá uma boa descrição geral de como um dado tradicional é utilizado em uma perspectiva oculta.

A cruz kabbalistica tem por objetivo intensificar a energia dos dois eixos da personalidade humana, o vertical e o horizontal. Essa técnica aumenta a energia vibratória pessoal, permitindo-lhe se estabilizar no ser. Os nomes de poder estão presentes para fixar esse trabalho nas sephiroth em causa da árvore da vida. Como em muitas técnicas kabbalisticas, não é absolutamente necessário conhecer os detalhes teóricos para poder tirar proveito dos benefícios trazidos por essa meditação dinâmica.

DETALHES DA PRÁTICA

Fique em frente ao Leste, de pé e em silêncio, os braços relaxados ao longo do corpo. (Você pode praticar este exercício com ou sem uma adaga.)

Inspire enquanto visualiza uma esfera de luz acima de sua cabeça. Expire sem pensar em nada em particular.

Inspire e faça a luz descer até o nível de sua fronte. Expire.

Inspire visualizando uma intensificação da luz e toque sua fronte com a ponta de sua adaga ou o os dedos indicador e médio de sua mão direita (o anular e o mínimo são dobrados na concavidade da mão). O polegar é colocado sobre estes, formando assim um círculo.

Na expiração pronuncie a palavra "**ATAH**".

Inspire enquanto visualiza a descida da luz vertical até o centro sexual. Trace simultaneamente uma linha imaginária a alguns centímetros de seu corpo com a ajuda da adaga ou de seus dedos. Pare sobre centro situado aproximadamente a 3 dedos abaixo do umbigo e toque a pele.

Expire vibrando a palavra **"MALKOUT"**.

Inspire visualizando a coluna de luz que completa sua descida até os pés e penetra no solo. Seu corpo é então uma coluna que une o céu e a terra. Expire.

Inspire trazendo a adaga ou seus dedos até seu ombro direito.

Expire vibrando a palavra **"OU GUEVOURAH"**.

Inspire enquanto visualiza a luz desse centro se estender até o ombro esquerdo, enquanto traça uma linha imaginária horizontal a alguns centímetros de seu corpo com a ajuda da adaga ou de seus dedos. Pare sobre o centro situado no ombro esquerdo e toque a pele.

Expire vibrando a palavra **"OU GUEDOULAH"**.

Inspire e visualize que essa linha de força horizontal se estende até o infinito dos dois lados de seu corpo. Expire tranquilamente.

Se você utilizou uma adaga, coloque-a sobre o altar. Em seguida, cruze os braços sobre o peito, o direito sobre o esquerdo. A ponta dos dedos chega aproximadamente na altura das clavículas.

Inspire visualizando um centro brilhante de luz e de força na altura de seu peito e vibre enquanto inspira a fórmula **"LE OLAM VE AD"**.

Permaneça alguns segundos nessa posição respirando tranquilamente. Depois, relaxe seus braços e passe em seguida a seus trabalhos ou exercícios.

PRÁTICA KABBALISTICA DO CÁLICE

O cálice é uma técnica fundamental sem dúvida derivada da Kabbalah cristã pelo seu simbolismo inequívoco. É um método simples de equilíbrio das forças da psique. Essa prática é a primeira parte de um trabalho mais vasto que inclui: a preparação do operador, o estabelecimento de um círculo consagrado e a invocação de alguns guardiões protetores.

A formulação que damos é a que é comunicada exteriormente pela Ordem da Aurum Solis. Às vezes se tentou aproximar essa escola hermetista da Ordem da Golden Dawn pela proximidade de algumas técnicas fundamentais. Historicamente é bem evidente que existiam contatos entre os amigos os séculos 19 e 20. Operações em comum ou partilha de conhecimentos aconteceram, sem por isso eclipsar as especificidades de cada uma dessas vias. Esse ainda é o caso hoje em dia entre os magos ou teurgos que buscam progredir sinceramente e aperfeiçoar seu conhecimento da arte mágica. A Aurum Solis, Ordem essencialmente hermetista é o veículo dos antigos cultos de Mistérios. Pareceu-nos interessante dar aqui essa prática que se situa na confluência das tradições hermetistas e Rosa-Cruz que às vezes podem tomar caminhos ou concepções filosóficas aparentemente bem diferentes.

É preciso não reduzir esse exercício do cálice ao que a Golden Dawn chamava de o sinal da Cruz Kabbalistica explicada anteriormente. Cálice é um termo grego que significa "taça" ou "concha". O sentido dessa palavra ilustra a natureza receptiva de ser neste rito. Deve-se notar que o cálice pode ser um exercício por si só.

Para compreender o sentido energético e simbólico de um rito e evitar erros, deve-se poder observar o que acontece nos diversos níveis dos corpos invisíveis durante essa prática. É o que vamos fazer depois da descrição da própria prática.

DETALHES DA PRÁTICA

Postura do bastão

Inspiração e retenção pulmões cheios: uma língua de fogo é visualizada acima da cabeça.

Expiração: relaxe a visualização e vibre: **ATAH**

Retenção pulmões vazios: não deixe nada em particular na mente.

Inspiração e retenção pulmões cheios: não deixe nada na mente em particular e eleve equilibradamente os braços para os lados até a horizontal. Seu corpo forma um Tau.

Expiração e retenção pulmões vazios: não deixe nada em particular na mente.

Inspiração e retenção pulmões cheios: uma coluna brilhante de luz é visualizada descendo rapidamente a partir da língua de fogo, passando através do topo da cabeça e o eixo do corpo até o solo entre os pés.

Expiração, sempre mantendo a posição, vibre: **MALKOUTH**

Retenção pulmões vazios: não deixe nada em particular na mente.

Inspiração e retenção pulmões cheios: a mão esquerda é levada até o ombro direito de tal maneira que a ponta dos dedos de sua mão esquerda toque a clavícula direita. Ao mesmo tempo, tome consciência das forças de Marte.

Expiração, sempre mantendo a posição, vibre: **OU GUEVOURAH**
Retenção pulmões vazios: não deixe nada em particular na mente.

Inspiração e retenção pulmões cheios: a mão direita é levada até o ombro esquerdo de tal maneira que a ponta dos dedos de sua mão direita toque a clavícula esquerda. Ao mesmo tempo, tome consciência das forças de Júpiter.

Expiração: mantendo sempre a posição, vibre: **OU GUEDOULAH**
Retenção pulmões vazios: não deixe nada em particular na mente.

Inspiração e retenção pulmões cheios: mantendo os braços cruzados, abaixe ligeiramente a cabeça e visualize uma grande concentração de luz brilhante e de poder em seu centro cardíaco, que se situa na coluna central sob o cruzamento dos braços.

Expiração: sempre mantendo a posição, vibre:
LE OLAM VE AD
Retenção pulmões vazios: não deixe nada em particular na mente.

Inspiração e retenção pulmões cheios: levante a cabeça retomando a posição do bastão.
Expiração e retenção pulmões vazios: não deixe nada em particular na mente.

PROCESSO OCULTO DO CÁLICE

As primeiras concentrações sobre Kether antes mesmo do começo das respirações leva a uma espécie de tremor na aura. Isso poderia ser comparado ao momento em que uma tensão elétrica se torna perceptível em um céu tempestuoso. Na primeira inspiração, uma esfera de luz branca incandescentes se condensa a alguns centímetros acima da cabeça. Os ensinamentos mais avançados da Ordem nos falam de conexões entre essa esfera e as sete esferas planetárias, mas não podemos desenvolve-los aqui. Em seguida, um movimento ondulante se manifesta no interior dessa esfera. Um tipo de língua de fogo ou de um Iod flamejante começa a pulsar, reforçando a luminosidade dessa esfera.

Essa Chama Divina é chamada, dos planos mais altos da psique do mago. A língua de fogo visualizada acima da cabeça representa o gênio supremo, a fonte do poder mágico, o fogo sagrado pela virtude do qual é possível a prática mágica. Sua localização acima da cabeça situa a origem além da personalidade profana e do Ego. Essa manifestação coloca o mago em contato com as forças necessárias que lhe permitirão efetuar em seguida esse rito particular.

A inspiração faz descer a luz por toda a coluna central até Malkuth onde ela se enraíza. Uma observação atenta nos permitirá ver que a luz descendo esse eixo varia segundo as sete cores planetárias, antes que elas se fundam em Malkuth. Em seguida, a coluna central toma a aparência de um tubo no qual circula uma energia de cor de magnésio cintilante com faíscas avermelhadas iridescentes.

Se observarmos atentamente o processo em Malkuth, vamos perceber que as sete cores prismáticas se associam na forma de um arco-íris, em seguida giram em espiral e terminam se misturando em uma cor escura, densa e ainda não associada a uma sensação de peso.

Os braços são levantados lentamente até a horizontal, as palmas para o alto. O cálice ou a taça agora é constituída. É nesse momento que a comparação com a cruz kabbalistica se torna inadequada. Sem desenvolvermos muito aqui, observemos somente que existe uma relação entre as mãos e as duas esferas Hokmah e Binah. Alguns gestos e visualizações são previstos para completar e reforçar o cálice. Daat[1] agora, torna-se central. Uma intensa troca de energia aparece subitamente com Tiphereth.

Em seguidas as mãos esquerda e direita serão sucessivamente colocadas sobre os ombros. Se a técnica for plenamente realizada, vários fenômenos vão se manifestar nos corpos psíquicos. Em primeiro lugar, é nesse momento que se manifesta a verdadeira passagem do plano de Atziluth ao plano de Briah. A Sabedoria vem se unir ao Rigor e a Inteligência à Misericórdia para estabelecer os dois pilares que enquadram o eixo central situado aproximadamente ao

---

[1] Essa é a misteriosa esfera situada no meio do abismo sobre a coluna central e a meio caminho entre Tiphereth e Kether.

longo da coluna vertebral. (Na tradição ogdoádica, trata-se do que é chamado « o portal da casa do sacrifício ».)

No momento em que as mãos pousam sobre os centros ligados aos ombros, assiste-se a uma intensificação das esferas em causa, (Guedoulah (Resed) no ombro esquerdo e Gueburah no ombro direito) seguido por uma intensa corrente luminosa que desce as duas colunas, estabelecendo o ser segundo as três colunas. A coluna central se torna tão luminosa que é quase imperceptível, dando lugar somente a uma verticalidade incandescente se aproximando do magnésio queimando. Percebemos aqui que não se trata de uma cruz como se poderia acreditar. A noção de uma prática mística derivada do sinal da cruz cristão não corresponde ao Cálice. Ao contrário, este último deve ser colocado nos exercícios derivados do estabelecimento do portal da casa do sacrifício, assim como a energização e o equilíbrio das três colunas. Além disso, é interessante notar as relações místicas que podem existir entre o portal, a abóbada e a manifestação do graal...

Toda a aura é então percorrida por vivas cores luminosas, que começam a crepitar a partir do centro Orbis Solis (Tiphereth) que começa a emitir uma luz solar quente. É nesse momento que o plano yetziratico é atingido.

As duas colunas seguem um processo análogo à coluna central, permanecendo presentes, mas se desvanece gradualmente na esfera de consciência do mago. Somente a radiação da aura astral energizada permanece perceptível.

Ao mesmo tempo estável, receptivo e plenamente consciente de suas faculdades, o operador pode então prosseguir seu trabalho.

Por todas essas razões, o Cálice é utilizado como um treinamento em si mesmo, assim como o objetivo de fornecer um primeiro suporte de poder necessário ao estabelecimento do círculo e que por isso deve preceder o trabalho mágico propriamente dito. Antes de realizar esse exercício, o estudante deve ter antes dominado a « voz mágica », a respiração rítmica e ter estudado cuidadosamente os textos relacionados.

Para terminar este breve resumo, podemos dizer que o cálice serve também como fórmula de agradecimento (gratulatio) no final de muitos trabalhos rituais e como adoração das forças do Universo que estão na origem de nossa manifestação. Nesse caso, as visualizações e repercussões nos corpos psíquicos são um pouco diferentes que as que descrevemos.

PRÁTICA DA RODA ARDENTE

INTRODUÇÃO

Existe na tradição religiosa do Ocidente uma técnica de meditação ritmada que foi sintetizada sob a forma muito popular dos rosários. Existem muitos modelos, tanto na Igreja do Oriente como na Igreja do Ocidente. São também conhecidos equivalentes nas diferentes escolas budistas. Na religião popular, o uso foi feito para fixar de modo repetitivo as orações básicas cristãs, ou seja, o Pai Nosso do qual falamos, e a Ave-Maria. O objetivo desse tipo de oração é de levar pela repetição ritmada de um texto a um estado de meditação que permite visualizar e viver interiormente os níveis de consciência especialmente evocados durante essas repetições. O Rosário católico na forma clássica, é destinado, quando é recitado uma única vez, a colocar em contato com o que podemos chamar de egrégora da Igreja. Dessa maneira o fiel se coloca sob sua proteção. A Igreja associa os "Mistérios do rosário" a repetições triplas do rosário. O fiel é então convidado a cada dezena de orações, a fixar sua consciência sobre uma etapa dos mistérios cristãos, divididos em quinze partes reunidas em três grupos. A primeira série se chama « os mistérios gozosos », a segunda « os mistérios dolorosos », a terceira « os mistérios gloriosos ».

Ora, os hermetistas cristãos, herdeiros de uma longa tradição pré-cristã, sempre conheceram as técnicas místicas e teúrgicas em ação nesse tipo de devoção popular. Eles as utilizaram de maneira oculta dentro das escolas iniciáticas que eles dirigiam. Portanto, eles souberam reconhecer as manifestações de autênticas intuições da parte de místicos, quaisquer que fossem suas filiações religiosas. Nós estamos aqui no mesmo quadro, e é por essa razão que tomamos esse exemplo muito conhecido.

É interessante descobrir que tais práticas devocionais, agora quase universais, não vieram da reflexão de teólogos. Ao contrário, são o feito de místicos que recebem essas práticas espontâneas sob a forma de visão, revelação ou intuição. É então que a Igreja recupera e enquadra de maneira muito estrita o que poderia parecer como um contato livre e espontâneo com a esfera divina. Não devemos esquecer que o misticismo, relação direta entre o indivíduo e os planos divinos, é algo que jamais foi aceito e, portanto, mal tolerado pela hierarquia e a autoridade da Igreja. Na verdade, essa liberdade se opõe claramente à ideia de que se deve passar por um intermediário obrigatório, um clérigo, uma autoridade religiosa para se elevar nos planos de consciência, avançar ao divino.

Segundo o princípio dos quatro mundos da Kabbalah, parece aqui que o inconsciente do místico percebe um princípio oculto em Briah, simboliza o mesmo com a ajuda de princípios existentes em Yetzirah antes de encarnar na devoção popular em Assiah. Bastaria então aos kabbalistas cristãos limpar a estrutura oculta de sua casca exotérica para integra-la a suas próprias práticas. É o que foi feito, de acordo com os princípios do hermetismo. Esse processo poderia ser comparado alegoricamente com a obra de um lapidador de diamantes. Este último, sabe reconhecer o brilho da pedra preciosa debaixo dos defeitos da casca exterior. Depois, ele sabe limpar essa pedra, permitindo-lhe irradiar todo o seu brilho. É a mesma coisa aqui. Então, não há lugar para o dogma, a intolerância ou a superstição. A técnica pode ser utilizada sem a restrição do dogma que a monopolizou, permanecendo assim totalmente centrada no poderoso arquétipo que lhe serve de base. Evidentemente, existem diferentes níveis de trabalhos de intensidades variáveis. Entre os vários rosários, nós nos retermos neste livro somente em dois que foram e são sempre utilizados em sua versão kabbalistica. Trata-se do rosário mais comum, que serve de base ao que os católicos chamam de rosário, e do terço conhecido como de São Miguel Arcanjo.

Vamos começar primeiro pelo mais comum. Ele é apresentado na forma de um conjunto de 59 contas. Essas contas são reunidas em 5 séries de 10, separadas por cinco contas isoladas. A prática popular católica atribui uma Ave Maria a cada conta menor (ou seja, 5 por terço). Como dissemos, o rosário é constituído pela pronúncia de três terços consecutivos, portanto, por 15 séries de 10 Ave Marias, alternadas por 15 Pater.

A prática kabbalistica desse terço obedece à mesma estrutura. Mas ela não permanece presa ao dogma exotérico e vai livremente além da aparência para captar as energias e os arquétipos em ação. É para a abertura desse caminho que nós o convidamos.

Existem vários níveis e ciclos de práticas. A maioria deles é baseada na gravura de Khunrath da qual falamos. Nós vimos que ela tem o papel de uma chave fundamental em algumas Ordens iniciáticas, mais particularmente na Ordem Kabbalistica da Rosa-Cruz. Vamos ver outros aspectos práticos. Nós recomendamos que se dirija à mesma para compreender a estrutura da prática que segue.

Como vamos perceber, essa gravura alegórica reúne a representação do microcosmo e do macrocosmo estruturado na representação da árvore da vida. É essa progressão que a prática kabbalistica da *Roda ardente* utiliza.

PRIMEIRO MÉTODO

Descrição física do terço:

É idêntico ao terço católico, mas tem uma medalha de Ieschouah associada a três fitas, negra, vermelha e branca. As cinco séries de contas correspondem às cinco cores tradicionais do nome sagrado.

Este método é composto por dois ciclos. Cada um deles poderá ser praticado isoladamente, mas também pode-se escolher pratica-los sequencialmente, como você vai ver, nos conduz a percorrer três ciclos da roda.

Figura 19: terço kabbalistico com o selo de Ieschouah.

O primeiro ciclo vai ilustrar a figura que envolve a representação do ser regenerado (que aqui podemos chamar de Ieschouah). Seu nome em hebraico se compõe, como vimos, de cinco letras distribuídas em uma estrela de cinco pontas. Essa indicação nos dá uma chave simbólica muito preciosa. A *Roda ardente* também é composta por cinco séries de 10 contas. A superposição do terço sobre a estrela de cinco pontas nos dá uma boa indicação da razão pela qual tem cinco ciclos. Quanto à série de 10, responde a um simbolismo múltiplo. Acabamos de lembrar que o pentáculo geral se baseia na estrutura da árvore sephirotica, a qual é constituída por 10 esferas. Além disso, a tetraktys pitagórica, figura sagrada por excelência da tradição antiga é tradicionalmente representada na forma de dez pontos reunidos em forma piramidal. (Veja a figura abaixo). Ora os kabbalistas cristãos, herdeiros desse conhecimento sagrado a integraram à sua prática, como evidenciado na parte superior da gravura. Nós vemos a substituição dos pontos pelas letras hebraicas que compõem o tetragrama (Iod, He, Vav, He) do nome impronunciável do Deus bíblico. Começamos a compreender essas relações simbólicas, mas é importante não permanecer em um discurso puramente teórico e é a isso que o selo alegórico nos convida.

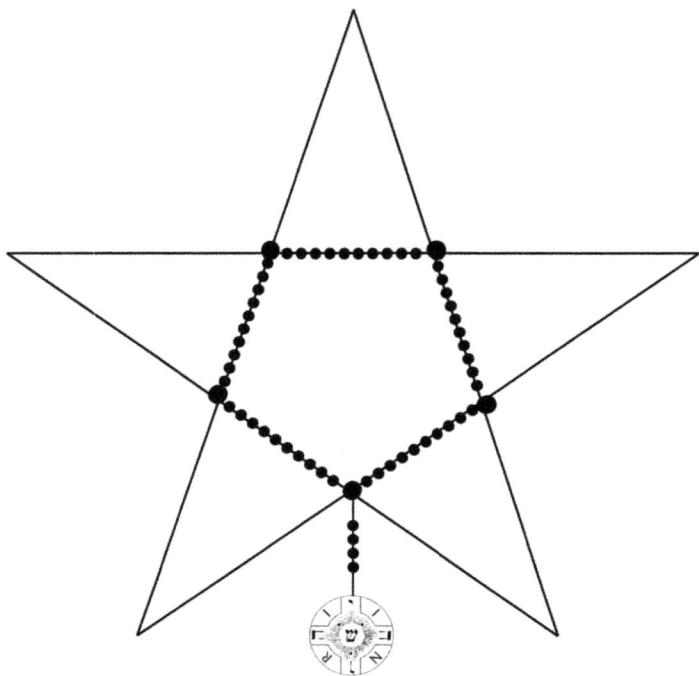

Figura 20: o terço kabbalistico e sua correspondência com o pentagrama.

As atribuições do pentagrama lembram a correspondência entre as quatro letras hebraicas e os quatro elementos. A quinta letra central corresponde ao éter, espírito. Podemos reunir esses dados na tabela abaixo:

Série	Letra	Elementos	Cores
1ª	Iod	Fogo	Vermelho
2ª	He	Água	Azul
3ª	Chin	Éter	Luz Branca Brilhante
4ª	Vav	Ar	Amarelo
5ª	He	Terra	Marrom escuro

Em cada conta da série das dezenas, a letra correspondente é repetida enquanto é visualizada à sua frente, eventualmente na cor correspondente.
Em cada conta independente que separa as dezenas, o nome sagrado de Ieschouah é vibrado.

Também é possível associar a posição do corpo correspondente à letra ou se colocar na posição do pentagrama durante os cinco ciclos.

O segundo ciclo corresponde, como a gravura indica em seu segundo círculo, a 10 séries de 10 contas, cada uma correspondendo a uma sephirah. O percurso completo da árvore sephirotica desse ciclo é, portanto, efetuado em dois terços.

Série	Sephirah	Símbolo a visualizar (Mundo de *Briah*)
1ª	Malkuth	Uma jovem mulher coroada sobre um trono
2ª	Yesod	Um belo jovem nu itifálico
3ª	Hod	Um hermafrodita
4ª	Netzah	Uma amazona nua
5ª	Tiphereth	Um rei solar
6ª	Gueburah	Um rei guerreiro armado em sua carruagem
7ª	Resed	Um poderosos sacerdote-rei coroado em seu trono
8ª	Binah	Uma rainha celeste
9ª	Hokhmah	Um patriarca barbado
10ª	Kether	Um brilho branco

Entre cada série, e em cada conta independente, recita-se as vinte e duas letras do alfabeto hebraico mantendo um tom recitativo e interiorizado. Essas vinte e duas letras serão, portanto, também repetidas 10 vezes. Durante essa repetição não se visualizará nada e permanecerá concentrado na própria repetição.

A roda ardente terá assim sido percorrida três vezes no sentido ascendente, nos conduzindo do microcosmo ao macrocosmo.

Como veremos mais adiante, também é possível percorrer do macrocosmo ao microcosmo. Para isso basta seguir o ciclo inverso ao que mencionamos. O conjunto desse ciclo vai ser indicado mais adiante.

SEGUNDO MÉTODO

Neste método, cada ciclo de cinco dezenas corresponde a uma sephirah. Cada dezena corresponde a um mundo da Kabbalah e a um plano divino específico. A primeira dezena refere-se a Assiah, a segunda a Yetzirah, a terceira a Briah e a quarta a Atziluth. Quanto à quinta, corresponde à chave dos quatro mundos, isto é, à construção específica do nome divino que está no triângulo superior da gravura que serve de base para esta prática. Sendo a chave, esta quinta dezena é repetida de modo idêntico no final de cada um dos ciclos.

Em cada uma das contas isoladas que separam as dezenas, repete-se vibrando o nome divino de cinco letras de Ieschouah.

RITO DO PRIMEIRO MÉTODO

ABERTURA

Pegue o terço com a mão esquerda e segure a medalha de Ieschouah entre o polegar e o indicador de sua mão direita. Feche os olhos por alguns minutos e relaxe. Aqui você pode ficar de pé ou sentado.

Tome consciência de seu corpo, de seus pés, do contato deles com o solo. Sua respiração é lenta e profunda e você relaxa progressivamente. Torne-se consciente de seu corpo, do que você ouve, do que sente, dos odores que percebe. Tornando-se assim cada vez mais consciente de seu próprio ser, seus pensamentos parasitas desaparecem naturalmente, sem que tenha que se preocupar.

Então, imagine que você está no centro de um duplo círculo. O lugar é calmo e pacífico. O ar ao seu redor é claro e vivo. Observando ao seu redor você nota que o duplo círculo está no centro de uma esfera na qual você se encontra. Levantando a cabeça, você vê que essa dupla esfera está preenchida com as sete cores do arco-íris. Essas sete cores brilham e cintilam pacificamente ao seu redor. Quer você esteja sentado ou não, visualize que está no centro desse espaço.

Em seguida, vibre os nomes místicos seguintes:

Relem Iesodot
Achim
Sandalphon
Adonaï Meleur

Permaneça em silêncio por alguns instantes simplesmente sentindo a presença das potências divinas da esfera de Malkuth na qual você está.

O ESTABELECIMENTO DOS GUARDIÕES

1ª conta:

Desloque o seu indicador e polegar da mão direita sobre a primeira conta. Tome consciência à sua frente de uma luz de cor amarela. No meio dessa cor, visualize um anjo com duas asas brancas imaculadas, vestido com uma longa túnica de cor verde cinzenta, carregando em sua mão uma pyxide[1], e a outra segurando uma criança que segura um grande peixe.

Concentre-se agora nessa personagem, e então vibre o nome angélico **Raphael**.

2ª conta:

Desloque seu polegar e indicador da mão direita sobre a segunda conta. Tome consciência atrás de você de uma luz de cor lavanda. No meio dessa cor, visualize um anjo com duas asas brancas imaculadas, vestido com uma longa túnica de cor branca-azulada, segurando uma lanterna vermelho rubi.

Vibre então o nome angélico **Gabriel**.

3ª conta:

Desloque seu polegar e indicador da mão direita sobre a terceira conta. Tome consciência à sua direita de uma luz de cor turquesa clara. No meio dessa cor, visualize um anjo com duas asas brancas imaculadas, vestido com uma longa túnica de cor rosa, segurando rosas brancas em seus braços.

Vibre então o nome angélico **Haniel**.

4ª conta:

Desloque seu polegar e indicador da mão direita sobre a quarta conta. Tome consciência à sua esquerda de uma luz de cor pêssego claro. No meio dessa cor, visualize um anjo com duas asas brancas imaculadas, vestido com uma longa túnica de cor branca dourada, apoiado em um dragão e segurando uma palma e um estandarte branco com uma cruz vermelha.

Vibre então o nome angélico **Mikael**.

---

[1] Pequeno porta joias, em madeira, marfim ou de metal precioso.

O PRIMEIRO CICLO - IESCHOUAH

1ª dezena:

Segure a primeira conta de junção, (primeira da série) entre o polegar e o indicador da mão direita. Sua mão esquerda continua segurando a medalha. Respire tranquilamente e construa mentalmente por alguns instantes à sua frente as letras que compõem o nome de Ieschouah (Io, He, Chin, Vav, He). Se você não as conhece, simplesmente pense nesse nome sagrado. Depois, vibre ou pronuncie o nome **Ieschouah** uma vez.

Em seguida pegue a 1ª das contas que constituem a primeira série entre o polegar e o indicador de sua mão direita. Visualize à sua frente a letra hebraica **Iod** na cor indicada na tabela deste rito, isto é, cor vermelha. Após alguns instantes de silêncio, vibre o nome **Iod**.

Mantendo sempre a letra e sua cor em sua consciência, pegue a 2ª das contas que constituem a primeira série entre o polegar e o indicador de sua mão direita e vibre o nome da letra **Iod** pela segunda vez.

Proceda da mesma maneira para as outras contas que constituem esta série.

2ª dezena:

Pegue a segunda conta de junção entre o polegar e o indicador da mão direita, sempre mantendo sua mão esquerda na mesma posição.

Proceda como anteriormente para o nome de **Ieschouah**.

Em seguida, pegue a 1ª das contas que constituem a segunda série entre o polegar e o indicador de sua mão direita. Visualize à sua frente a letra hebraica **He** na cor indicada na tabela deste rito, isto é, a cor azul. Após alguns instantes de silêncio, vibre o nome **He**.

Proceda da mesma maneira para as outras contas que constituem esta série.

3ª dezena:

Pegue em seguida a terceira conta de junção, sempre mantendo suas mãos na mesma posição.

Proceda como anteriormente para o nome de **Ieschouah**.

Em seguida, pegue a 1ª das contas que constituem a terceira série entre o polegar e o indicador de sua mão direita. Visualize à sua frente a letra hebraica **Chin** na cor indicada na tabela deste rito, isto é, da cor de uma luz branca muito brilhante. Após alguns instantes de silêncio, vibre o nome **Chin**.

Proceda da mesma maneira para as outras contas que constituem esta série.

4ª dezena:

Pegue a quarta conta de junção, sempre mantendo suas mãos na mesma posição.

Proceda como anteriormente para o nome de **Ieschouah**.

Em seguida, pegue a 1ª das contas que constituem a quarta série entre o polegar e o indicador de sua mão direita. Visualize à sua frente a letra hebraica **Vav** na cor indicada na tabela deste rito, isto é, da cor amarela. Após alguns instantes de silêncio, vibre o nome **Vav**.

Proceda da mesma maneira para as outras contas que constituem esta série.

5ª dezena:

Pegue a quinta conta de junção, sempre mantendo suas mãos na mesma posição.

Proceda como anteriormente para o nome de **Ieschouah**.

Em seguida, pegue a 1ª das contas que constituem a quinta série entre o polegar e o indicador de sua mão direita. Visualize à sua frente a letra hebraica **He** na cor indicada na tabela deste rito, isto é, da cor marrom escuro. Após alguns instantes de silêncio, vibre o nome **He**.

Proceda da mesma maneira para as outras contas que constituem esta série.

O SEGUNDO CICLO – A ÁRVORE SEPHIROTICA

1ª dezena:

Pegue a primeira conta de junção (primeira da série) entre o polegar e o indicador de sua mão direita. Sua mão esquerda continua segurando a medalha. Respire tranquilamente e esvazie sua mente de qualquer visualização particular. Pronuncie então sucessivamente todas as letras do alfabeto hebraico: Alef, Bet, Guimel, Dalet, He, Vav, Zain, Ret, Tet, Iod, Kaf, Lamed, Mem, Noun, Samer, Ain, Pe, Tsadi, Kof, Rech, Chin, Tav.

Em seguida, pegue a 1ª das contas que constitui a primeira série entre o polegar e o indicador de sua mão direita. Visualize à sua frente a imagem mágica da esfera (esta está indicada na tabela de correspondência no início deste parágrafo.) Depois, vibre ou pronuncie o nome **Malkuth** uma vez.

Sempre mantendo a palavra em sua consciência, pegue a 2ª das contas que constituem a primeira série entre o polegar e o indicador de sua mão direita e vibre pela segunda vez o nome da primeira esfera da árvore da vida *Malkuth*.

Proceda da mesma maneira para as outras contas que constituem esta série.

2ª dezena:

Pegue a segunda conta de junção entre o polegar e o indicador de sua mão direita. Proceda como anteriormente e pronuncie então sucessivamente todas as letras do alfabeto hebraico.

Em seguida, pegue a 1ª das contas que constitui a segunda série entre o polegar e o indicador de sua mão direita. Visualize à sua frente a imagem mágica da esfera. Depois, vibre ou pronuncie o nome desta segunda esfera **Yesod** uma vez.

Sempre mantendo a palavra em sua consciência, proceda da mesma maneira para as outras contas que constituem esta série.

3ª dezena:

Proceda como anteriormente para a terceira conta de junção. Pronuncie então sucessivamente todas as letras do alfabeto hebraico.

Em seguida, pegue a 1ª das contas que constitui a terceira série entre o polegar e o indicador de sua mão direita. Visualize à sua frente a imagem mágica da esfera. Depois, vibre ou pronuncie o nome desta terceira esfera **Hod** uma vez.

Sempre mantendo a palavra em sua consciência, proceda da mesma maneira para as outras contas que constituem esta série.

4ª a 10ª dezenas: Prossiga da mesma maneira visualizando e vibrando os diferentes nomes das sephiroth que você encontra na tabela de correspondências no começo desta prática.

Como você acabou de ver, entre cada uma das dezenas são pronunciadas as diferentes letras do alfabeto hebraico.

CONCLUSÃO

Visualize à sua frente o triângulo composto pelas 10 letras do tetragrama.

Iod

He Iod

Vav He Iod

He Vav He Iod

Pronuncie em seguida as letras, começando pela base do triângulo:
Iod – He – Vav – He
Iod – He – Vav
Iod – He
Iod

Permaneça alguns instantes silencioso e receptivo, depois levante-se, apoie o terço e apague a vela dizendo:

Que esta luz seja oculta em segredo e continue a brilhar no íntimo de meu ser.

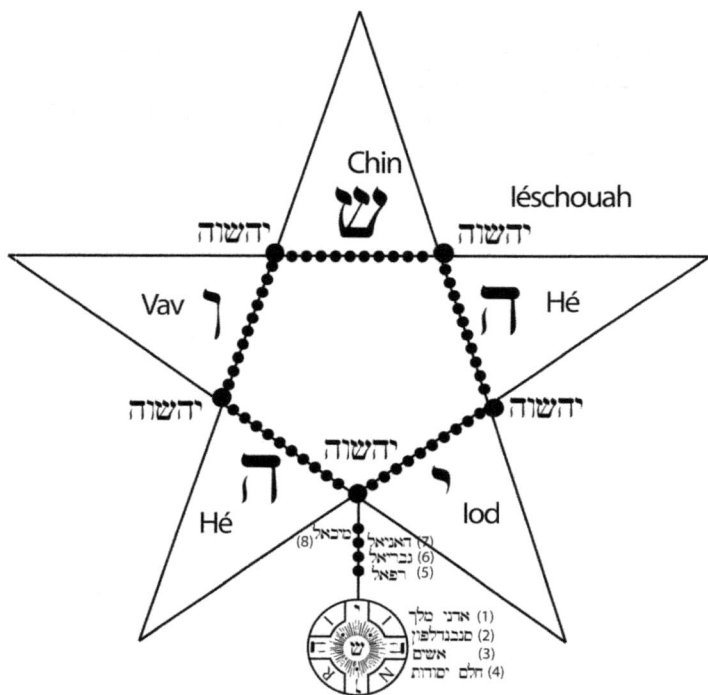

1. Adonaï Meleur - 2. Sandalphon - 3. Achim - 4. Releum Iéssodot
5. Raphael - 6. Gabriel - 7. Haniel - 8. Mikael

Figura 21: prática da *Roda Ardente* ciclo um.

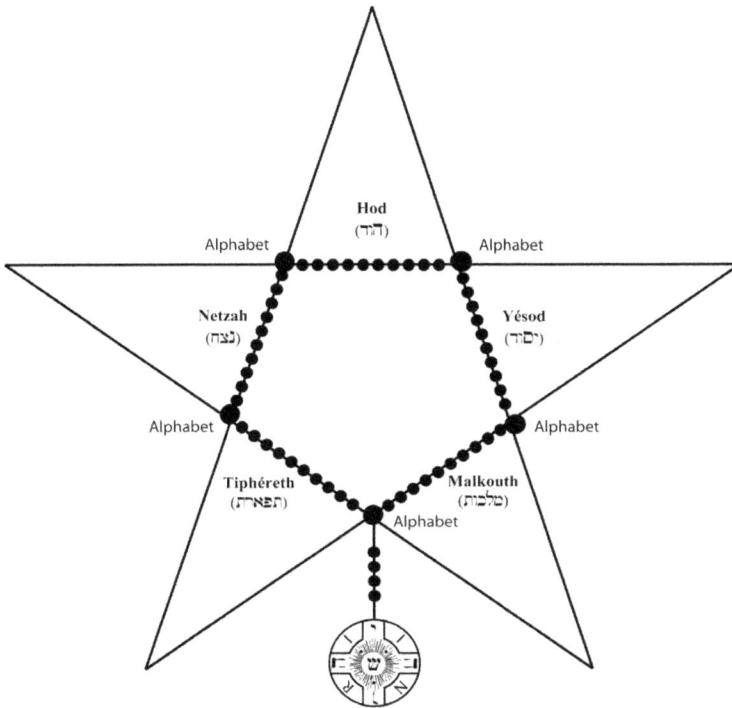

Alphabet : Alèf (א), Bèt (ב), Guimel (ג), Dalet (ד), Hé (ה), Vav (ו), Zaïn (ז), Rèt (ח), Tèt (ט), Iod (י), Kaf (כ), Lamèd (ל), Mèm (מ), Noun (נ), Samèr (ס), Aïn (ע), Pé (פ), Tsadi (צ), Kof (ק), Rèch (ר), Chin (ש), Tav (ת).

Figura 22: prática da *Roda Ardente* ciclo dois.

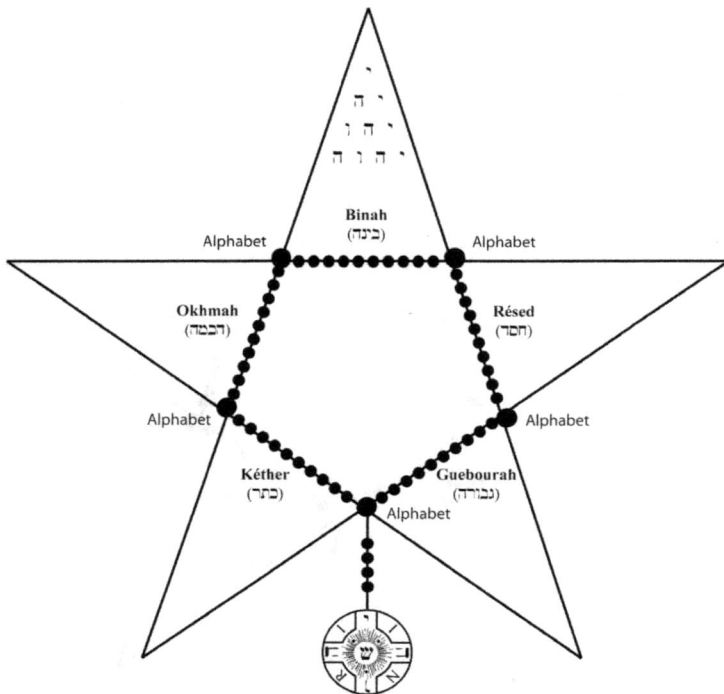

Alphabet : Alèf (א), Bèt (ב), Guimel (ג), Dalet (ד), Hé (ה), Vav (ו), Zaïn (ז), Rèt (ח),
Tèt (ט), Iod (י), Kaf (כ), Lamèd (ל), Mèm (מ), Noun (נ), Samèr (ס), Aïn (ע), Pé (פ),
Tsadi (צ), Kof (ק), Rèch (ר), Chin (ש), Tav (ת).

Figura 23: prática da *Roda Ardente* ciclo três.

Figura 24: representação sintética da prática da *Roda Ardente*. (É interessante compara-la com a gravura chamada de Rosa-Cruz de Khunrath que você viu anteriormente. Círculo interior)

1- O círculo interior é composto pelas cinco letras Iod, He, Chin, Vav, He que compõem a palavra Ieschouah.

2- O círculo intermediário é composto pelo nome das dez esferas da árvore da vida: Kether, Hokmah, Binah, Resed, Gueburah, Tiphereth, Netzah, Hod, Yesod, Malkuth.

3- O círculo exterior é composto pelas 22 letras hebraicas: Alef, Bet, Guimel, Dalet, He, Vav, Zain, Ret, Tet, Iod, Kaf, Lamed, Mem, Noun, Samer, Ain, Pe, Tsadi, Kof, Rech, Chin, Tav

4- O triângulo superior corresponde ao desenvolvimento do Tetragrama: Iod | Iod-He | Iod-He-Vav | Iavé

163

Figura 25: assinatura de Stanislas de Guaita. (Não se deixará de colocar a representação simbólica à esquerda da assinatura com os elementos práticos que precedem...)

A OBRA DA ROSA E DA CRUZ

Como já vimos, o terço católico em sua versão exotérica, foi bem rapidamente associado às diferentes etapas do nascimento, morte e ressurreição do Cristo. O culto de Maria também é muito presente e está, portanto, intimamente associado ao de seu filho, ao mesmo tempo messias e salvador da humanidade. Você pode ver essa classificação abaixo:

I. Os mistérios gozosos: A anunciação – A visitação – A natividade – A apresentação no templo – A recuperação de Jesus no templo.

II. Os mistérios dolorosos: A agonia em Getsêmani – A flagelação – A coroação de espinhos - Jesus carrega sua cruz - Jesus é crucificado.

III. Os mistérios gloriosos: A ressurreição – A ascensão – A pentecoste – A assunção – A coroação da Santíssima Virgem.

Não nos esqueçamos que a intenção exotérica é exaltar no imaginário do fiel imagens e símbolos muito fortes. Assim, ele deve identificar seus sofrimentos como ser humano com os do Cristo que, segundo o dogma cristão, salvou a humanidade por seu único sacrifício. A oração do rosário reúne, portanto, a crença em Maria e no Cristo, tornando-o em princípio capaz de suportar seu estado de ser humano, mortal e pecador. Ao mesmo tempo, a egrégora da Igreja é alimentada pelas orações e energias de cada um dos fiéis que utilizam essa prática.

Para os kabbalistas cristãos contemporâneos, um dos interesses da prática esotérica dessa técnica é de poder se pôr em relação com a energia gerada por todos os que utilizam essa prática, praticando eles próprios um real trabalho interior e oculto.

ROSÁRIO KABBALISTICO

Descrição física do terço:
É idêntico ao católico, mas tem uma medalha Rosa-Cruz associada a três fitas: negra, vermelha e branca.

Figura 26: terço kabbalístico com a medalha Rosa-Cruz.

Esta prática vai permitir-lhe trabalhar em seu desenvolvimento interior, percorrendo as etapas normalmente utilizadas nos processos das escolas iniciáticas do Ocidente.

As recitações mântricas que você começa agora a conhecer, serão associadas às visualizações dos arcanos do Tarô..[1] Em relação a esta prática, você pode usar o jogo de Tarô que mais agrade sua imaginação e seu sentido simbólico e estético. Todavia, não recomendamos os jogos que se afastam muito do original, isto é, do Tarô de Marselha. Mas fora isso, você está totalmente livre para escolher o que melhor lhe convém. No começo, essa visualização poderá ser feita olhando a própria carta. Mais tarde, ela poderá ser interiorizada e você poderá pratica-la de olhos fechados ou semicerrados. A repetição do nome divino será associada a essa representação. Você pode fazer uma ficha com o nome divino e o nome do arcano, ou ainda utilizar a tabela de correspondências que apresentamos aqui. É bom que seu corpo esteja

---

[1] Você pode consultar a obra *ABC de l'énergie du Tarot* citada na bibliografia, para os detalhes sobre a maneira de utilizar esses arcanos em toda a sua riqueza.

relaxado e o melhor é então se instalar confortavelmente, por exemplo, em uma cadeira. Não pense que o sofrimento adiciona alguma coisa à sua prática. Esse é um estado que não valida um trabalho interior autêntico e harmonioso.

Tente manter uma progressão fluida durante toda a prática, de tal maneira que o aspecto mântrico seja mantido. Essa dimensão é importante para agir profundamente nas camadas mais profundas de seu inconsciente.

Pode ser interessante preceder essa prática pelo acendimento de três velas brancas eventualmente acompanhadas por incenso.

Aos poucos, você vai perceber um reequilíbrio interior, maior paz interior durante e após as próprias práticas. As diversas etapas e elementos que compõem a prática estão indicadas na tabela que você encontrará a seguir.

No que diz respeito ao fundamento e utilização católica dessas sequências simbólicas, você encontrará anexo o texto de fontes cristãs.

RITO DO ROSÁRIO KABBALISTICO

ABERTURA E ESTABELECIMENTO DOS GUARDIÕES

Pegue o terço com a mão esquerda e segure a medalha da rosa-cruz entre o polegar e o indicador da sua mão direita.

Proceda em seguida da mesma maneira para a abertura e estabelecimento dos guardiões como no rito precedente da *Roda Ardente*.

O PRIMEIRO CICLO

1ª dezena:
Pegue a primeira conta de junção (primeira conta da primeira série), entre o polegar e o indicador da mão direita. Sua mão esquerda continua a segurar a medalha. Respire tranquilamente e pronuncie de forma ritmada as letras do Tetragrama da seguinte maneira: **Iod | Iod-He | Iod-He-Vav | Iavé.**

Após alguns instantes de silêncio, olhe a carta do Tarô correspondente, o *Louco* (11° caminho). Pegue a primeira das contas que constitui a primeira série entre o polegar e o indicador de sua mão direita. Vibre o nome divino correspondente: **Iavé.**

Sempre continuando a contemplar esse arcano do Tarô, pegue sucessivamente as contas que constituem esta série entre o polegar e o indicador de sua mão direita e vibre esse mesmo nome divino a cada vez.

2ª dezena:

Pegue a segunda conta de junção (primeira da segunda série), da mesma maneira que anteriormente, e então pronuncie de forma ritmada as letras que compõem o Tetragrama: Iavé.

Prossiga como para a primeira dezena com a carta do Tarô correspondente, o *Mago* (12º caminho). Em seguida, vibre para cada uma das contas o nome divino: **Elohim Tsebaoth**.

3ª dezena:

Pegue a terceira conta de junção (primeira da terceira série), e depois proceda da mesma maneira que anteriormente com a pronúncia do Tetragrama: **Iavé**, e a visualização da carta do Tarô correspondente, a *Imperatriz* (14º caminho) e a vibração do nome divino: **Iavé Tsebaoth**, para cada conta da dezena.

4ª dezena:

Pegue a quarta conta de junção (primeira da quarta série), e depois proceda da mesma maneira que anteriormente com a pronúncia do Tetragrama: **Iavé**, e a visualização da carta do Tarô correspondente, o *Papa* (16º caminho) e a vibração do nome divino: **Iavé Tsebaoth**, para cada conta da dezena.

5ª dezena:

Pegue a quinta conta de junção (primeira da quinta série), e depois proceda da mesma maneira que anteriormente com a pronúncia do Tetragrama: **Iavé**, e a visualização da carta do Tarô correspondente, a *Carruagem* (18º caminho) e a vibração do nome divino: **Chadai**, para cada conta da dezena.

O SEGUNDO CICLO

Proceda da mesma forma para as outras dezenas de acordo com as seguintes correspondências:

1ª dezena:

Conta de junção: Tarô: a *Papisa* (13º caminho) - **El Rai**.

Contas da dezena: Tarô: o *Enforcado* - Nome divino: **El**.
2ª dezena:
Conta de junção: **Iavé**.
Contas da dezena: Tarô: a *Roda da fortuna* - Nome divino: **El**.
3ª dezena:
Conta de junção: **Iavé**.
Contas da dezena: Tarô: a *Morte* - Nome divino: **Elohim Guibor**.
4ª dezena:
Conta de junção: **Iavé**.
Contas da dezena: Tarô: o *Diabo* - Nome divino: **Iavé Elohim**.
5ª dezena:
Conta de junção: **Iavé**.
Contas da dezena: Tarô: a *Casa de Deus* - Nome divino: **Elohim Guibor**.

O TERCEIRO CICLO

1ª dezena:
Conta de junção: Tarô: a *Temperança* (25° caminho) - **El**.
Contas da dezena: Tarô: o *Julgamento* - Nome divino: **Elohim**.
2ª dezena:
Conta de junção: **Iavé**.
Contas da dezena: Tarô: o *Sol* - Nome divino: **Eloah Vedaat**.
3ª dezena:
Conta de junção: **Iavé**.
Contas da dezena: Tarô: a Estrela - Nome divino: **Iahou**.
4ª dezena:
Conta de junção: **Iavé**.
Contas da dezena: Tarô: a *Lua* - Nome divino: **El**.
5ª dezena:
Conta de junção: **Iavé**.
Contas da dezena: Tarô: o *Mundo* - Nome divino: **Iavé Elohim**.

Quando terminar esses três ciclos, pegue a medalha da Rosa-Cruz entre o polegar e o indicador de suas mãos esquerda e direita, e então conclua sua prática pelos textos que seguem.

Mãe, ó Vênus, tua volúpia alegra os homens e os Deuses. Sob a abóboda onde os astros resplandecem, nos mares nos quais nos banhamos, sobre as terras que douram as colheitas, derramas tuas bênçãos. Tu dás a vida a todos os seres e abres seus olhos à luz.

Ó deusa! Quando tua face aparece, os ventos se acalmam, as nuvens se dissipam, a terra é adornada com o brilho das flores, o Oceano te sorri, e, no azul do céu sereno, a luz purificada se expande em grandes ondas. Quando a doce primavera traz ventos calmos, mil perfumes preenchem o ar.

Os pássaros anunciam teu retorno pelos seus cantos voluptuosos. Ardendo com teus fogos, tudo retorna a ti.

No fundo dos mares, sobre as montanhas, nos rios profundos, sob as folhas nascentes, nos verdes campos, todos os seres ardentemente espalham as ondas de amor que vão repopular a terra.

Ó tu, Soberana da natureza que me guia até os espaços luminosos da vida, tu sem quem ninguém obtém o dom de agradar, tu, fonte de graça e beleza, digna-te ó Vênus, te associar a meus trabalhos! Inspira-me e me revele os segredos da natureza preenchendo-me com teus dons preciosos!

Faça alguns momentos de silêncio, e depois prossiga.

Ouçam-me, ó Deusas e Deuses, vós que tendes a barra do leme da sabedoria sagrada, e que, ao acender nas almas dos homens a chama do retorno, os tornam a trazer para entre os Imortais. Deem-lhes pelas iniciações indizíveis dos hinos, o poder de escapar da caverna escura e de se purificar.

Escutai-me, poderosos libertadores.

Dai-me, pela inteligência dos livros divinos e ao dissipar a escuridão que me circunda, uma luz pura e santa, afim de que eu possa conhecer exatamente o deus incorruptível e o homem que sou. Que eu nunca, por um mal avassalador, seja indefinidamente capturado sob as ondas do esquecimento, ou me afaste dos Deuses pelas mãos de um Gênio mau!

Que nunca uma penitência terrível me encarcere nas prisões da vida, nem deixe minha alma cair nas ondas gélidas da criação, pois ela não quer aí vaguear por muito tempo!

Vós então, ó Deuses, soberanos da esplendorosa sabedoria, escutai-me, e revelai àquele que se apressa no Caminho ascendente do retorno, os santos delírios e as iniciações que estão no coração das palavras sagradas!

Levante-se, apoie o terço e apague a vela dizendo:

Que esta luz seja oculta em segredo e continue a brilhar no íntimo de meu ser.

Resumo dos ciclos do *rosário kabbalístico* de acordo com a árvore da vida.

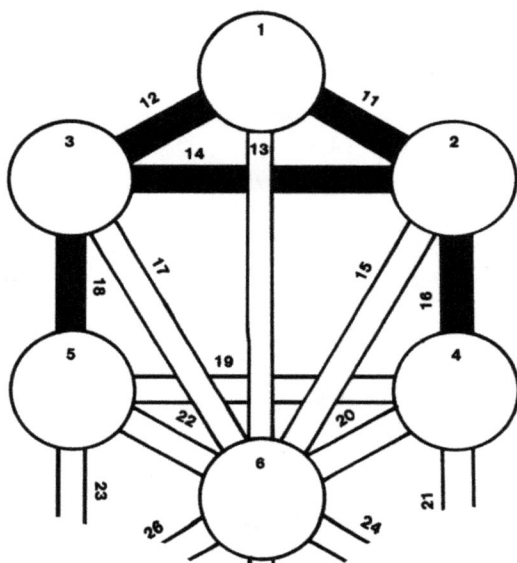

Figura 27: primeiro ciclo.

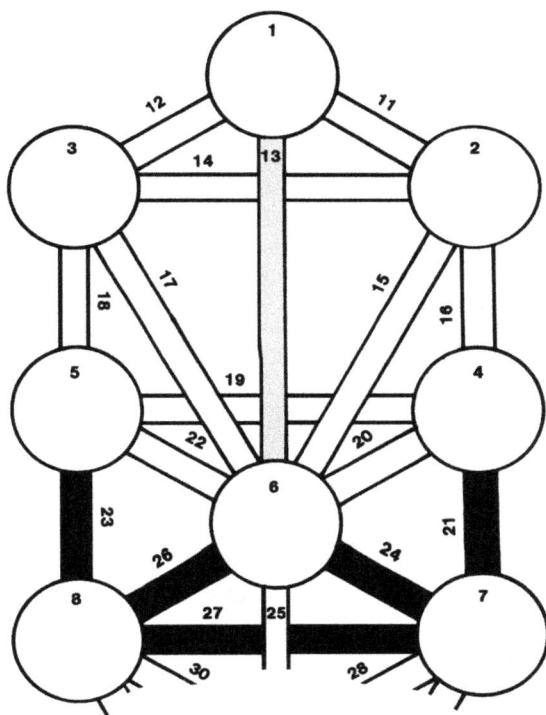

Figura 28: segundo ciclo. (Em cinza a etapa intermediária entre os dois ciclos)

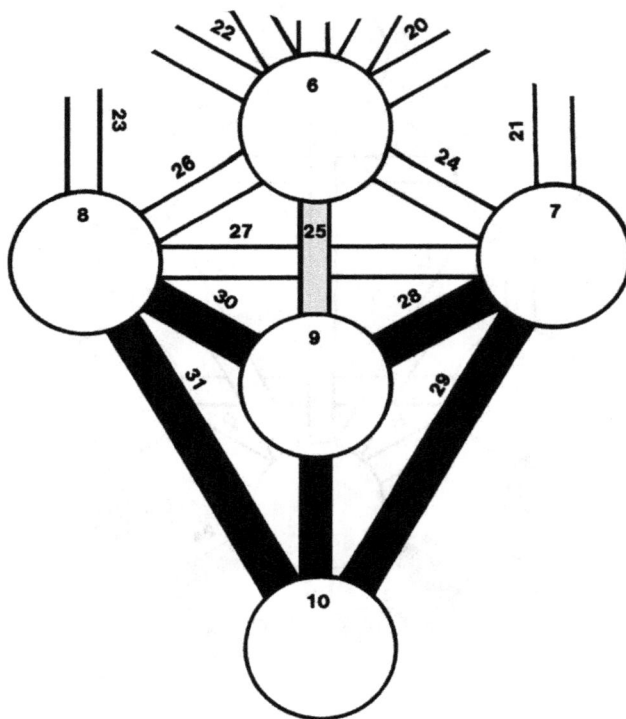

Figura 29: terceiro ciclo. (Em cinza a etapa intermediária entre os dois ciclos)

Figura 30: imagem sintética do *Rosário Kabbalístico* e suas correspondências com o Tarô.

A OBRA DA ROSA DE LUZ

Como já tivemos a ocasião de dizer, a tradição hermética da Rosa-Cruz se enraíza na tradição helenística e através dela, na origem da tradição mediterrânea. Assim, não é raro que palavras ou hinos gregos sejam utilizados por sua potência e sua sacralidade. Esse é o caso desta prática da Rosa de Luz.

O objetivo desta obra é de lhe permitir avançar até o coração da Rosa de Luz e se realizar nela, enquanto ela desabrocha durante sua recitação dos nomes divinos.

A rosa é a representação da alma. Ela representa essa parte divina e sagrada que reside no mais profundo de seu ser. Não é necessário sacralizar sua alma que já o é por sua própria natureza. Não existe aqui nem mortificação nem humilhação. Somente se visa a realização dessa presença divina imanente. É preciso realiza-la e contribuir ao pleno desabrochar dessa rosa de luz. Para isso, todos os excessos deverão ser afastados de sua vida, de tal maneira que seu corpo se torne o suporte sagrado e purificado de sua alma. Compreendamos ainda que não se trata de banir o corpo como o fazem algumas correntes gnósticas, mas de permitir-lhe sentir os prazeres da criação sem estar submisso a qualquer dependência que seja. Nossa liberdade permanece constante e esse desabrochar da alma está obrigatoriamente associado a esse equilíbrio e desabrochar do corpo. É esse o objetivo dessa obra da rosa de luz.

A prática é, portanto, relativamente simples e sua ação será ainda mais profunda.

O começo será igual ao do rosário kabbalistico e prosseguirá da maneira própria a esta prática.

RITO DA ROSA DE LUZ

ABERTURA E ESTABELECIMENTO DOS GUARDIÕES

Pegue o terço com a mão esquerda e segure a medalha da Rosa-Cruz entre o polegar e o indicador de sua mão direita.

Proceda em seguida da mesma maneira para a abertura e estabelecimento dos guardiões que o rito precedente da *Roda Ardente*.

O PRIMEIRO CICLO (LEUKOTHEA)

Pegue a primeira conta de junção (primeira da 1ª série), entre o polegar e o indicador de sua mão direita. Então diga:

Nous Pater, que teu poder ilumine meu ser.

Com sua mão esquerda continuando a segurar a medalha, pegue a primeira conta da primeira dezena entre o polegar e o indicador de sua mão direita. Visualize então a seguinte imagem mágica de *Leukothea*: A grande Deusa está vestida com um peplo branco brilhante. A parte superior das costas está envolta de tal forma que recobre os cabelos. Acima desse véu, ela usa uma faixa de prata ornada com um simples cabochão de berilo. Seu rosto é amendoado com a fronte e maxilar altos. Sua expressão é digna e de grande doçura. Sua mão direita segura a parte superior do cabo de um sagrado machado duplo, perto do metal, e o mesmo não ultrapassa a altura dos ombros. As lâminas são de prata, o cabo de madeira escura. Em sua extremidade está amarrada uma fita escarlate. Ela usa um bracelete em seu punho direito, cujas duas bordas são de ouro espesso. Entre essas bordas e dispostas em ângulo reto em relação a elas, estão engastadas barras finas de pedras variadas: vermelha, verde escuro, negra, branca, amarelo e azul escuro. Sua mão esquerda está erguida, uma gaivota está pousada em sua palma, comas asas abertas.

Então, pronuncie uma vez a palavra sagrada *Leukothea*. Prossiga com a visualização de Leukothea, e proceda da mesma maneira em cada uma das contas da primeira dezena. (A visualização será mantida durante todo esse primeiro ciclo do terço.)

Uma vez na segunda conta de junção, pronuncie de novo:

Nous Pater, que teu poder ilumine meu ser.

Então prossiga para a segunda dezena como fez para a primeira, isto é, pronunciando a palavra sagrada *Leukothea* em cada conta, seguido pela frase que se dirige ao *Nous Pater*.

Continue da mesma maneira para as outras dezenas até o fim deste primeiro ciclo.

O SEGUNDO CICLO (MELANOTHEOS)

Pegue a primeira conta de junção (primeira da 1ª série), entre o polegar e o indicador de sua mão direita. Então diga:

Nous Pater, que teu poder ilumine meu ser.

Suas mãos estão na mesma posição que durante o primeiro ciclo. Visualize então a seguinte imagem mágica de *Melanotheos*: Homem musculoso, mas com silhueta esbelta, jovem e forte. Ele evolui em uma dança selvagem e extática. Sua pele é índigo brilhante. Seus longos cabelos estão entrelaçados com flores de todas as cores. Ele está nu, exceto por um longo pálio de prata envolto em seu braço esquerdo. A vestimenta segue o movimento do Deus, às vezes cobrindo seu corpo, ou flutuando atrás dele, ou ainda se enrolando suavemente ao seu redor. Um crescente de luz prateada está em seus cabelos, a lua ou os cornos de poder.

Então pronuncie uma vez a palavra sagrada *Melanotheos*.

Prossiga a visualização de Melanotheos, procedendo sempre da mesma maneira em cada uma das contas da segunda dezena. (A visualização será mantida durante todo o ciclo do terço.)

Uma vez na segunda conta de junção, pronuncie de novo:

Nous Pater, que teu poder ilumine meu ser.

Depois, prossiga para a segunda dezena como o fez na primeira, isto é, pronunciando em cada conta a palavra sagrada *Melanotheos*, seguida pela frase que se dirige ao *Nous Pater*.

Continue da mesma maneira para as outras dezenas até o fim do segundo ciclo.

O TERCEIRO CICLO (AGATHODAIMON)

Pegue a primeira conta de junção (primeira da 1ª série), entre o polegar e o indicador de sua mão direita. Então diga:

Nous Pater, que teu poder ilumine meu ser.

Suas mãos estão na mesma posição que durante o primeiro ciclo. Visualize então a seguinte imagem mágica de *Agathodaimon*: Agathodaimon é de estatura alta e porte majestoso. Sua face irradia juventude e espiritualidade com uma expressão de resolução altiva, mas seus olhos expressam a compaixão. Seus cabelos são loiros dourados e de comprimento médio encaracolados nas pontas. Uma coroa dourada com doze raios está em sua cabeça. Ele está vestido com um amplo robe branco com brilho multicor. As mangas são largas. Ele também tem uma estola larga e longa estola de verde intenso, bordada com um entrelaçamento de ouro. Está apoiada sobre seus ombros, com o pescoço livre, as extremidades caem à sua frente. Seus pés estão nus.

Então pronuncie uma vez a palavra sagrada *Agathodaimon*. Proceda da mesma maneira em cada uma das contas da terceira dezena. (A visualização será mantida durante todo o ciclo do terço.)

Uma vez na segunda conta de junção, pronuncie de novo:

Nous Pater, que teu poder ilumine meu ser.

Depois, prossiga para a segunda dezena como o fez na primeira, isto é, pronunciando em cada conta a palavra sagrada *Agathodaimon*, seguida pela frase que se dirige ao *Nous Pater*.

Continue da mesma maneira para as outras dezenas até o fim do terceiro ciclo.

Terminados os três ciclos, levante-se e segurando o seu terço na mão esquerda, visualize à sua frente uma imensa rosa vermelha cujo diâmetro interior corresponde à sua altura. Imagine essa rosa, sua cor, seu brilho, seu perfume...

Visualizando o centro da rosa que está à sua frente, faça em seu centro com a ajuda de seu indicador direito, um traço horizontal dourado à sua frente, da esquerda para a direita e na altura de seu peito, enquanto vibra o nome sagrado **Leukothea**,

Proceda da mesma maneira fazendo um traço vertical dourado do alto até em baixo, enquanto vibra a palavra sagrada **Melanotheos**.

Depois, trace um círculo dourado começando pelo alto e prosseguindo no sentido horário, envolvendo a cruz que você acabou de traçar, enquanto vibra a palavra sagrada **Agathodaimon**.

O coração da rosa vai começar a brilhar mais intensamente.

Segure agora os dois braços horizontais da Rosa-Cruz entre os polegares e indicadores e visualize que a rosa que estava à sua frente se desloca em sua direção e o envolve inteiramente. Você se torna o centro dessa rosa que agora preenche totalmente sua aura. Você a sente ao seu redor e sente sua energia tão característica.

Apoie o terço e estenda seus braços na horizontal. Visualize a linha horizontal de luz dourada que o atravessa. Permaneça alguns instantes em silêncio, e depois diga: "Ego Leukothea Eimi".

Relaxe seus braços de tal maneira que eles fiquem ao longo de seu corpo. Visualize a linha vertical de luz dourada que atravessa sua coluna vertebral da cabeça até os pés. Permaneça alguns instantes em silêncio, e depois diga: Ego Melanotheos Eimi".

Coloque suas mãos no centro de seu peito, a palma da mão esquerda sobre a da mão direita, que está em seu peito. Visualize o coração brilhante da rosa na qual você está. Permaneça alguns instantes em silêncio, e depois diga: "Ego Agathodaïmon Eimi".

Finalmente, coloque seu corpo na posição do pentagrama e após alguns instantes de silêncio, diga:

Nous Pater, que teu poder me traga a iluminação!

Feche as pernas e mantenha seus braços na horizontal. Então diga:

Que a rosa de minha alma possa iluminar a cruz de meu corpo!

Descanse as mãos abertas sobre seu peito, a esquerda sobre a direita e diga:

Que assim eu possa ser colocado sob a proteção da Rosa e da Cruz reunidos em meu ser realizado!

Relaxe então suas mãos e as visualizações e apague a vela dizendo:

Que esta luz seja oculta em segredo e continue a brilhar no íntimo de meu ser.

Permaneça um momento em relaxamento ou meditação.

A OBRA DOS NOVE COROS

INTRODUÇÃO E HISTÓRICO

A obra dos nove coros angélicos é representada pelo Terço chamado de São Miguel. Esse é outro bom exemplo da assimilação e da transposição kabbalistica de uma prática religiosa popular. De acordo com os textos da Igreja, foi em 1751, que o Arcanjo São Miguel protetor da Igreja apareceu, em Portugal, a uma religiosa carmelita muito devota a seu culto, Antonia d'Astonac. "Eu quero, lhe diz São Miguel, que repitas nove vezes em minha honra, um Pater e três Ave, em união com cada um dos nove coros de Anjos. Tu terminarás essas nove saudações por quatro Paters, sendo o primeiro em minha honra, o segundo em honra de São Gabriel; o terceiro de São Rafael; e o último, ao Anjo guardião. " Ele promete, em compensação, que quem quer que lhe cultuasse teria, ao se colocar na santa Mesa, um cortejo de nove Anjos escolhidos nos nove coros. Além disso, para a recitação diária desse terço, ele promete sua assistência e a dos santos Anjos durante toda a vida, e, após a morte, a libertação do purgatório para si e para seus parentes. Isso é o que se encontra relatado na vida da santa, no livro dois, capítulo 74. Sabe-se que a Igreja católica convida seus fiéis a orar regularmente para o Arcanjo São Miguel que ela considera como seu poderoso protetor. A Igreja também estabeleceu duas festas em sua honra: em 8 de maio e 29 de setembro. A partir dessa revelação, o Terço chamado de São Miguel foi materialmente concebido e rapidamente se tornou o objeto de piedade popular, sem, todavia, ultrapassar a do Terço ligado aos Mistérios do Cristo. Uma arquiconfraria de São Miguel foi fundada no Monte Saint-Michel na França.

Para os kabbalistas cristãos uma revelação desse tipo é significativa. Com efeito, é imediatamente aparente que esse terço se baseia em uma estrutura de um simbolismo muito profundo e antigo. Essa apresentação baseada no número nove e as hierarquias angelicais que lhe são associadas, remonta à representação hermetista do mundo. Mais tarde, o cristianismo substituiu os planetas pelas hierarquias angelicais, conservando secretamente o simbolismo original.

As hierarquias que são escolhidas para este exercício espiritual implicam, portanto, em múltiplas referências nas tradições pré-cristãs e na dos Patriarcas da Igreja. A sucessão dos diferentes coros de anjos é uma questão debatida desde os tempos antigos, sobre a qual os próprios Patriarcas não chegaram a um acordo absoluto sobre seu número. É por isso que diferentes correntes e Ordens iniciáticas perpetuaram várias classificações. Sem entrar em detalhes, dizemos simplesmente que a que nós utilizamos aqui é baseada na árvore sephirotica da Kabbalah.

Conscientes de nossa situação como seres humanos, filhos e filhas da terra e dos céus, essa jornada meditativa interior nos permite subir essa escada mística nos harmonizando com cada um desses planos. É a mesma coisa para um trabalho interior descendente através do qual as forças divinas serão concentradas em nós. É por essa razão, entre outras, que as visualizações durante as invocações podem ser ligeiramente diferentes das que se pode encontrar aqui ou ali.

Descrição física do terço:
É constituído por nove séries de três contas separadas por uma conta isolada. A parte na qual a medalha está suspensa, tem quatro contas. A medalha tem a representação simbólica da esfera de Malkuth. As cores das contas exibem as cores kabbalisticas tradicionais.

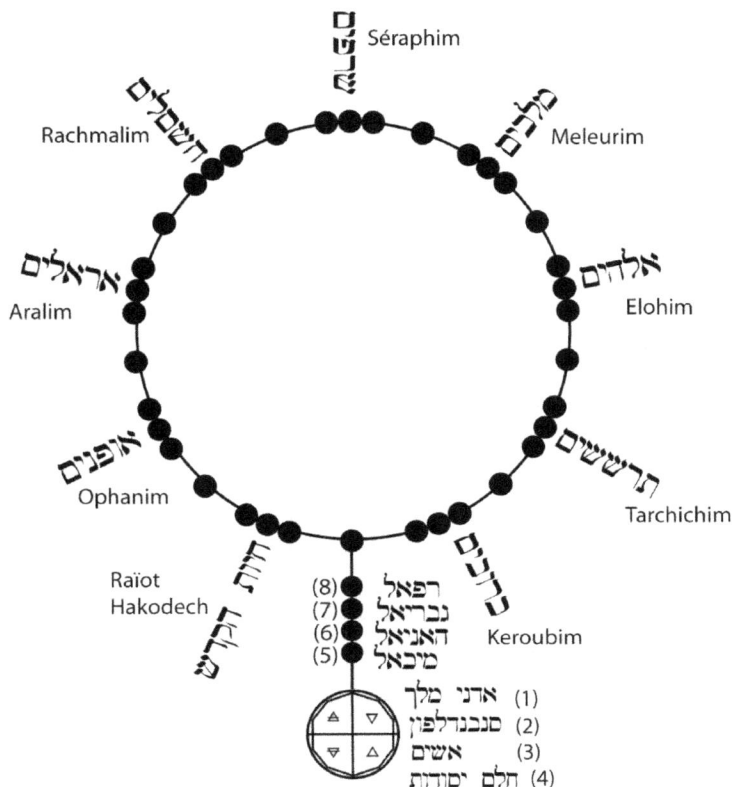

Figure 31: imagem sintética da *obra dos nove coros* angelicais.

1. Adonaï Meleur - 2. Sandalphon - 3. Achim - 4. Releum Iéssodot
5. Mikael - 6. Haniel - 7. Gabriel - 8. Raphael

COMENTÁRIO SOBRE AS HIERARQUIAS ANGELICAIS

OS QUATRO ANJOS

DESCRIÇÃO	COMENTÁRIOS
Miguel é um anjo com duas asas brancas imaculadas, vestido com uma	**Mikael.** Leste

túnica de cor branca dourada, pisando o dragão e segurando uma palma e um estandarte branco com uma cruz vermelha.	Amanhecer – metade do dia Miguel é o chefe da milícia celeste. Seu nome significa « que é como Deus? ».

DESCRIÇÃO	COMENTÁRIOS
Uriel é um anjo com duas asas brancas imaculadas, vestido com uma longa túnica de cor rosa, segurando rosas brancas em seus braços.	**Haniel.** Crepúsculo – meio da noite É frequentemente associado a tudo o que se relaciona com a atividade intelectual. Entrar em contato com Haniel.

DESCRIÇÃO	COMENTÁRIOS
Gabriel é um anjo com duas asas brancas imaculadas, vestido com uma longa túnica cor branca-azulada, segurando uma lâmpada vermelho rubi acesa em suas duas mãos.	**Gabriel.** Oeste Meio da noite – Amanhecer Também é chefe da milícia celeste. Está ligado à noção de conhecimento e de heroísmo.

DESCRIÇÃO	COMENTÁRIOS
Rafael é um anjo com duas asas brancas imaculadas, vestido com uma longa túnica de cor verde acinzentada, segurando um pyxide com uma mão, e a outra conduzindo uma criança carregando um grande peixe.	**Rafael.** Norte Meio do dia - noite É o anjo da cura e da purificação.

A HIERARQUIA DOS ARCANJOS

O divino

```
Os Raiot Hakodech
Os Ophanim
Os Aralim
Os Rachmalim
Os Serafim
Os Meleurim
Os Elohim
Os Tarchichim
Os Querubim

O homem
```

RAIOT HAKODECH - OS SANTOS SERES VIVOS

A descrição: Veja a descrição na seguinte prática: *Descida do influxo celeste – A descida da luz*.
Cor: Branco cintilante.
Comentários:
Este coro representa o mais alto nível que é possível atingir no mundo celeste.
Acima, se encontra a visão do que está sentado em um trono de Lapis Lazuli tem « a aparência da imagem de um homem », « a imagem da aparência da glória do Senhor ».
Eles dão e repartem o princípio da vida universal que permite aos homens avançar até a unidade divina. Eles oferecem ao Homem o calor interior do amor divino.
Esses « Santos Seres Vivos » correspondem ao tetramorfo da visão descrita por Ezequiel, imagem constituída pelo leão, o touro, a águia e o homem. Cada um está relacionado a um elemento específico (leão = fogo, touro = terra, águia = ar, homem = água).
As fontes bíblicas: Ezequiel 1:4-14.

OPHANIM - AS RODAS

A descrição: Veja a descrição na seguinte prática: *Descida do influxo celeste – A descida da luz*.
Cor: Azul escuro ondulante.
Comentários:

Os anjos da segunda ordem também são chamados as « Rodas » e « os Seres de múltiplos olhos ». Eles são considerados como os anjos da Justiça e levam as decisões de Deus.

Seu papel consiste em equilibrar e regularizar as forças do caos. Eles dão ao homem a luz do pensamento, a força da sabedoria. Eles dão as imagens pelas quais podemos visualizar as potências celestes.

As fontes bíblicas: Ezequiel 1:15-21.

ARALIM – OS TRONOS

A descrição: Veja a descrição na seguinte prática: *Descida do influxo celeste – A descida da luz.*

Cor: Marrom avermelhado suave.

Comentários:

Eles mantêm na matéria sutil as formas e a ordem original estabelecida pelos Ofanim. Eles dão a força de se reunir, se juntar. Como escreveu Dionísio o areopagita « Quanto ao nome dos Tronos muito sublimes e muito luminosos, indica a total ausência neles de qualquer concessão aos bens inferiores, essa tendência continua os picos que marcam bem que eles não são deste mundo, sua indefectível aversão ao olhar de qualquer baixeza, a tensão de toda sua potência para se manter de maneira firme e constante com Aquele que é verdadeiramente o Altíssimo, sua aptidão a receber em total impassibilidade, distante de qualquer corrupção material, todas as visitas da Tearquia, o privilégio que eles têm de servir de assentos a Deus e seu zelo vigilante a se abrir aos dons divinos. »

RACHMALIM – OS SERES BRILHANTES – OS RAIOS

A descrição: Veja a descrição na seguinte prática: *Descida do influxo celeste – A descida da luz.*

Cor: Azul roial claro.

Comentários:

Eles são uma fonte de energia, de poder e de luz que dá ao homem a força interior que lhe permite vencer seus inimigos interiores e chegar ao objetivo fixado. Eles são a fonte de proteção. A palavra « Rachmal » pode significar « cobre polido ». A sílaba « mal », não se limita ao sentido de « suave, flexível », mas também a « liso, luminoso ». A imagem fornecida é, portanto, a de cobre, flexível, suave, liso e luminoso e tudo o que se aproxima das qualidades do ouro. Daí a ideia mais solar dos « Seres brilhantes ». Em um dos textos da Kabbalah

(Berechit Raba) nós lemos que o rio Dinur (o rio ardente) foi criado pelo suor dos Rachmalim que transpiram porque carregam o trono de Deus. » Essa é uma imagem desses anjos que carregam a carruagem solar.

As fontes bíblicas: Ezequiel 1:3-4; Ezequiel 1:26-27; Ezequiel 8:2.

SERAFIM – OS SERES ARDENTES, AS SERPENTES DE FOGO

A descrição: Veja a descrição na seguinte prática: *Descida do influxo celeste – A descida da luz.*

Cor:

Vermelho quente.

Comentários:

Esses anjos são habitualmente descritos na forma de serpentes de fogo aladas ou qualquer representação de uma chama viva brilhante.

Os serafins produzem os quatro elementos sutis: Fogo, Ar, Água e Terra. Eles oferecem suporte ao homem contra os inimigos exteriores de seu corpo físico.

Eles são os Anjos do Amor, Luz e Fogo. Muitos Serafins voam acima do trono de Deus, cantando incessantemente seus louvores. Eles também são chamados « os Seres Ardentes » ou « as serpentes de fogo » porque estão inflamados de amor. No Antigo Testamento, Isaías 6 explica que os Serafins têm « seis asas; duas que cobrem as faces, duas que cobrem os pés, e duas usadas para voar. »

As fontes bíblicas:

Isaías 6: 1-7 « No ano da morte do rei Ozias, eu vi o Senhor sentado em um trono muito elevado, e as abas de sua túnica preenchiam o templo.

Os serafins estavam acima dele; cada um deles tinha seis asas; duas das quais lhes cobriam a face, duas cobriam os pés, e duas serviam para voar. Eles clamavam uns aos outros, dizendo: « Santo, santo, santo é o Eterno dos exércitos! Toda a terra está cheia de sua glória" ». As portas estremeceram em suas bases pela voz que ressoava, e a casa se encheu de fumaça.

Então eu disse: Ai de mim! Estou perdido, pois sou um homem cujos lábios são impuros, eu resido entre pessoas cujos lábios são impuros, e meus olhos viram o Rei, o Eterno dos exércitos. Mas um dos serafins voa em minha direção, tendo nas mãos uma pedra ardente, que ele havia tirado do altar com uma pinça. Ele toca minha boca, e diz: Isto tocou teus lábios; tua iniquidade está afastada, e teu pecado está expiado. »

Números 21:6 « Então o Eterno enviou contra o povo serpentes ardentes; elas morderam o povo, e morreram muitas pessoas em Israel. »

Deuteronômio 8:14-15 « Cuide para que teu coração não se orgulhe, e que não esqueças o Eterno, teu Deus, que te fez sair do país do Egito, da casa da servidão, que te fez caminhar por esse grande e medonho deserto, onde existem serpente ardentes e escorpiões. »

MELEURIM – OS REIS, AQUELES QUE ESTÃO SOB O SOL

A descrição: Veja a descrição na seguinte prática: *Descida do influxo celeste – A descida da luz.*

Cor: Amarelo ouro pálido.

Comentários:

Esse é o nome habitualmente utilizado na Kabbalah para designar os anjos. Eles são a origem do reino mineral, metais, pedras preciosas. Eles dão a força para superar as Potências da mentira e concedem recompensas ao homem pelos seus esforços durante a vida terrestre.

TARCHICHIM OU ELOHIM – OS CRISÓLITOS – OS DEUSES

A descrição: Veja a descrição na seguinte prática: *Descida do influxo celeste – A descida da luz.*

Cor: Turquesa claro.

Comentários:

Eles são a origem do reino vegetal. Eles permitem ao homem dominar todas as coisas vivas.

Eles têm um papel determinante no triunfo das forças da vida. Esses anjos têm esse nome por causa de seu aspecto que parece uma luz vede amarelada. Eles concedem ao homem o poder sobre as coisas.

As fontes bíblicas:

Daniel 10:5-7 « Eu levantei os olhos, eu vi, e eis, havia um homem vestido de linho, e tinha a cintura cingida com ouro de Ufaz.

Seu corpo era como o crisólito, sua face brilhava como o relâmpago, seus olhos como chamas de fogo, seus braços e seus pés pareciam com bronze polido, e o som de sua voz era como o ruído de uma multidão.

Só eu, Daniel, tive essa visão, e os homens que estavam comigo não viram nada, mas eles foram tomados por um grande susto, e fugiram para se esconder. »

OS BNEI ELOHIM – OS FILHOS DOS DEUSES, OS MARES

A descrição: Veja a descrição na seguinte prática: *Descida do influxo celeste – A descida da luz.*
Cor: Damasco claro.
Comentários:
Eles são a origem do reino animal e permitem aos homens de domina-los por sua natureza.
As fontes bíblicas:
Gênesis 6:2 « os filhos de Deus viram que a filhas dos homens eram belas, e tomaram por esposas entre todas as que escolheram. »
Jó 2:1 « Os filhos de Deus vieram num dia se apresentar diante do Eterno, e Satã também veio com eles para se apresentar diante do Eterno. »
Mateus 5:9 « Felizes os que procuram a paz, pois serão chamados filhos de Deus! »
João 1:49 « Nathanael respondeu e lhe disse: Mestre, tu és o Filho de Deus, tu és o rei de Israel. »
João 5:25 « Em verdade, em verdade vos digo, está chegando a hora, e já chegou a hora em que os mortos ouvirão a voz do Filho de Deus; e aqueles que ouvirem, viverão. »

QUERUBIM – OS SERES PODEROSOS, OS VIGILANTES

A descrição: Veja a descrição na seguinte prática: *Descida do influxo celeste – A descida da luz.*
Cor: Lavanda
Comentários:
Eles dirigem a gênese dos homens e os guiam para a vida eterna. Eles anunciam a palavra divina. Seus nomes significam: « a sabedoria », « os que oram ». Os querubins são os primeiros Anjos mencionados na Bíblia quando dois deles, armados com espadas flamejantes, são colocados por Deus para guardar as portas do jardim do Éden. Os querubins são também conhecidos como os guardiões do paraíso. Eles nunca são descritos como os pequenos anjos sentados nas nuvens, mas como tendo quatro asas. Dizem que, na sala do trono eles estão de pé junto do Trono de Deus. Eles também são descritos como os guardiões da arca da aliança. Eles estão dos dois lados da arca e Deus se manifesta entre eles.
As fontes bíblicas:

Gênesis 3: 24 « É assim que o Eterno Deus expulsa Adão; e ele colocou no oriente do jardim do Éden os querubins que agitam uma espada flamejante, para guardar o caminho da árvore da vida. »

Êxodo 25:18-22 « Tu farás dois querubins de ouro, tu os farás de ouro batido, nas duas extremidades do propiciatório.

Faze um querubim em uma das extremidades e um querubim na outra extremidade. Farás os querubins saindo do propiciatório em suas duas extremidades.

Os querubins estenderão suas asas por cima, cobrindo com suas asas o propiciatório, e ficando de frente um para o outro; os querubins terão sua face voltada para o propiciatório.

Ali eu me encontrarei contigo. Do alto do propiciatório, entre os dois querubins colocados sobre a arca do testemunho, eu te darei todas as minhas ordens para os filhos de Israel. »

ELEMENTOS PRÁTICOS

Com base nessa estrutura, compreendemos que existem duas possibilidades. A primeira nos permite nos elevarmos ao plano divino, e a segunda invoca a descida das potências celestes.

De acordo com isso, você poderá considerar duas práticas essenciais de acordo com o objetivo procurado. Essas duas técnicas condicionarão a sucessão e o número de suas orações.

1- Um único terço, no sentido da descida do influxo divino.

2- Um único terço, no sentido da elevação da alma.

1- PRÁTICA DA DESCIDA DO INFLUXO CELESTE

A FUNDAÇÃO

Pegue o terço com a mão esquerda e segure a medalha da fundação entre o polegar e o indicador de sua mão direita. Feche os olhos por alguns minutos e relaxe. Aqui você pode estar de pé ou sentado.

Tome consciência de seu corpo, de seus pés, do contato deles com o solo. Sua respiração é lenta e profunda, e você vai se descontraindo progressivamente. Torne-se consciente de seu corpo, do que ouve, dos odores que percebe. Tornando-se assim cada vez mais consciente de seu próprio ser, seus pensamentos parasitas desaparecem naturalmente sem que precise se preocupar.

Em seguida, imagine que você está no centro de um duplo círculo. O lugar é calmo e agradável. Ao seu redor, o ar é claro e nítido. Olhando mentalmente ao seu redor, observe que o duplo círculo está no centro de uma esfera na qual você se encontra. Levantando a cabeça, você vê que essa esfera está preenchida pelas sete cores do arco-íris. Essas sete cores brilham e cintilam tranquilamente ao seu redor. Quer você esteja de pé ou não, visualize que você está no centro desse espaço.

Depois, vibre os seguintes nomes místicos:

Relem Iesodot

Achim

Sandalphon

Adonai Meleur

Permaneça em silêncio por alguns instantes simplesmente sentindo a presença das potências divinas da esfera de Malkuth na qual você se encontra.

Em seguida, imagine que você levanta sua cabeça olhando para o mais alto dos céus na vertical do duplo círculo no qual você está.

Acima de você, a alguma distância, se encontra uma esfera de cor violeta. Concentrando-se nela, vibre: **Chadai El Rai**

Agora, a luz de cor violeta o envolve.

Mantendo seu olhar voltado para o alto, você percebe acima de você e a uma certa distância, uma esfera de cor amarela. Imagine que você se eleva rapidamente até ela, mas não a atinge imediatamente.

O ESTABELECIMENTO DOS GUARDIÕES

1ª conta:

Desloque seu indicador e polegar da mão direita até a primeira conta. Tome consciência à sua esquerda de uma luz de cor damasco claro. Dentro dessa cor, visualize um anjo com duas asas brancas imaculadas, vestindo uma longa túnica de cor branca dourada, apoiado em um dragão e segurando uma palma e um estandarte branco com uma cruz vermelha.

Concentrando-se então nessa personagem (ver a descrição anterior), vibre então o nome angélico **Mikael**

2ª conta:

Desloque seu indicador e polegar da mão direita até a segunda conta. Tome consciência, à sua direita, de uma luz de cor turquesa claro. Dentro dessa cor, visualize um anjo com duas asas brancas imaculadas, vestindo uma longa túnica de cor rosa, carregando rosas brancas em seus braços.

Concentrando-se então nessa personagem (ver a descrição anterior), vibre então o nome angélico **Haniel**

3ª conta:

Desloque seu indicador e polegar da mão direita até a terceira conta. Tome consciência abaixo de você de uma luz de cor lavanda. Dentro dessa cor, visualize um anjo com duas asas brancas imaculadas, vestindo uma longa túnica de cor branca azulada, carregando uma lanterna vermelho rubi.

Concentrando-se então nessa personagem (ver a descrição anterior), vibre então o nome angélico **Gabriel**

4ª conta:

Desloque seu indicador e polegar da mão direita até a quarta conta. Tome consciência abaixo de você de uma luz de cor amarela. Dentro dessa cor, visualize um anjo com duas asas brancas imaculadas, vestindo uma longa túnica de cor verde acinzentada, carregando uma pyxide em uma mão, e a outra segurando uma criança que segura um grande peixe.

Concentrando-se então nessa personagem (ver a descrição anterior), vibre então o nome angélico **Raphael**.

A ASCENSÃO

Acima de você e a uma certa distância se encontra uma esfera de cor amarela. Imagine que você se torna leve e que se eleva até essa esfera.

Imagine que você está envolvido por essa pura luz amarela. Consciente dessa luz, vibre o nome divino: **Raphael**

Permaneça alguns instantes em silêncio, percebendo a intensidade dessa cor.

Em seguida, visualize acima de você e a alguma distância uma esfera de puro brilho, impossível de descrever com palavras humanas. Imagine que você se torna leve e que se eleva até ela.

Imagine que você está no interior desse puro brilho.

Acima de você se encontram três véus ondulantes. Para além desses véus você percebe uma luz espiritual. Dirija-se a esses níveis de consciência pelas seguintes palavras:

Eu .... invoco o poder espiritual na origem de todas as coisas. Fogo Sagrado, alma do universo, princípio Eterno do mundo e dos Seres, escute minha palavra.

Meu desejo é puro e eu aspiro à iluminação de meu ser para que o trabalho de minha realização seja cumprido.

Que eu possa enviar neste instante um raio de tua divina potência para que cada coro angelical usufrua de teu influxo e me assista nessa obra de realização de meu ser.

Que assim seja!

Vibre então os seguintes nomes divinos:

Eieh:

Metatron:

Em seguida, prossiga pela invocação dos coros angélicos de acordo com o texto seguinte.

A DESCIDA DA LUZ (OS COROS ANGÉLICOS)

1º Raiot Hakodech – *Os Santos Seres Vivos*:

Pegue a primeira conta de junção, (a primeira da série) entre o polegar e o indicador de sua mão direita. Respire tranquilamente e construa mentalmente por alguns instantes, a representação simbólica desta esfera.

A descrição:

Quatro fogos elevados o envolvem. No Leste (à sua frente) se encontra o amarelo, no Sul (à sua direita) o vermelho, no Oeste (atrás de você) o branco, no Norte (à sua esquerda) o preto.

Desses fogos nascem as quatro imagens dos « Santos Seres Vivos »: à sua frente a águia, à direita o leão, atrás o homem vestido de branco e à sua esquerda o touro. Desses Seres irradia uma potência divina e serena. Sua energia e sua luz o tocam e penetram. Um ruído o envolve e atravessa. Assemelha-se ao som da água ou asas de insetos. Seu ser está totalmente preenchido de força.

Sempre tendo a primeira conta de junção, (primeira da série) entre o polegar e o indicador da mão direita, diga:

Ó Raiot Hakodech (pronuncie simplesmente o nome divino sem vibrá-lo) eu vos invoco! Que a manifestação de vossa presença faça aumentar em mim a virtude da caridade!

Em seguida, visualize que uma cor branca cintilante o envolve.

Pegue em seguida a 1ª das contas que constitui a primeira série entre o polegar e o indicador de sua mão direita e vibre o nome divino: **Raiot Hakodech.**

Sempre mantendo a cor em sua consciência, pegue a 2ª das contas que constitui a primeira série entre o polegar e o indicador de sua mão direita e vibre pela segunda vez o nome divino: **Raiot Hakodech**.

Proceda da mesma maneira para a 3ª das que constitui a primeira série entre o polegar e o indicador de sua mão direita e vibre pela terceira vez o nome divino: **Raiot Hakodech**.

2° Ophanim – *as Rodas*:

Pegue a conta isolada que vem em seguida à primeira série de contas (a primeira da segunda série entre o polegar e o indicador de sua mão direita. Respire tranquilamente e construa mentalmente por alguns instantes, a representação simbólica desta esfera.

A descrição:

Imensas rodas de fogo cheias de olhos, envolvem o trono de Deus. Sua cor se assemelha com cobre polido. Elas giram sobre si mesmas e chamas escapam de sua circunferência emitindo um assobio característico. Uma voz é onipresente e parece que nos fala do interior. Um sopro quente, se espelha pelo ar como ondas de calor. Acima resplandece um firmamento que tem a aparência de um cristal. Atrás, e maior que as rodas, resplandecem seres vestidos de branco, e parecem envolver as rodas com suas grandes asas. Duas envolvem seu corpo e as outras duas pendem naturalmente nas costas.

Sempre tendo a conta isolada que segue a primeira série de contas (a conta que precede a 2ª série) entre o polegar e o indicador de sua mão direita, diga:

Ó Ophanim (pronuncie simplesmente o nome divino sem vibrá-lo) eu vos invoco! Que a manifestação de vossa presença inflame meu ser e me ajude a destruir os vícios e cultivar as virtudes!

Depois, visualize que uma cor azul escuro ondulante o envolve.

Nas três contas que constituem esta série, vibre o nome divino: **Ophanim**.

3° Aralim – *Os Tronos*:

Pegue a conta isolada seguinte (a conta que precede a terceira série) entre o polegar e o indicador de sua mão direita. Respire tranquilamente e construa mentalmente por alguns instantes, a representação simbólica desta esfera.

A descrição:

Seres da cor do granito cinza, filiformes, com face alongada estão sentados nos tronos de mesma natureza. Todos velam silenciosamente e dão uma impressão de imensa serenidade. O silêncio reina em toda a cena.

Sempre tendo a conta isolada que segue a segunda série de contas (a conta que precede a 3ª série) entre o polegar e o indicador de sua mão direita, diga:

Ó Aralim (pronuncie simplesmente o nome divino sem vibrá-lo) eu vos invoco! Que a manifestação de vossa presença inflame meu ser e me ajude a construir o espírito da verdadeira e sincera amizade!

Depois, visualize que uma cor marrom avermelhado suave o envolve.

Nas três contas que constituem esta série, vibre o nome divino: **Aralim**.

4º Rachmalim – Os Seres Brilhantes – Os Raios:

Pegue a conta isolada seguinte (a conta que precede a quarta série) entre o polegar e o indicador de sua mão direita. Respire tranquilamente e construa mentalmente por alguns instantes, a representação simbólica desta esfera.

A descrição:

Eles usam longa túnicas que atingem seus pés. Sua cintura está envolvida por um cinturão de ouro e seus pés estão calçados com sandálias verdes. Eles carregam na mão direita um bastão dourado lançando raios e na mão esquerda o selo divino. Em outros momentos, eles seguram um orbe dourado ou um cetro. O solo no qual estão é feito de ardósia e tem muitos sinais simbólicos de cor clara.

Sempre tendo a conta isolada que segue a terceira série de contas (a conta que precede a 4ª série) entre o polegar e o indicador de sua mão direita, diga:

Ó Rachmalim (pronuncie simplesmente o nome divino sem vibrá-lo) eu vos invoco! Que a manifestação de vossa presença inflame meu ser e me ajude a encontrar o equilíbrio justo entre o mundo e meu ser!

Depois, visualize que uma cor azul real claro o envolve.

Nas três contas que constituem esta série, vibre o nome divino: **Rachmalim**.

5° Serafim – Os Seres Ardentes, as Serpente de fogo:

Pegue a conta isolada seguinte (a conta que precede a quinta série) entre o polegar e o indicador de sua mão direita. Respire tranquilamente e construa mentalmente por alguns instantes, a representação simbólica desta esfera.

A descrição:

O lugar resplandece com uma luz branca incandescente. Os Serafins, os «Seres Ardentes» voam acima do trono de Deus, cantando incessantemente seus louvores. Esse canto inunda esse lugar divino e nos atravessa por todas as partes. Suas seis asas resplandecem com mil cores. Duas cobrem a face, duas cobrem os pés e duas os carregam em seu voo. Seu corpo é uma pura corrente de luz que ondula como o corpo de uma serpente. Ele lança chamas e toda a atmosfera fica aquecida por essa presença. Eles carregam um bastão de cobre polido em sua mão direita.

Sempre tendo a conta isolada que segue a quarta série de contas (a conta que precede a 5ª série) entre o polegar e o indicador de sua mão direita, diga:

Ó Serafim (pronuncie simplesmente o nome divino sem vibrá-lo) eu vos invoco! Que a manifestação de vossa presença inflame meu ser e me ajude a encontrar a paz interior!

Depois, visualize que uma cor vermelha ardente o envolve.

Nas três contas que constituem esta série, vibre o nome divino: **Serafim**.

6° Meleurim – Os Reis, Os que estão sob o sol:

Pegue a conta isolada seguinte (a conta que precede a sexta série) entre o polegar e o indicador de sua mão direita. Respire tranquilamente e construa mentalmente por alguns instantes, a representação simbólica desta esfera.

A descrição:

Sete tronos de ouro formam um semicírculo sobre uma rocha de cor ocre em um espaço aparentemente desértico. Vários degraus permitem o acesso. O céu é azul muito claro atravessado por raios resplandecentes que brotam das coroas dos reis. Cada rei tem uma taça de cristal que contém um líquido de cor púrpura.

Sempre tendo a conta isolada que segue a quinta série de contas (a conta que precede a 6ª série) entre o polegar e o indicador de sua mão direita, diga:

> *Ó Meleurim (pronuncie simplesmente o nome divino sem vibrá-lo) eu vos invoco! Que a manifestação de vossa presença inflame meu ser e me ajude a encontrar a libertação interior!*

Depois, visualize que uma cor amarela dourada pálida o envolve.

Nas três contas que constituem esta série, vibre o nome divino: **Meleurim**.

7° Elohim – *Os Deuses*:

Pegue a conta isolada seguinte (a conta que precede a sétima série) entre o polegar e o indicador de sua mão direita. Respire tranquilamente e construa mentalmente por alguns instantes, a representação simbólica desta esfera.

A descrição:

Vários seres vestidos com linho branco estão sobre o topo de uma colina verdejante. O céu de um azul claro intenso envolve essa cena. Sua face de cor dourada brilha vivamente e seus olhos parecem lançar chamas de fogo. Do lugar em que nos encontramos, esses seres parecem sóis brilhantes.

Sempre tendo a conta isolada que segue a sexta série de contas (a conta que precede a 7ª série) entre o polegar e o indicador de sua mão direita, diga:

> *Ó Elohim (pronuncie simplesmente o nome divino sem vibrá-lo) eu vos invoco! Que a manifestação de vossa presença inflame meu ser e me ajude a descobrir e realizar minha obra interior!*

Depois, visualize que uma cor turquesa clara o envolve.

Nas três contas que constituem esta série, vibre o nome divino: **Elohim**.

8° Tarchichim ou *Os Crisólitas*:

Pegue a conta isolada seguinte (a conta que precede a oitava série) entre o polegar e o indicador de sua mão direita. Respire tranquilamente e construa mentalmente por alguns instantes, a representação simbólica desta esfera.

A descrição:
Diante de nós está um mar escuro acima do qual distinguimos uma abóboda estrelada. Faíscas de fogo tornam iridescentes as constantes ondas. Cada um de seus movimentos é acompanhado por um som, por uma voz que parece se afastar, e depois se aproximar de nós.

Sempre tendo a conta isolada que segue a sétima série de contas (a conta que precede a 8ª série) entre o polegar e o indicador de sua mão direita, diga:

Ó Tarchichim (*pronuncie simplesmente o nome divino sem vibrá-lo) eu vos invoco! Que a manifestação de vossa presença inflame meu ser e me ajude a manter a minha honestidade moral indefectível!*

Depois, visualize que uma cor damasco claro o envolve.
Nas três contas que constituem esta série, vibre o nome divino: **Tarchichim.**

9° Querubim – Os Seres poderosos, os Vigilantes:

Pegue a conta isolada seguinte (a conta que precede a nona série) entre o polegar e o indicador de sua mão direita. Respire tranquilamente e construa mentalmente por alguns instantes, a representação simbólica desta esfera.

A descrição:
Diante de nós está o jardim do Éden. Armados com a espada flamejante, os querubins com quatro asas guardam a entrada. Ninguém pode acessar esse lugar sem ser submetido ao interrogatório dos dois guardiões. Acima, distante na luz brilhante do céu, outros querubins envolvem o trono de Deus.

Sempre tendo a conta isolada que segue a oitava série de contas (a conta que precede a 9ª série) entre o polegar e o indicador de sua mão direita, diga:

Ó Querubim (*pronuncie simplesmente o nome divino sem vibrá-lo) eu vos invoco! Que a manifestação de vossa presença inflame meu ser e o envolva com uma proteção benéfica!*

Depois, visualize que uma cor lavanda o envolve.

Nas três contas que constituem esta série, vibre o nome divino: **Querubim**.

ENCERRAMENTO

Pegue o terço com a mão esquerda e segure a medalha entre o polegar e o indicador de sua mão direita. Feche os olhos por alguns minutos e relaxe.

Em seguida, imagine que você está acima do centro de um círculo duplo, a esfera de Malkuth. O lugar é calmo e agradável. Imagine que você penetra nessa esfera e está de pé no centro desse espaço. Essa dupla esfera está preenchida pelas sete cores do arco-íris. Essas sete cores cintilam e brilham tranquilamente ao seu redor.

Vibre em seguida os seguintes nomes místicos:

Adonai Meleur

Sandalphon

Achim

Relem Iesodot

Permaneça em silêncio por alguns instantes simplesmente sentindo a presença das potências divinas da esfera de Malkuth na qual você está.

O ESTABELECIMENTO DA OBRA

Apoie o terço, em seguida cruze seus braços sobre o peito, o antebraço esquerdo sobre o antebraço direito de tal maneira que a ponta de seus dedos esteja sobre as clavículas e, portanto, o cruzamento de seus antebraços esteja colocado no centro de seu peito.

Permaneça alguns instantes em silêncio nessa posição, e depois diga:

O que foi realizado, está em mim e permanece!

Relaxe os braços e diga:

O rito foi realizado!

Em seguida apague a vela dizendo:

Que esta luz seja oculta em segredo e continue a brilhar no íntimo de meu ser.

2- Prática da ascensão dos coros angélicos

ABERTURA

Pegue o terço com sua mão esquerda e segure a medalha da Rosa-Cruz entre o polegar e o indicador de sua mão direita.

Em seguida, prossiga da mesma maneira para a abertura como no rito precedente.

O ESTABELECIMENTO DOS GUARDIÕES

1ª conta:

Deslize a medalha da fundação entre seu polegar e indicador da mão esquerda. Depois, coloque seu indicador e polegar da mão direita na primeira conta. Mantenha em sua consciência as sete cores que você já percebeu. Banhado por essa luz vibre em seguida o nome **Relem Iesodot.**

2ª conta:

Mantendo sua mão esquerda na mesma posição, desloque seu indicador e polegar da mão direita para a segunda conta. Tome consciência de que agora você está envolvido pelas seguintes diferentes cores: limão, oliva, vermelho, negro salpicado de dourado. Banhado por essa luz vibre em seguida o nome **Achim.**

3ª conta:

Mantendo sua mão esquerda na mesma posição, desloque seu indicador e polegar da mão direita para a terceira conta. Tome consciência de que agora você está envolvido pelas seguintes diferentes cores: limão, oliva, vermelho, negro. Banhado por essa luz vibre em seguida o nome **Sandalphon.**

4ª conta:

Mantendo sua mão esquerda na mesma posição, desloque seu indicador e polegar da mão direita para a terceira conta. Tome consciência de que agora você está envolvido pela cor violeta acastanhado. Banhado por essa luz vibre em seguida o nome **Adonai Meleur.**

Permaneça em silêncio por alguns instantes simplesmente sentindo a presença das potências divinas da esfera de Malkuth na qual você está.

A ASCENSÃO

Em seguida, imagine que você levanta sua cabeça olhando para o céu na vertical do círculo duplo no qual você está.

1º Querubim – Os Seres poderosos, os Vigilantes:

Pegue a primeira conta de junção, (primeira da série) entre o polegar e o indicador de sua mão direita.

Visualize acima de você a alguma distância, uma esfera de cor lavanda.

Respire tranquilamente, e em seguida, vibre o nome divino: **Iavé Elohim**

Durante a pronunciação dessa palavra imagine que você se eleva, e se encontra no centro dessa esfera de cor lavanda.

Vibre então o nome divino: **Levanah**. A cor se intensifica durante essa pronunciação.

Respire tranquilamente e construa mentalmente por alguns instantes, a representação simbólica dessa esfera. (Veja a descrição na prática anterior: *Prática da descida do influxo celeste.*)

Sempre segurando a primeira conta de junção, (primeira da série) entre o polegar e o indicador de sua mão direita, diga:

> *Ó Querubim* (simplesmente pronuncie o nome divino sem vibrá-lo) *eu vos invoco! Que a manifestação de vossa presença inflame meu ser e o envolva com uma proteção benéfica!*

Respire tranquilamente por alguns instantes enquanto sua visualização se fixa.

Nas três contas que constituem esta série, vibre o nome divino: **Querubim**.

2º Tarchichim – *Os Crisólitos:*

Pegue a conta isolada seguinte (a conta que precede a 2ª série) entre o polegar e o indicador de sua mão direita.

Visualize acima de você a alguma distância, uma esfera de cor damasco claro.

Respire tranquilamente, e em seguida, vibre o nome divino: **Éloha Vedaat**

Durante a pronunciação dessa palavra imagine que você se eleva, e se encontra no centro dessa esfera de cor damasco claro.

Vibre então o nome divino: **Kokav**. A cor se intensifica durante essa pronunciação.

Respire tranquilamente e construa mentalmente por alguns instantes, a representação simbólica dessa esfera. (Veja a descrição na prática anterior: *Prática da descida do influxo celeste.*)

Sempre segurando a conta isolada que segue a primeira série de contas (a conta que precede a 2ª série) entre o polegar e o indicador de sua mão direita, diga:

Ó Tarchichim (simplesmente pronuncie o nome divino sem vibrá-lo) *eu vos invoco! Que a manifestação de vossa presença inflame meu ser e me ajude a manter minha honestidade moral impecável!*

Respire tranquilamente por alguns instantes enquanto sua visualização se fixa.

Nas três contas que constituem esta série, vibre o nome divino: **Tarchichim**.

3º Elohim – *Os Deuses*:

Pegue a conta isolada seguinte (a conta que precede a 3ª série) entre o polegar e o indicador de sua mão direita.

Visualize acima de você a alguma distância, uma esfera de cor turquesa clara.

Respire tranquilamente, e em seguida, vibre o nome divino: **Elohim Guibor**

Durante a pronunciação dessa palavra imagine que você se eleva, e se encontra no centro dessa esfera de cor turquesa clara.

Vibre então o nome divino: **Nogah**. A cor se intensifica durante essa pronunciação.

Respire tranquilamente e construa mentalmente por alguns instantes, a representação simbólica dessa esfera. (Veja a descrição na prática anterior: *Prática da descida do influxo celeste.*)

Sempre segurando a conta isolada que segue a segunda série de contas (a conta que precede a 3ª série) entre o polegar e o indicador de sua mão direita, diga

Ó Elohim (simplesmente pronuncie o nome divino sem vibrá-lo) *eu vos invoco! Que a manifestação de vossa presença*

inflame meu ser e me ajude a descobrir e realizar minha obra interior!

Respire tranquilamente por alguns instantes enquanto sua visualização se fixa.

Nas três contas que constituem esta série, vibre o nome divino: **Elohim**.

4° Meleurim – Os Reis, Aqueles que estão sob o sol:

Pegue a conta isolada seguinte (a conta que precede a 4ª série) entre o polegar e o indicador de sua mão direita.

Visualize acima de você a alguma distância, uma esfera de cor amarela.

Respire tranquilamente, e em seguida, vibre o nome divino: **Mitziel**.

Durante a pronunciação dessa palavra imagine que você se eleva, e se encontra no centro dessa esfera de cor amarela.

Vibre então o nome divino: **Chemech**. A cor se intensifica durante essa pronunciação.

Respire tranquilamente e construa mentalmente por alguns instantes, a representação simbólica dessa esfera. (Veja a descrição na prática anterior: *Prática da descida do influxo celeste.*)

Sempre segurando a conta isolada que segue a terceira série de contas (a conta que precede a 4ª série) entre o polegar e o indicador de sua mão direita, diga:

Ó Meleurim (simplesmente pronuncie o nome divino sem vibrá-lo) *eu vos invoco! Que a manifestação de vossa presença inflame meu ser e me ajude a encontrar a libertação interior!*

Respire tranquilamente por alguns instantes enquanto sua visualização se fixa.

Nas três contas que constituem esta série, vibre o nome divino: **Meleurim**.

5° Seraphim – Os Seres ardentes, as Serpentes de fogo:

Pegue a conta isolada seguinte (a conta que precede a 5ª série) entre o polegar e o indicador de sua mão direita.

Visualize acima de você a alguma distância, uma esfera de cor vermelha.

Respire tranquilamente, e em seguida, vibre o nome divino: **Zouriel**.

Durante a pronunciação dessa palavra imagine que você se eleva, e se encontra no centro dessa esfera de cor vermelha.

Vibre então o nome divino: **Madim**. A cor se intensifica durante essa pronunciação.

Respire tranquilamente e construa mentalmente por alguns instantes, a representação simbólica dessa esfera. (Veja a descrição na prática anterior: *Prática da descida do influxo celeste.*)

Sempre segurando a conta isolada que segue a quarta série de contas (a conta que precede a 5ª série) entre o polegar e o indicador de sua mão direita, diga:

Ó Seraphim (simplesmente pronuncie o nome divino sem vibrá-lo) *eu vos invoco! Que a manifestação de vossa presença inflame meu ser e me ajude a encontrar a paz interior!*

Respire tranquilamente por alguns instantes enquanto sua visualização se fixa.

Nas três contas que constituem esta série, vibre o nome divino: **Seraphim**.

6° Rachmalim – Os Seres Brilhantes – Os Raios:

Pegue a conta isolada seguinte (a conta que precede a 6ª série) entre o polegar e o indicador de sua mão direita.

Visualize acima de você a alguma distância, uma esfera de cor azul.

Respire tranquilamente, e em seguida, vibre o nome divino: **Uriel**.

Durante a pronunciação dessa palavra imagine que você se eleva, e se encontra no centro dessa esfera de cor azul.

Vibre então o nome divino: **Tsedeq**. A cor se intensifica durante essa pronunciação.

Respire tranquilamente e construa mentalmente por alguns instantes, a representação simbólica dessa esfera. (Veja a descrição na prática anterior: *Prática da descida do influxo celeste.*)

Sempre segurando a conta isolada que segue a quinta série de contas (a conta que precede a 6ª série) entre o polegar e o indicador de sua mão direita, diga:

Ó Rachmalim (simplesmente pronuncie o nome divino sem vibrá-lo) *eu vos invoco! Que a manifestação de vossa presença inflame meu ser e me ajude a encontrar o equilíbrio justo entre o mundo e meu ser!*

Respire tranquilamente por alguns instantes enquanto sua visualização se fixa.

Nas três contas que constituem esta série, vibre o nome divino: **Rachmalim**.

7° Aralim – *Os Tronos*:

Pegue a conta isolada seguinte (a conta que precede a 7ª série) entre o polegar e o indicador de sua mão direita.

Visualize acima de você a alguma distância, uma esfera de cor cinza rosada.

Imagine que você se eleva e se encontra no centro dessa esfera de cor cinza rosada.

Vibre então o nome divino: **Chabatai**. A cor se intensifica durante essa pronunciação.

Respire tranquilamente e construa mentalmente por alguns instantes, a representação simbólica dessa esfera. (Veja a descrição na prática anterior: *Prática da descida do influxo celeste.*)

Sempre segurando a conta isolada que segue a sexta série de contas (a conta que precede a 7ª série) entre o polegar e o indicador de sua mão direita, diga:

> **Ó Aralim (simplesmente pronuncie o nome divino sem vibrá-lo)** *eu vos invoco! Que a manifestação de vossa presença inflame meu ser e me ajude a construir o espírito da verdadeira e sincera amizade!*

Respire tranquilamente por alguns instantes enquanto sua visualização se fixa.

Nas três contas que constituem esta série, vibre o nome divino: **Aralim**.

8° Ophanim – *as Rodas*:

Pegue a conta isolada seguinte (a conta que precede a 8ª série) entre o polegar e o indicador de sua mão direita.

Visualize acima de você a alguma distância, uma esfera ultravioleta.

Respire tranquilamente, e em seguida vibre o nome divino: **Iavé Tsebaoth**

Durante a pronunciação dessa palavra imagine que você se eleva, e se encontra no centro dessa esfera ultravioleta.

Vibre então o nome divino: **Maslot**. A cor se intensifica durante essa pronunciação.

Respire tranquilamente e construa mentalmente por alguns instantes, a representação simbólica dessa esfera. (Veja a descrição na prática anterior: *Prática da descida do influxo celeste*.)

Sempre segurando a conta isolada que segue a sétima série de contas (a conta que precede a 8ª série) entre o polegar e o indicador de sua mão direita, diga:

Ó Ophanim simplesmente pronuncie o nome divino sem vibrá-lo *eu vos invoco! Que a manifestação de vossa presença inflame meu ser e me ajude a destruir os vícios e cultivar as virtudes!*

Respire tranquilamente por alguns instantes enquanto sua visualização se fixa.

Nas três contas que constituem esta série, vibre o nome divino: **Ophanim.**

9° Raiot Hakodech – *Os Santos Seres Vivos*:

Pegue a conta isolada seguinte (a conta que precede a 9ª série) entre o polegar e o indicador de sua mão direita.

Visualize acima de você a alguma distância, uma esfera de brilho intenso.

Respire tranquilamente, e em seguida vibre o nome divino: **Iavé**

Durante a pronunciação dessa palavra, imagine que você se eleva e se encontra no centro dessa esfera de brilho intenso.

Vibre então o nome divino: **Réchit haguilgalim**. A cor se intensifica durante essa pronunciação.

Respire tranquilamente e construa mentalmente por alguns instantes, a representação simbólica dessa esfera. (Veja a descrição na prática anterior: *Prática da descida do influxo celeste*.)

Sempre segurando a conta isolada que segue a oitava série de contas (a conta que precede a 9ª série) entre o polegar e o indicador de sua mão direita, diga:

Ó Raiot Hakodech (simplesmente pronuncie o nome divino sem vibrá-lo) *eu vos invoco! Que a manifestação de vossa presença inflame meu ser e faça aumentar em mim a virtude da caridade!*

Respire tranquilamente por alguns instantes enquanto sua visualização se fixa.

Nas três contas que constituem esta série, vibre o nome divino: **Raiot Hakodech**.

Acima de você são encontrados três véus ondulantes. Além desses véus, você percebe uma luz espiritual. Dirija-se a esses níveis de consciência pelas seguintes palavras:

Eu .... invoco o poder espiritual na origem de todas as coisas. Fogo Sagrado, alma do universo, princípio Eterno do mundo e dos Seres, ouça minha palavra.

Meu desejo é puro e aspiro à iluminação de meu ser para que a obra de minha realização possa se cumprir.

Que possas neste instante enviar um raio de tua divina potência para que se cumpra a obra de realização de meu ser. Que assim seja!

Visualize então uma luz que atravessa os véus, descendo até você e penetrando todo o seu ser.

FECHAMENTO

Pegue o terço com a mão esquerda e segure a medalha de fundação entre o polegar e o indicador da sua mão direita. Feche os olhos por alguns minutos e relaxe.

Após alguns instantes, visualize que você está no centro do duplo círculo da esfera de Malkuth. O lugar é calmo e agradável. Essa dupla esfera está preenchida pelas sete cores do arco-íris. Essas sete cores brilham e cintilam pacificamente ao seu redor.

Vibre então o seguinte nome místico:

Relem Iesodot

Permaneça em silêncio por alguns instantes simplesmente sentindo a presença das potências divinas da esfera de Malkuth na qual você está.

O ESTABELECIMENTO DA OBRA

Apoie o terço, e depois cruze os braços em seu peito, o antebraço esquerdo sobre o antebraço direito de tal maneira que a ponta de seus dedos se encontre sobre cada uma das clavículas e, portanto, que o cruzamento de seus antebraços seja colocado no centro de seu peito.

Permaneça alguns instantes em silêncio nessa posição, e depois diga:

O que acaba de ser realizado, está em mim e assim permanece!

Relaxe os braços e diga:
O rito foi realizado!

Apague a vela dizendo:
Que esta luz seja oculta em segredo e continue a brilhar no íntimo de meu ser.

A OBRA MARTINISTA

RITUAL INDIVIDUAL DE CONTATO

INTRODUÇÃO

A história do Martinismo nos mostra várias vezes a fragilidade da transmissão histórica real. Disso resulta que as ressurgências de algumas Ordens provem frequentemente da única dimensão espiritual. Sob o impulso de uma intuição ou de um contato espiritual interior, alguns mestres do passado puderam reativar um contato com uma egrégora que havia desaparecido. Portanto, é possível que uma cadeia espiritual seja reconstituída sob certas condições e restabeleçam a ligação com os planos divinos e a tradição relacionada. Essa obra é ao mesmo tempo o resultado de um trabalho místico e de uma operação ritual específica, frequentemente teúrgica. Raros são os que têm conhecimento rituais que lhes permitem efetuar tal operação. Para falar somente do Martinismo, Robert Ambelain foi um desses e suas operações permitiram reativar partes bastante preciosas dessa tradição derivada da Kabbalah cristã. Depois disso, os iniciados perpetuaram essa cadeia reativada. Outros assumiram o papel de "doutores da lei", essencialmente capazes de divagar infinitamente sobre este ou aquele aspecto da tradição, ou de decretar ex-cathedra o que está de acordo ou não com a doutrina. São os historiadores da tradição muito úteis no plano histórico, mas, infelizmente, pouco capazes de extrair a quintessência desses mistérios. Como dizem os textos "a letra mata, o espírito vivifica"...

É bem possível praticar individualmente os ritos exotéricos de uma tradição e estar assim em relação com as potências invisíveis que são os guardiões. Evidentemente, a iniciação prévia é um recurso não negligenciável nesse tipo de trabalho. Pode-se assim considerar que um indivíduo que possua a iniciação martinista ou martinesista e, portanto, possuidor de certa filiação espiritual com os Mestres Passados, estará mais apto a tentar criar uma relação espiritual com Martines de Pasqually e a egrégora dos Elus Cohens. O exemplo mais próximo é o da operação mágica simpática que foi efetuada por Robert Ambelain, Robert Amadou e outros Irmãos que utilizaram um rito Elu-Cohen para revelar essa Ordem. Assim eles puderam se conectar de novo com sua egrégora primitiva. Não havia nenhuma certeza na época quanto à filiação histórica, mas o influxo divino e os resultados tangíveis das operações bastaram para reviver com os espíritos dos antepassados dessa tradição e insuflar uma nova energia que ainda continua a trabalhar até hoje.

Nesse princípio, nada distingue esse tipo de operação, do processo de contato individual que descrevemos aqui. É perfeitamente possível para qualquer um, de proceder da mesma maneira procurar se colocar em contato com uma egrégora específica. A ajuda de um ascetismo particular, de orações e operações, na medida em que a intenção seja pura, sincera e altruísta será, todavia, necessária. O que propomos aqui não se destina a dispensar uma iniciação formal e o conjunto desse processo de transformação. Trata-se simplesmente de permitir àquele que não tem a possibilidade de recebe-la, de se conectar com a egrégora e poder trabalhar sob a proteção dos Mestres Passados.

É útil, antes de qualquer prática que seja, de se impregnar pelo espírito da tradição e então meditar sobre os textos susceptíveis de levar o espírito a um tipo de comunicação inconsciente com os planos invisíveis. Todavia, é importante evitar as leituras muito teóricas que apelam ao intelecto. Ao contrário, procuramos agir sobre o imaginário e as esferas espirituais específicas.

No caso em questão, o do martinismo, nós o aconselhamos, por um lado, a utilizar as obras de L.-C. de Saint-Martin e por outro, as obras de Sedir. É conveniente que você leia cada dia passagens da primeira obra de tal maneira que você se impregne lenta e regularmente. Não se deve esquecer que se trata de um exercício espiritual, de uma modificação de seu estado de consciência. Certamente, algum tipo de fé está presente, mas ela deve expressar uma confiança na busca interior empreendida. Ela é, portanto, integrante, como os kabbalistas cristão puderam mostrar em sua reconciliação das diferentes tradições mediterrâneas. Você não deve ler toda uma obra do começo até o fim. Basta que abra ao acaso e que leia a passagem correspondente. Pouco importa que você a compreenda ou não; o essencial é que você se impregne. A compreensão virá mais tarde.

Nós o aconselhamos que em seguida utilize momentos nos quais possa praticar os exercícios espirituais de sua religião ou tradição. É importante que essa prática seja diária e regular. O objetivo é uma ação lenta e constante. Nós poderíamos usar a imagem de gotas que caem regularmente sobre uma rocha de granito. A rocha mais dura será perfurada, o que não seria o caso se você jogasse uma grande quantidade de água. É a mesma coisa quanto a esse período de impregnação e harmonização. Nós o aconselhamos que observe essas preliminares no mínimo durante um ciclo de quarenta dias, duração tradicional das técnicas de ascetismo ocidentais.

Figura 32: altar martinista de acordo com Papus.

DESCRIÇÃO DO RITO

Escolha um dia significativo que esteja situado na lua cheia ou pelo menos na lua crescente e idealmente na primavera. Pode ser em um domingo de manhã, o começo do rito sendo estabelecido na hora mágica do sol, isto é, no nascer do sol. Evidentemente, essas indicações podem ser ignoradas, aqui não se tratando de um rito interno. São somente uma ajuda no processo de construção psíquica empreendido. Você pode somente se aproximar o mais possível desse ideal.

Se lhe for possível, obtenha uma túnica branca (idêntica a uma alva (batina)), um cordão preto, três velas, uma toalha branca, três fitas (uma negra, uma vermelha e uma branca) e um incensário.

Se não puder, nós aconselhamos a se aproximar o máximo possível e utilizar vestes amplas e adequadas nas quais você se sinta bem.

Descrição do altar pessoal:

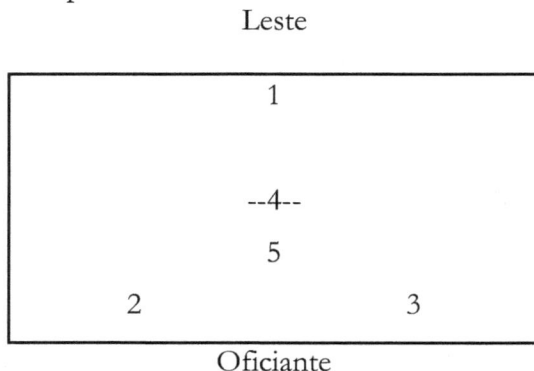

Leste

```
                    1

                 --4--
                  5
        2                    3
```

Oficiante

1-2-3: As três velas
4: Três fitas horizontais
5: Incensário.

Sente-se de frente para o altar que você instalou e relaxe durante alguns minutos.

Depois, levante-se e comece a ler em voz compreensível o seguinte texto de abertura:

O Oriente se ilumina, o sol se eleva. O olho do mundo vai se abrir, a verdade vai aparecer.

O Sol ficará obscurecido para os profanos? Recusará o calor e a vida aos ignorantes? Não repartirá suas influências benéficas como os maus?

Manifestação visível do centro invisível de toda vida e de toda luz, o Sol não recusa suas influências astrais a ninguém, e todo ser criado recebe um raio de sua divina substância.

Mas por que a Verdade não será manifestada? Por que recusaríamos ao homem de desejo de participar de sua influência?

O Sol se eleva. Que caiam os véus como se dissipam as sombras da noite!

Permaneça por alguns instantes em silêncio e recolhimento. Depois pegue seu acendedor e pronuncie a seguinte invocação:

Tripla Luz misteriosa e Divina, Fogo sagrado, Alma do universo, Princípio eterno dos Mundos e dos Seres, ilumine

212

meu espírito e meu coração e derrame em minha alma o fogo vivificante da Verdade.

Que a Sabedoria, a Força e a Beleza se manifestem nesta cerimônia colocada sob os auspícios do Grande Arquiteto dos Mundos.

Acenda então as três velas dispostas em seu altar começando pela que está mais perto do Oriente, depois a da direita e finalmente a da esquerda, e diga em seguida:

Que essas chamas iluminem meu ser com sua claridade.

Observe alguns instantes de silêncio. Coloque um pouco de incenso sobre o carvão que foi aceso antecipadamente, dizendo:

Receba, Ó Grande Arquiteto dos Mundos, minha homenagem. Que este incenso que eu te ofereço seja uma verdadeira imagem da pureza de minha palavra e de minha intenção para tua maior glória e justiça.

Que esse perfume seja a imagem da oração que eu te ofereço para a eternidade.

Que ele seja o emblema do fervor com o qual eu te invoco para avançar em direção à reconciliação para que eu seja sinceramente unido ao anjo a quem tu deste a tarefa de me acompanhar e de me assistir.

Receba este perfume como testemunho do meu amor.

Eleve o incensário e balance doze vezes em direção do Oriente. Em seguida, repouse-o sobre o altar. Em seguida, bata, com a ajuda de um sino, ou simplesmente com sua mão sobre o altar, doze golpes lentos e espaçados. Pegue então o texto do Prólogo do Evangelho de João. Leia o texto na língua que desejar. (João 1:1 a 1:14, veja o anexo)

Em seguida, repouse o texto sobre o altar. Permaneça alguns instantes em meditação silenciosa, na posição que lhe parecer mais apropriada. Depois, com um esforço mental, coloque-se em contato com os planos invisíveis e divinos.

Pegue o segundo texto, o do Gênesis e faça a leitura em voz alta. (Gên. 1:1 a 2:3). Em seguida, permaneça alguns instantes em meditação silenciosa na posição que lhe parecer mais apropriada.

Levante-se e comece a invocação dos Mestres Passados da tradição martinista:

Eu invoco neste instante os Mestres secretos da cadeia astral do Martinismo. O puro desejo de meu coração se volta para vós e vos invoco. Escuta minha voz e meu apelo.
Eu invoco a influência do Venerável Fundador da tradição martinista:
Ó Martines de Pasqually, tu que fundaste a Ordem martinista com o apoio dos princípios vivos do invisível, ouça meu apelo e dirige a mim tua influência protetora e vivificante para que minha alma seja colocada na corrente para a qual eu caminho. Dá-me a proteção das forças secretas e astrais de tua Ordem.
Eu invoco todos os que trabalharam para a Glória da Ordem martinista no mundo visível.
Eu invoco então Louis-Claude de Saint-Martin, Jean-Baptiste Willermoz e todos os seus discípulos na Ordem invisível.
Ó Mestres invisíveis da Ordem martinista, vós que conhecestes a Luz secreta e participastes de suas atividades, vós todos que sempre foram os cavaleiros fiéis de Ieoschouah, vinde a mim trazendo vossa bênção e vossa assistência para a obra que hoje realizo. Que neste dia as influências sob as quais eu me coloco me permitam fazer crescer meu desejo de aperfeiçoamento físico, moral e espiritual.

Observe alguns minutos de silêncio, e depois diga:
Eu agora invoco as influências do Invisível.
Vinde a mim, ó Noudo-Raabts!
Vinde a mim, ó Ieoschouah Omeros!
Em nome de Yod-He-Chin-Vav-He.
Por I. N. R. I., Amém!

Observe um momento de silêncio, e depois bata sete golpes firmes e espaçados sobre o altar ou com a ajuda de um sino.
Em seguida, diga:
Que na presença e sob a proteção dos mestres o rito se realize!

Visualize que você agora está envolvido por uma luz branca e incandescente. Depois, torne essa visualização mais densa e visualize-se vestido com uma túnica de linho branca.
Em seguida, diga:

Que meu coração seja purificado e minha alma resplandeça. Que eu seja simbolicamente lavado no sangue do cordeiro, para usufruir das alegrias eternas, minha alma enfim reconciliada. Que a pureza dessa luz jorre em meu ser e que assim eu possa progredir à minha reintegração espiritual.

Visualize em seguida um cordão negro preso em sua cintura, e então diga:

Que a virtude, a força e a pureza se estabeleçam em meu ser. Que essa ligação seja a corrente visível que me liga aos Mestres passados presentes neste instante ao meu redor. Que a todo instante meus atos sejam julgados dignos de serem escritos nas tábuas de nossa tradição.

Visualize em seguida que você está vestido com uma capa negra que o envolve e o protege. Em seguida, diga:

Que esta proteção me permita entrar em meu ser, de desaparecer aos olhos do mundo e entrar no mundo invisível.

Visualize em seguida uma máscara negra em seu rosto e diga:

Por esta máscara minha personalidade profana desaparece. Eu me torno um incógnito entre outros incógnitos. Não mais temo as susceptibilidades mesquinhas às quais sou constrangido em minha vida diária. Eu estou protegido contra as armadilhas da ignorância e eu posso, sempre que eu deseje, entrar em mim para descobrir o santuário sagrado no qual a verdade oferece seus oráculos.

Levante-se e visualize que pega uma espada. Levante os braços de tal maneira que a ponta esteja dirigida para cima, e diga:

Que os querubins presentes no Oriente do jardim reconheçam este sinal e que saibam que eu faço o juramento de cultivar a virtude, respeitar e louvar o Grande Arquiteto dos Mundos.
Vós, Guardiões das terras em que eu nasci, saibam que nesta hora eu empreendo o caminho que me levará diante de vós para reintegrar minha morada celeste.

Ajoelhe-se diante do altar, de frente para o Oriente. Permaneça alguns minutos em silêncio. Em seguida, diga:

Na presença dos Mestres passados e das Potências e Criaturas invisíveis da Ordem Martinista, neste instante eu tomo o nome de .... (Nome esotérico que será usado durante as atividades martinistas) e ter a certeza de que usá-lo dignamente em cada uma das minhas atividades.

Permaneça ainda em silêncio por alguns instantes, depois pronuncie mentalmente as seguintes frases de consagração, imaginando que se trata de um dos Mestres da cadeia martinista que se dirige a você:

Tu .... (Seus nomes civil e esotérico) nesta hora eu te recebo e te introduzo na corrente e na egrégora martinista. Recebas a consagração de homem de desejo para que cada um dos teus passos te aproxime ainda mais da tua reintegração.

(Evidentemente você pode deixar vir até você qualquer palavra espontânea a partir das que foram pronunciadas.)

Permaneça alguns instantes em meditação. Levante-se e bata três golpes lentos e espaçados sobre o altar. Em seguida, diga:

Ó homens regenerados, vós que manifestais os poderes visíveis no invisível, eu vos agradeço por terem estado presentes durante este rito. Ó Mestres passados sejais louvados por me trazer vossa bênção.

Ó vós Santos Seres, aos quais eu aspiro me tornar discípulo, dignai-vos mostrar-me a Luz que eu busco, e concedei-me a poderosa ajuda de vossa Compaixão e de vossa Sabedoria!

Em nome de Iod-He-Chin-Vav-He.

Por INRI. Amém.

Apague as velas dizendo:

Que esta luz seja oculta em segredo e continue a expandir sua luz em minha alma purificada.

Termine dizendo:

Para a glória de IESCHOUAH e do Grande Arquiteto dos Mundos, sob os auspícios do Filósofo Desconhecido nosso venerável mestre, meus trabalhos de hoje estão suspensos. Que eu possa cultivar a prudência e a discrição sobre meus contatos com a corrente invisível da Ordem martinista.

Dê um golpe seco sobre o altar.

O rito está terminado. Você pode guardar os objetos e prosseguir o dia ou noite com atividades clamas e virtuosas.

Ritual Taumatúrgico

Introdução

Este rito, composto para reforçar a egrégora de um grupo, se inspira nos textos e na estrutura do ritual martinista operativo e geral que foi composto para os martinistas de todos os graus que fazem parte da União das Ordens Martinistas. Também foi apresentado por Philippe Encausse (Jean) e Robert Ambelain (Aurifer): "Este rito tem por objetivo permitir a todos os Martinistas dispersos pelo mundo, qualquer que seja o seu grau iniciático, e sua afiliação, de trabalhar em conjunto e solidariamente, em certos períodos mensais, na Obra comum, ou seja, a Reintegração Universal.

O presente cerimonial, para ser seguido pelos Martinistas afiliados a um dos dois modos "operativo" ou "cardíaco", é, portanto, equitativa e necessariamente um composto misto, derivado das duas vias tradicionais..."

Da mesma maneira que as fórmulas de purificação e bênção, foi retificado no que diz respeito ao espírito do rito para alcançar o máximo de eficácia e evitar as confusões teológicas inúteis em tal operação.

Descrição do rito

Tempo: domingo que segue a lua cheia, entre o pôr-do-sol e a meia noite (Hora solar).

Decorações pessoais: o oficiante usa as decorações simbólicas do martinismo ou visualiza em si esses elementos.

Altar: toalha vermelha

Orientação: o altar é colocado no Leste do lugar de trabalho, o oficiante se coloca no Oeste do mesmo, de frente para o Leste.

Equipamento sobre o altar:

1- O castiçal
2- O incensário
3- A espada ou adaga, ponta para o Leste.
4- O pantáculo martinista
5- A lamparina
6- A vela dos Mestres Passados

Leste

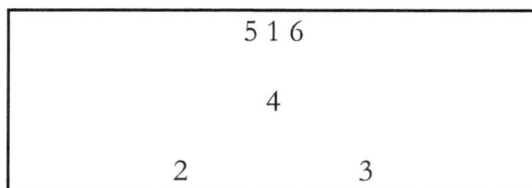

```
┌─────────────────────────────────────┐
│              5 1 6                    │
│                                      │
│               4                      │
│                                      │
│        2              3              │
└─────────────────────────────────────┘
```

Oficiante

O pantáculo martinista é colocado no eixo Leste-Oeste, à meia distância do castiçal e do lado Oeste do altar. O incensário está próximo do lado Norte do altar. A espada ou adaga é colocada no eixo Leste-Oeste, próximo da lateral Sul do altar.

É conveniente que os objetos utilizados neste rito sejam consagrados. Todavia, não é necessário que essa consagração seja efetuada em cada operação. É possível, entretanto, renová-la após a limpeza de uma ou outra veste ou utensílio. Você pode se referir à parte correspondente no fim deste capítulo.

1- Purificações e vestimentas:
Lave suas mãos e o rosto com água fresca ou fria. Beba um pouco de água e em seguida, vá ao local onde vai trabalhar para se vestir.
Vista a túnica branca dizendo:
> *Que meu coração seja purificado e minha alma resplandeça. Que eu seja simbolicamente lavado no sangue do cordeiro, para usufruir das alegrias eternas, minha alma enfim reconciliada. Que a pureza desta luz jorre em meu ser e que assim eu possa progredir à minha reintegração espiritual.*

Amarre o cordão negro em sua cintura, dizendo:
> *Possam a virtude, a força e a pureza se estabelecer em meu ser. Que esta ligação seja a corrente visível que me liga aos Mestres passados presentes neste instante ao meu redor. Que a todo instante meus atos sejam dignos de serem inscritos nas tábuas de nossa tradição.*

Vista, eventualmente, a medalha martinista, dizendo:
> *Conceda-me, Ó Elohim Tsebaoth, poder sempre conservar este precioso ornamento de minha Reconciliação com honra e*

fidelidade. Que esta medalha permaneça, por meus atos, o símbolo de vitórias sobre o vício e a adversidade.

Entre no oratório e instale o altar depois de ter dito:

Que tudo seja disposto segundo a palavra daquele que regula todas as coisas com medida, número e peso!

2- Abertura:

O local é iluminado por uma lamparina ou uma fraca luz que será apagada depois.

Faça o sinal da cruz kabbalistica de pé, de frente ao altar e ao Leste, e depois diga:

Mestres venerados que cruzastes os Portais e realizastes a última viagem, ouçam meu apelo. Estejam presentes neste instante nesta cerimônia que eu realizo em união de meu coração e meu espírito com todos os irmãos e irmãs de nossa cadeia oculta.

Aproxime-se da lamparina, e usando sua chama acenda a vela dos Mestres passados. Coloque-se mais uma vez em frente da lamparina, eleve as mãos para cima e diga:

Eu te invoco Ó Uriel, para que teu fogo espiritual inflame a matéria que eu consagro neste lugar ao Eterno. Que o fogo elementar que aí reside se uma ao teu para contribuir com a Luz espiritual dos Homens de desejo, meus irmãos e irmãs e que assim todos estejam animados por teu Fogo de vida.

Pegue a vela e acenda a luminária do castiçal do altar dizendo:

Luz misteriosa e divina, Fogo sagrado, Alma do universo, Princípio eterno dos mundos e dos seres, ilumine meu espírito e meu coração e espalhe em minha alma o fogo vivificante da verdade.

Que esta operação seja colocada sob os auspícios do Grande Arquiteto dos Mundos e que suas chamas iluminem meu ser com sua claridade.

Observe alguns instantes de silêncio. Depois, passe suas mãos acima da chama e uma vez aquecidas, passe-as em sua face. Faça isso três vezes, e depois diga:

Ó Luz pura, símbolo de minha alma a quem o Grande Arquiteto dos Mundos confiou o cuidado de meu pensamento, de minha vontade, de minha ação e de minha palavra, faça com que teu fogo radiante minha alma seja purgada de suas impurezas. Permita que meus lábios sejam santificados para que as palavras que irei pronunciar operem para a maior glória do Eterno, para minha instrução e para a edificação de meus semelhantes.

Estenda os braços em direção à vela, as palmas das mãos para cima e prossiga.

Ó Luz pura, que teu poder me permita reter tudo o que será comunicado pelos Espíritos que eu invoco graças à potência que está em mim desde as origens. Permita-me distinguir e reter somente as coisas justas e verdadeiras para a maior glória do Pensamento eterno, da Vontade eterna e da Ação eterna.

Apague a lamparina até agora.

Estenda os braços para a frente, as palmas das mãos voltadas para cima. Depois diga:

Vem, ó Espírito Santo e envolva o fogo que é consagrado para ser teu trono brilhante e dominando sobre todas as regiões do mundo universal. Que teu poder preencha este lugar de luz e de calor afastando qualquer Espírito de Trevas, de perversidade e de confusão para que minha alma possa usufruir do fruto dos trabalhos dos que se tornaram dignos de serem penetrados por ti.

Espalhe o incenso sobre as brasas dizendo:

Ó Grande Arquiteto, dos Mundos, que este incenso que eu te ofereço neste lugar, seja uma imagem verdadeira da pureza de minha intenção e da minha palavra para tua maior glória e justiça.

Adicione uma segunda pitada de incenso dizendo:

Ó Grande Arquiteto, dos Mundos, que este perfume que eu te ofereço em testemunho da pureza de minha alma tenha o mesmo sucesso que o que Zorobabel te ofereceu na Babilônia para a libertação dos remanescentes de Israel. Livre-me das trevas que me aprisionam e me impedem de perceber tua luz e tua ciência. Que minhas palavras sejam realizadas, desde que estejam em conformidade com a virtude.

Adicione uma terceira pitada de incenso, dizendo:

Ó Grande Arquiteto, dos Mundos, que minha oração seja agora a verdadeira fragrância que te ofereço. Que este perfume seja a expressão do fervor com o qual eu te invoco para minha reconciliação, para que assim, eu seja sinceramente unido àquele a quem deste o cuidado de me conduzir, estabelecendo-o como meu Guardião. Assim, portanto, eu te invoco neste lugar, tu guardião protetor que não posso ver com meus olhos corporais. Sejas meu conselheiro, meu guia e meu apoio neste mundo e no outro, para tua maior glória e minha perfeita santificação.

3- O apelo das forças:

Sempre de frente para o Leste, estenda os brações para a frente, as mãos voltadas para cima e diga:

Ó Grande Arquiteto, dos Mundos, Deus inefável, Pai de todas as coisas, tu que abranges tudo, ouça minha oração e escute-me. Conceda-me o recolhimento, o fervor, a sinceridade necessária para os sentimentos que eu quero expressar. Seja-me propício, ó Pai inefável assim como para aqueles para quem eu me dirijo a ti. Ouça-me e me conceda o dom de orar para ti com eficiência.

E tu, ó espírito puro, meu guardião encarregado pelo Eterno para cuidar de mim para a reconciliação de meu ser espiritual, eu te conjuro a vir em meu socorro todas as vezes que eu estiver em perigo de sucumbir ao vício, todas as vezes que meu puro desejo te chamar, todas as vezes que eu tiver fome e sede de conselhos, instruções e inteligência. Ajude-me, ó meu guardião, a obter a assistência e a proteção dos patronos que acabei de invocar assim como dos espíritos que me falta evocar nesta operação.

Pelo nome de Ieschouah, que assim seja!

4- A obra taumatúrgica:

Medite durante alguns instantes para a paz no mundo, e diga:

Que a harmonia presente no cosmos toque o coração dos homens e faça nascer neles a aspiração à paz. Que as potências divinas encarregadas desta obra sejam assistidas pela nossa vontade e nosso desejo.

Pelo nome de Ieschouah, que assim seja!

Medite durante alguns instantes para que as catástrofes ligadas à terra sejam poupadas à humanidade, e diga:

Que a harmonia presente no cosmos desde o começo dos tempos toque o coração dos homens e faça nascer neles o respeito pelo elemento terrestre. Que as potências invisíveis que animam esse elemento, protejam as criaturas humanas das destruições e catástrofes que a ele estão relacionadas.
Pelo nome de Ieschouah, que assim seja!

Medite durante alguns instantes para que as catástrofes ligadas à Água sejam poupadas à humanidade, e diga:

Que a harmonia presente no cosmos desde o começo dos tempos toque o coração dos homens e faça nascer neles o respeito pelo elemento Água. Que as potências invisíveis que animam esse elemento, protejam as criaturas humanas das destruições e catástrofes que a ele estão relacionadas.
Pelo nome de Ieschouah, que assim seja!

Medite durante alguns instantes para que as catástrofes ligadas ao Ar sejam poupadas à humanidade, e diga:

Que a harmonia presente no cosmos desde o começo dos tempos toque o coração dos homens e faça nascer neles o respeito pelo elemento Ar. Que as potências invisíveis que animam esse elemento, protejam as criaturas humanas das destruições e catástrofes que a ele estão relacionadas.
Pelo nome de Ieschouah, que assim seja!

Medite durante alguns instantes para que as catástrofes ligadas ao Fogo sejam poupadas à humanidade, e diga:

Que a harmonia presente no cosmos desde o começo dos tempos toque o coração dos homens e faça nascer neles o respeito pelo elemento Fogo. Que as potências invisíveis que animam esse elemento, protejam as criaturas humanas das destruições e catástrofes que a ele estão relacionadas.
Pelo nome de Ieschouah, que assim seja!

Medite durante alguns instantes para que as catástrofes ligadas às epidemias sejam poupadas à humanidade, e diga:

Que a harmonia presente no cosmos desde o começo dos tempos toque o coração dos homens e faça nascer neles o

respeito por todas as coisas. Que as potências invisíveis garantam a saúde dos seres, protejam as criaturas humanas de doenças e epidemias, mantendo-os na saúde do corpo e da alma.
Pelo nome de Ieschouah, que assim seja!

Medite durante alguns instantes pelos frutos da terra, e diga:

Que a harmonia presente no cosmos desde o começo dos tempos toque o coração dos homens e faça nascer neles a aspiração aos benefícios de todas as coisas naturais propícias aos seres humanos. Que as potências invisíveis, garanta os benefícios da natureza, traga a todas as criaturas sua alimentação diária e que sejam definitivamente afastadas dos fantasmas da fome, sede, miséria e morte.
Pelo nome de Ieschouah, que assim seja!

Medite durante alguns instantes pelos mortos, e diga:

Que a harmonia presente no cosmos desde o começo dos tempos toque o coração dos homens e lhes permita compreender o dever da memória. Que todos os que desapareceram sejam conduzidos até a luz de sua divindade.
Pelo nome de Ieschouah, que assim seja!

Medite durante alguns instantes pelas doenças, os aflitos e os prisioneiros e diga:

Que a harmonia presente no cosmos desde o começo dos tempos toque o coração dos homens e lhes permita fazer crescer o amor por todos os seres. Que todos os enfermos, doentes, aflitos e prisioneiros recuperem a saúde, liberdade e deem os primeiros passos no caminho da divindade.
Pelo nome de Ieschouah, que assim seja!

Medite durante alguns instantes pela salvação dos maus espíritos, e diga:

Que a harmonia presente no cosmos desde o começo dos tempos toque as criaturas e os maus espíritos. Que as potências divinas despertem por tempos imemoriais a bondade, alegria e o desejo de perfeição entre esses espíritos encerrados no vício.
Pelo nome de Ieschouah, que assim seja!

Medite durante alguns instantes sobre sua parte divina, e diga:

Pelos poderes do nome Iavé, que o poderoso sinal que eu traço em minha fronte seja a marca luminosa da presença divina no íntimo de meu ser.

Trace em sua fronte o sinal do Tau. (Barra horizontal seguida pela barra vertical)

Em seguida, pegue sua adaga, se você tiver uma, e diga:

Pelos poderes do meu nome místico .... que sejam afastadas todas as potências más e perversas capazes de me desviar das minhas verdadeiras aspirações.

Trace o pentagrama de banimento com a ajuda da adaga ou do indicador de sua mão direita.
Depois diga:
Que assim seja!

Repouse a adaga em seu lugar inicial e relaxe seus braços.

Cruze seus braços sobre o peito, o esquerdo sobre o direito de tal forma que a ponta de seus dedos esteja na altura de suas clavículas. Permaneça alguns instantes em silêncio, depois você pode, se desejar, pronunciar nessa posição o Salmo 68:1-6 ou passar diretamente ao fechamento do rito:

Levante-se Deus, e sejam dissipados os seus inimigos! Que seus adversários fujam diante dele! Da mesma maneira que a fumaça se dissipa, como a cera derrete diante do fogo, que assim desapareçam os maus espíritos. Que os justos se alegrem e exultem diante de Deus. Cantai então a Deus, louvai em sua honra! Prepare o caminho daquele que cavalga nas planícies, pois Eterno é seu nome. Deus, em sua santa morada é o Pai dos órfãos e o defensor das viúvas. Deus faz os solitários habitarem em uma casa, e solta os prisioneiros para sua satisfação, mas somente os rebeldes moram nos lugares áridos.

Se você não estiver de pé, levante-se e imagine agora que uma intensa luz o envolve e banha todo o seu ser. Ela vai intensificar em você suas virtudes e assisti-lo em todos os planos de sua existência.

Pegue a adaga com sua mão direita e trace à sua frente na direção do Leste um pentagrama de invocação no plano vertical, dizendo a palavra:

Ieshouah

Repouse a adaga.

(Se você ainda não tiver a adaga, faça o traçado com seus dedos na mesma posição que anteriormente.)

Sente-se e permaneça alguns momentos relaxado, não pensando em nada em particular. Escute e observe sua respiração. Esteja consciente do divino presente em você.

Após alguns instantes, pronuncie a frase:

Está feito, tudo foi realizado!

Imagine então que a luz se concentra no seu interior, trazendo para você tudo o que pode precisar na realização de sua natureza essencial.

5- Conclusão do rito:

Medite alguns instantes e depois recite o Salmo 133:

Oh! Quão bom e quão suave é que os irmãos vivam em união! É como o óleo precioso sobre a cabeça, que desce sobre a barba, a barba de Arão, e que desce à orla das suas vestes; Como o orvalho de Hermom, e como o que desce sobre os montes de Sião, porque ali o Senhor ordena a bênção e a vida para sempre.

Dirija-se agora aos espíritos invocados durante a operação:

Espíritos celestes que me auxiliaste, eu vos dou graças. Que a paz de Deus esteja sempre entre vós e eu. Dignai-vos continuar a garantir para mim e a meus irmãos e irmãs, vossa santa e inteligente proteção. Que possamos, vós e eu, estarmos inscritos, hoje e para sempre, no Livro da Vida. Pelo nome de Ieschouah, que assim seja!

Apague a luminária do altar dizendo:

Que a luz invisível e espiritual seja restituída ao mundo invisível, assim como a chama elementar é restituída à sua fonte elementar natural. Mas que o fogo divino e e a luz divina permaneçam em minha alma e nas de minhas irmãs e irmãos para sempre. Pelo nome de Ieschouah, que assim seja!

Apague a luminária dos Mestres passados em silêncio e recolhimento. Depois bata uma bateria de sete golpes e termine pelo cálice.

Fórmulas de consagração dos objetos ritualísticos

É interessante que os objetos utilizados nos ritos sejam consagrados. Não é necessário que essa consagração seja efetuada a cada operação. Entretanto, é possível renová-la após a limpeza de uma ou outra veste ou utensílio. Todas as orações são diretamente derivadas de duas fontes: 1° De Robert Ambelain em seu *Sacramentário da Rosa-Cruz* ou outros de seus escritos; 2° A tradição e os rituais kabbalisticos cristãos. Todavia, nós modificamos algumas partes ou frases que a experiência nos indicou como sendo inúteis ou prejudiciais a uma verdadeira operabilidade. A maior parte delas é derivada da tradição exotérica.

Sacralização da Alva (Túnica) e do Cordão

Eleve seus braços para o céu com as palmas abertas e diga:

> *Senhor, tu que fizeste o céu e a terra,*
> *Escute minha voz que se dirige a ti.*
> *Minha força está em teu nome,*
> *E com respeito eu te invoco.*
> *Dá-me, Ó Senhor tua paz e tua potência*
> *Para que eu possa participar da Obra divina.*

Estenda as mãos acima da alva e do cordão, as palmas das mãos para baixo.

> *Pelo nome do Altíssimo e na presença das Potências Celestes, eu vos purifico, vestes sagradas que eu destino ao Culto de minha Reconciliação Celeste.*
> *Esteja desde agora protegida de qualquer desarmonia.*

Passe as vestes na fumaça do incenso que você acendeu previamente. Depois, estenda de novo suas mãos acima dos objetos rituais, palmas para baixo, e diga:

> *Pelo poder do Senhor, Deus Eterno, Santificador Todo Poderoso, que neste instante as vestes sejam imaculadas, abençoadas, puras e radiantes, capazes de me assistir na obra em que eu trabalho.*
> *Pelo Poderoso Nome Ieschouah, que assim seja!*

Sacralização da Adaga (ou Espada)

Eleve seus braços para o céu com as palmas abertas e diga:

226

Senhor, tu que fizeste o céu e a terra,
Escute minha voz que se dirige a ti.
Minha força está em teu nome,
E com respeito eu te invoco.
Dá-me, Ó Senhor tua paz e tua potência
Para que eu possa participar da Obra divina.

Estenda as mãos acima da adaga, palmas para baixo, e diga:

Pelo nome do Altíssimo, Iaweh Tsebaoth, o Senhor dos exércitos e na presença das Potências Celestes, eu te purifico, Criatura de metal, tu que eu destino ao Culto de minha Reconciliação Celeste.
Esteja desde agora protegida de qualquer desarmonia.
Torne-se uma lâmina pura, uma adaga (ou espada) de justiça que minha mão de homem de desejo brande para seu criador.

Pronunciando essa frase, passe a adaga na fumaça do incenso que você acendeu previamente, e depois levante-a por alguns instantes para o céu, dizendo:

Deus Eterno e Todo Poderoso, em tua mão reside toda Vitória. Tu deste a Davi uma força prodigiosa que lhe permitiu vencer Golias. Eu te peço agora que me conceda a força e a autoridade de abençoar esta adaga (espada) para que eu a consagre para a Obra divina.

Repouse a adaga, estenda as mãos acima da adaga, palmas para baixo, e depois diga:

Pelo poder do Deus Todo Poderoso, que esta adaga seja abençoada neste instante, purificada e carregada de poder.
Que ela se torne capaz de me assistir em todas as operações em que for requisitada, quer seja para dirigir a potência invisível ou para agir sobre determinada Criatura.
Pelo Poderoso Nome Ieschouah, que assim seja!

SACRALIZAÇÃO DO INCENSO

Eleve seus braços para o céu com as palmas abertas e diga:

Senhor, tu que fizeste o céu e a terra,
Escute minha voz que se dirige a ti.
Minha força está em teu nome,
E com respeito eu te invoco.
Dá-me, Ó Senhor tua paz e tua potência

227

Para que eu possa participar da Obra divina.

Ó Miguel, Arcanjo Bem-Aventurado, tu que estás em pé à direita do altar dos perfumes, ouça meu apelo e dirige teus poderes para mim.

Estenda as mãos acima do incenso, palmas para baixo, e diga:

Ó Senhor misericordioso, que este incenso seja uma defesa perpétua contra tudo o que poderia ser negativo para mim. Que este perfume seja uma proteção constante contra todas as criaturas visíveis ou invisíveis dirigidas pelas vontades perversas. Que em todos os lugares em que este incenso se espalhar e queimar, a paz, a luz e o amor também se espalhem. Que este suave odor seja como um apelo invisível para os Anjos e Espíritos de luz assim como para todas as almas protetoras de meus irmãos e irmãs.

Assim, pelo poder do Deus Todo Poderoso, diante do qual estão, cheios de respeito, inumeráveis exércitos de anjos, que este incenso seja neste instante abençoado, santificado e carregado de poder. Que ele seja a presença invisível do Altíssimo e dos Santos Guardiões que acabei de invocar.

Pelo Poderoso Nome Ieschouah, que assim seja!

SACRALIZAÇÃO DA TOALHA DO ALTAR

Eleve seus braços para o céu com as palmas das mãos abertas e diga:

Senhor, tu que fizeste o céu e a terra,
Escute minha voz que se dirige a ti.
Minha força está em teu nome,
E com respeito eu te invoco.
Dá-me, Ó Senhor tua paz e tua potência
Para que eu possa participar da Obra divina.

Estenda as mãos acima da toalha do altar, palmas para baixo, e diga:

Pelo poder do Deus Todo Poderoso, que tudo o que poderia impedir o uso desta toalha seja rejeitado neste instante.

Passe a toalha cima do incenso.

Esteja desde agora protegida de qualquer desarmonia.

Estenda novamente as mãos acima da toalha, palmas para baixo, e diga:

Ó Senhor, Deus Eterno e Todo Poderoso, o céu e a terra não podem te conter e portanto, tu podes residir em uma Morada na qual teu Santo Nome pode ser invocado. Eu agora te peço que me conceda a força e a autoridade de abençoar esta toalha apara que eu a consagre à Obra divina.

Assim a Shekinah poderá descer neste lugar e teus Anjos e teus Santos visitarem este local de operação, mantendo assim sempre puro e sem mácula.

Pelo poder do Deus Todo Poderoso, que esta toalha seja abençoada neste instante, purificada e carregada de poder. Que ela seja o lugar da presença divina.

Pelo Poderoso Nome Ieschouah, que assim seja!

SACRALIZAÇÃO DAS VELAS

Eleve seus dois braços para o céu com as palmas abertas e diga:

Senhor, tu que fizeste o céu e a terra,
Escute minha voz que se dirige a ti.
Minha força está em teu nome,
E com respeito eu te invoco.
Dá-me, Ó Senhor tua paz e tua potência
Para que eu possa participar da Obra divina.

Estenda suas mãos sobre as velas, palmas para baixo, e diga:

Eu invoco os poderes de IOH o Deus vivo, de IOAH o Deus verdadeiro e IAOH o Deus Santo!
Que tudo o que possa impedir a utilização destas velas seja rejeitado neste instante.

Passe as velas acima do incenso.

Estejam desde agora, protegidas de qualquer desarmonia.

Estenda novamente as mãos acima das velas, palmas para baixo, e diga:

Ó Senhor Poderoso e Santo, conceda-me a força e a autoridade de abençoar estas velas para que eu as consagre à Obra divina.
Que elas possam ser a salvação, inspiração e iluminação tanto espiritual quanto material de quem usá-las.
Que elas sejam uma defesa segura contra qualquer influência perversa e contra todos os espíritos invisíveis que não podem suportar a presença desta luz.

Pelo poder do Deus Todo Poderoso, que estas velas sejam abençoadas neste instante, purificadas e carregadas de poder. Que elas sejam a manifestação visível da presença divina. Pelo Poderoso Nome Ieschouah, que assim seja!

SACRALIZAÇÃO DO INCENSÁRIO

Eleve seus dois braços para o céu com as palmas abertas e diga:

Senhor, tu que fizeste o céu e a terra,
Escute minha voz que se dirige a ti.
Minha força está em teu nome,
E com respeito eu te invoco.
Dá-me, Ó Senhor tua paz e tua potência
Para que eu possa participar da Obra divina.

Estenda suas mãos sobre o incensário, palmas das mãos para baixo, e diga:

Eu invoco os poderes de IOH o Deus vivo, de IOAH o Deus verdadeiro e IAOH o Deus Santo!
Que tudo o que possa impedir a utilização deste incensário seja rejeitado neste instante.

Passe o incensário sore o incenso, e diga:

Esteja desde agora, protegido de qualquer desarmonia.

Estenda novamente as mãos acima das velas, palmas para baixo, e diga:

Ó Senhor Poderoso e Santo, eu agora te peço que me conceda a força e a autoridade de abençoar este incensário para que eu o consagre à Obra divina.
Que ele se torne o lugar no qual serão queimados os perfumes e substâncias oferecidas aos seres espirituais.
Que seja o lugar de onde emanam os aromas temidos por todas as criaturas prejudiciais e que assim não possam residir na proximidade.
Pelo poder do Deus Todo Poderoso e do Santo Arcanjo Miguel, que este incensário seja abençoado neste instante, purificado e carregado de poder.
Pelo Poderoso Nome Ieschouah, que assim seja!

CONCLUSÃO

Durante sua história, a Kabbalah adquiriu um grande número de aparências. Algumas vezes colocada no coração da via mística e esotérica do Ocidente, experimentou períodos de ocultação, seguidos de renovação. Parece que esses ciclos são habituais da existência das correntes preocupadas em ir além da aparência e que se dirigem aos verdadeiros *Seres de desejo*.

A Kabbalah, portanto, se expressa na tradição original, hebraica, mas se integra, como vimos, ao cristianismo. Ela transmite uma abordagem específica do texto da Bíblia e permite ir além do sentido literal para percorrer até antes do nascimento das religiões do Ocidente. Porque, como poderíamos ignorar a riqueza, originalidade e atualidade do que hoje nós reconhecemos pelo nome de hermetismo?

Nós vimos que os kabbalistas cristãos estabeleceram essa abordagem próxima entre sua tradição religiosa e as antigas iniciações derivadas dos cultos de Mistérios. Eles sabiam dar uma nova face ao que se tornou a Kabbalah cristã e que poderia com justiça chamar de Kabbalah hermética. É a partir daí que os iniciados e ocultistas se apropriaram dela e fizeram um verdadeiro instrumento de evolução espiritual não dogmático.

Essa herança kabbalistica se encontra hoje em todas as escolas iniciáticas do Ocidente. Está às vezes presente de maneira essencialmente simbólica, como na franco maçonaria. Outras vezes, é utilizada explicitamente como técnica ritual. Esse é o caso, por exemplo, nas correntes rosa-cruzes ou martinistas das quais falamos neste livro. Mas as fontes teúrgicas são muitas vezes claramente identificáveis, desde que não se sucumba à cegueira de uma fé muito afastada da atitude iniciática. Porque a mensagem dos kabbalistas cristãos nos conduz a ultrapassar as armadilhas do dogma e a voltar à origem. É o que as práticas transmitidas neste livro lhe permitirão fazer. Não há dúvida que esses primeiros passos levarão a outros, em uma expansão de sua consciência e um aprofundamento de seu caminho. Nós desejamos que você redescubra os inúmeros aspectos dessa importante herança, começando assim o que os antigos chamavam "a via sagrada do retorno"!

ANEXOS

Arquiconfraria de Ieschouah

A Arquiconfraria de Ieschouah é um grupo de homens e mulheres que receberam a transmissão oculta dos místicos cristãos, os sacramentos internos da linhagem religiosa da kabbala cristã e que estão colocados sob a alta proteção Ieschouah.

Por centenas de anos os humildes servidores de Ieschouah iniciados e religiosos têm mantido essa chama espiritual.

Afastados das paixões terrestres e das marcas de honras temporais, a obra prossegue até hoje, baseando-se nos princípios essenciais que foram desvelados parcialmente pelos místicos cristãos tão diversos como São João Cassiano, o irmão Guigues 2 o cartuxo, ou ainda São Inácio de Loyola.

A Arquiconfraria de Ieschouah está sempre presente e ativa nesse mundo. Você pode receber a autoridade e os poderes e esses mudarão sua existência em todos os planos para atingir um estado de despertar avançado.

Se você desejar saber um pouco mais, nós o convidamos a tomar alguns minutos para percorrer essas páginas. Sem dúvida você vai perceber a luz oculta dessa tradição viva. Bastará então nos escrever para ir adiante e começar esse caminho único na tradição.

A ORIGEM

As práticas espirituais da archiconfrérie remontam aos primeiros cristãos do Egito, os pais do deserto. O que mais tarde foi chamado de Rosa-Cruz do Oriente encontra ali sua verdadeira origem.

Giovanni Pico de la Mirandola (1463-1494), Heinrich Cornelius Agrippa (1486-1535), Pico de la Mirandola, Johannes Reuchlin (1455-1522), Heinrich Khunrath (1560-1605) estão entre os kabbalistas do Renascimento que definiram os aspectos doutrinários da tradição.

Os místicos cristãos que eram São João Cassiano, o irmão Guigues 2 o cartuxo, ou Santo Inácio de Loyola fazem parte dessa linhagem à qual a Arquiconfraria se refere em suas práticas místicas.

Mais recentemente, Papus estabeleceu uma síntese única entre a rosa-cruz, o martinismo que ele inventou e o Mestre Philippe de Lyon que marcou sua existência. Alguns anos mais tarde alguns religiosos, bispos e patriarcas da Igreja Galicana se associaram a essa linhagem. Foi assim que essa sucessão assegurou uma transmissão contínua da autoridade e dos poderes sacerdotais e ocultos ligados a Ieschouah. É ela que está presente na Archiconfrérie de Ieschouah. Não deve ser comparada às criações martinistas mais recentes ou às espiritualidades cristãs que não conhecem as chaves ocultas da kabbala cristã como é o caso da maioria das Ordens neo-templárias.

ATUALMENTE

É importante lembrar de três coisas essenciais:
1- O coração da Kabbala cristã é a revelação da natureza e do papel de Ieschouah.
2- A essência do movimento Rosa-Cruz é religiosa, tanto pela transmissão autêntica de poder em sua linhagem, como pelos ritos que possui.
3- A Ordem Kabbalistica da Rosa-Cruz foi a primeira Ordem Rosa-Cruz moderna a existir

Estrutura

A Arquiconfraria de Ieschouah está estruturada segundo 5 potências ocultas chamadas « etapas », 3 graus de autoridade espiritual chamados « sacerdócios » e 1 círculo oculto.
O Il. Grande Patriarca Rosa-Cruz da Ordem Kabbalistica da Rosa-Cruz é diretamente responsável por essa linhagem. É ele que prepara todos os documentos necessários à prática progressiva dos processos ascéticos e ritualísticos que são enviados aos suplicantes.

Presença

A Arquiconfraria está presente em vários países do mundo. Grupos de irmãos se reúnem em certas ocasiões para celebrar, orar e participar de retiros.
Existem confrarias locais que permitem aos irmãos que receberam o sacerdócio de orar em conjunto de acordo com as técnicas de nossa tradição. Esses grupos também permitem a esses irmãos celebrar os mistérios sagrados.

As práticas

É bom lembrar que algumas igrejas cristãs utilizam as chaves que pertencem às tradições antigas pré-cristãs. Mesmo as pequenas igrejas mais preocupadas com o esoterismo não conhecem as chaves secretas de ativação interna das potências transmitidas por Ieschouah.

Por outro lado, a maioria dos grupos martinistas têm usado mal o nome de Ieschouah o considerando como um símbolo. A transmissão da kabbala oculta e mágica é outra coisa. Somente ela permite receber a consagração interior dando os poderes necessários à celebração dos ritos místicos e religiosos de Ieschouah. A verdadeira kabbala cristã está oculta aí. Ela somente é desvelada e transmitida a raros indivíduos que souberam reconhecer os sinais e avançar em direção à sua salvação.

Através de suas cinco etapas, a archiconfrérie de Ieschouah utiliza práticas espirituais que associam a devoção, a visualização, dietas específicas, períodos de solidão assim como processos ocultos até então ignorados pelos grupos contemporâneos. É no silêncio dos monastérios que se pode encontrar de maneira dispersiva essas técnicas interiores. Elas foram progressivamente reorganizadas em sua forma original para permitir uma real transformação interior praticada pelos irmãos de forma individual no oratório pessoal secreto.

Os retiros

Períodos de retiro comunitários reúnem regularmente os irmãos da archiconfrérie para ensinamentos e práticas espirituais privadas.

Durante alguns dias, os irmãos que tenham pelo menos subido as duas primeiras etapas se encontram em um local de retiro. Eles seguem um processo rigoroso que lhes permite aprofundar sua obra interior sob a direção de um padre da Arquiconfraria.

Algumas partes da jornada são comuns, enquanto outras acontecem no silêncio de seu quarto, às vezes chamado "célula". É aí que o padre faz visita ao irmão para lhe aconselhar e o guiar em seu caminho interior e seus exercícios espirituais.

Também é durante retiros desse tipo que os três sacerdócios são comunicados e conferidos.

A medalha

Essa medalha geralmente leva o nome de « medalha do campo dei fieri ».

A original dessa medalha foi descoberta por Mr Boyer D'Agen em uma manhã de Março de 1897 em Roma no mercado de « Campo dei Fiori ».

A face que pode ser vista aqui mostra uma bela semelhança com os retratos autênticos mais prováveis do Cristo: O Véu de Verônica, a Imagem de Edessa e o Santo Sudário de Turim.

Também corresponde à descrição de Jesus feita por Publius Lentulus, governador da Judéia sob o reino de Tibério César, e com as visões de Anne Catherine Emmerich.

Na parte de trás dessa medalha pode-se ler uma inscrição em caracteres Hebraicos sagrados: « O Messias reinou. Ele veio na paz e se tornou a Luz do homem, ele está vivo. » Essa é a frase que você pode ler em hebraico no alto dessa página. Essa frase também é utilizada em várias práticas e orações da archiconférie.

Esta medalha data do primeiro século, quando Jesus ainda estava na terra e corresponderia, segundo alguns especialistas, a uma das "tesseras" que os primeiros cristãos passavam de mão em mão com sinal de reconhecimento por volta do ano 70.

Uma apresentação completa histórica e simbólica da medalha de Ieschouah é dada aos membros da Archiconfrérie com os documentos da segunda etapa.

AS VISÕES BÍBLICAS

AS VISÕES DE ELIAS

"No momento da apresentação da oferenda, Elias, o profeta, veio para a frente e disse: Eterno, Deus de Abraão, Isaac e Israel, que seu seja teu servidor, e que eu faça todas essas coisas por tua palavra! Respondei-me, Eterno, respondei-me, para que esse povo reconheça que és tu, Eterno, que és Deus, e que és tu que fazes o coração deles voltar para ti! E o fogo do Eterno caiu, e consumiu o holocausto, a lenha, as pedras e a terra, e absorveu a água que estava na vala. Quando todo o povo viu isso, eles caíram sobre seus rostos e disseram: É o Eterno que é Deus! Prendam os profetas de Baal, lhes disse Elias; que nenhum deles escape! E eles os prenderam. Elias os fez descer à torrente de Quisom, onde os abateu. " Bíblia, I Reis 18:36-40.

"Quando eles passaram, Elias disse a Eliseu: Peça o que queres que eu faça para ti, antes que eu seja tomado de ti. Eliseu respondeu: Que haja em mim, eu te peço, uma dupla porção de teu espírito! Elias disse: Tu pedes uma coisa difícil. Mas se tu me vires quando for tomado de ti, assim te acontecerá; se não, isso não acontecerá. Como eles continuavam a falar andando, eis que, um carro de fogo e cavalos de fogo os separaram um do outro, e Elias sobe ao céu em um turbilhão. Eliseu viu e gritou: Meu pai! Meu pai! Carro de Israel e sua cavalaria! E ele não mais o viu. Pegando então suas vestes, ele as rasgou em duas partes, e levantou o manto que Elias tinha deixado cair. Depois voltou, e parou à margem do rio Jordão; ele pegou o manto que Elias tinha deixado cair, e com ele golpeou as águas, e disse: Onde está o Eterno, o Deus de Elias? Além disso, ele golpeou as águas, que se dividiram de um lado e do outro, e Eliseu passou. Os filhos dos profetas que estavam em Jericó, frente a frente, tendo cisto o que aconteceu, disseram: O espírito de Elias repousa sobre Eliseu! E vindo ao seu encontro, eles se prosternaram contra a terra diante dele. " Bíblia, 2 Reis 2:9-15.

AS VISÕES DE EZEQUIEL

"A palavra do Eterno foi dirigida a Ezequiel, filho de Buzi, o sacrificador, no país dos Caldeus, perto do rio do Kebar; e foi lá que a mão do Eterno veio sobre ele. Eu olhei, e eis que veio do Norte um vento tempestuoso, uma grande nuvem, e um feixe de fogo, que espalhava por todos os lados uma luz brilhante, no centro da qual brilhava como bronze polido, saindo do meio do fogo. Ainda no centro, apareceram quatro animais, cujo aspecto tinha semelhança humana. Cada um deles tinha quatro faces, e cada um tinha quatro asas. Seus pés eram pés direitos, e a planta de seus pés era como a de um bezerro, e brilhavam como bronze polido. Eles tinham mãos de homem debaixo das asas em seus quatro lados; e todos os quatro tinham suas faces e suas asas. Suas asas eram unidas uma a outra; eles não se viravam quando andavam, mas cada um andava continuamente à sua frente. Quanto à figura de suas faces, tinham todos uma face de homem, todos os quatro uma face de leão à direita, todos os quatro uma face de boi à esquerda, e também todos os quatro tinham uma face de águia. Suas faces e suas asas eram separadas em cima; duas de suas asas se juntavam uma com a outra, e duas cobriam seus corpos. Cada um deles andava para a frente; eles iam aonde o espírito os conduzia, e eles não se viravam em sua marcha. O aspecto desses animais se assemelhava a brasas de fogo ardente, era como o aspecto de tochas, e esse fogo circulava entre os animais; lançava uma luz ofuscante, e saiam raios. E os animais corriam e voltavam como o clarão de um raio. Eu olhava esses animais; e, então, havia uma roda sobre a terra, perto dos animais, diante de suas quatro faces. Pelo seu aspecto e sua estrutura, essas rodas pareciam ser de berilo, e todas as quatro tinham a mesma forma; seu aspecto e sua estrutura era tal que cada roda parecia estar no meio de outra roda. Caminhando, eles as tinham aos seus quatro lados, e elas não se viravam em seu caminho. Elas tinham uma circunferência e altura assustadoras, e em sua circunferência as quatro rodas estavam cheias de olhos ao redor. Quando os animais caminhavam, as rodas andavam ao lado deles; e quando os animais se elevavam da terra, as rodas também se elevavam. Eles iam aonde o espírito os conduzia; e as rodas se elevavam com eles, porque o espírito dos animais estava nas rodas. Quando eles andavam, elas andavam; quando eles paravam, elas paravam; quando eles se elevavam da terra, as rodas se elevavam com eles, porque o espírito dos animais estava nas rodas. Acima da cabeça dos animais, havia como que um céu de cristal resplandecente, que se estendia sobre suas cabeças no alto. Sob esse céu, suas asas estavam retas uma contra a outra, e cada um deles tinha duas asas que os cobriam, duas que cobriam seu corpo. Eu ouvi o barulho de suas asas, quando eles caminhavam, como o barulho de muitas águas, como a voz do Todo Poderoso; era um ruído tempestuoso, como o de um exército; quando eles paravam, deixavam cair suas asas. E ouviu-se uma voz que partia do céu que estava sobre suas cabeças, quando eles paravam e deixavam cair suas asas. Acima do céu que estava sobre suas cabeças, havia algo semelhante a uma pedra de safira, em forma de trono; e sobre essa forma de trono apareceu como uma figura de homem colocada acima no alto. Eu ainda vi como de bronze polido, como fogo, no interior do qual estava esse homem, e que brilhava por todo o redor; a partir da sua cintura até o alto, e a partir da forma de sua cintura até embaixo, eu vi como fogo, e como uma luz brilhante, na qual ele estava envolvido. Como o aspecto do arco que está na nuvem em dia de chuva assim era o aspecto dessa luz brilhante, que o envolvia; era uma imagem da glória do Eterno. À essa visão eu caí sobre minha face, e ouvi a voz de alguém que falou. " Bíblia, Luis 2°, Ezequiel 1:3-28.

[...]

"Eu olhei, e depois no céu que estava acima da cabeça dos querubins, havia como uma pedra de safira; via-se acima deles alguma coisa semelhante à forma de um trono. E o Eterno disse ao homem vestido de linho: Vá por entre as rodas sob os querubins, enche tuas mãos com brasas ardentes que pegarás entre os querubins, e os espalha sobre a cidade! E ele foi diante de meus olhos. Os querubins estavam à direita da casa, quando o homem foi, e o átrio interior se encheu com a nuvem. A glória do Eterno se elevou acima dos querubins, e se dirigiu ao átrio da casa; a casa foi preenchida pela nuvem, e o átrio foi preenchido pelo esplendor da glória do Eterno. O ruído das asas dos querubins se fez ouvir até o átrio exterior, semelhante A voz do Deus todo poderoso quando ele fala. Então, o Eterno dá essa ordem ao homem vestido de linho: Pegas do fogo entre as rodas, entre os querubins! E esse homem foi se colocar perto das rodas. Então, um querubim estendeu a mão entre os querubins em direção ao fogo que estava entre os querubins; ele o pegou, e colocou nas mãos do homem vestido de linho. E esse homem pegou e saiu. Via-se entre os querubins uma forma de mão de homem sob suas asas. Eu olhei, e então, haviam quatro rodas perto dos querubins, uma roda perto de cada querubim; e essas rodas tinham o aspecto de uma pedra de berilo. Por seu aspecto, todas as quatro tinham a mesma forma; cada roda parecia estar no meio de outra roda. Caminhando, elas iam aos seus quatro lados, elas não se viravam em seu caminhar; mas elas iam na direção da cabeça, sem se virar em seu caminhar. Todo o corpo dos querubins, suas costas, suas mãos e suas asas, estavam cheias de olhos, assim como as rodas em todo o seu redor, as quatro rodas. Eu ouvi que chamaram as rodas de turbilhão. Cada um tinha quatro faces; a face do primeiro era a face de um querubim, a face do segundo era uma face de homem, a do terceiro uma face de leão, e a do quarto uma face de águia. E os querubins se elevaram. Estes eram os animais que eu vi perto do rio do Kebar. Quando os querubins caminhavam, as rodas caminhavam ao lado deles; e quando os querubins abriam suas asas para se elevar da terra, as rodas também não se separavam deles. Quando eles paravam, elas paravam, e quando eles se elevavam, elas se elevavam com eles, pois o espírito dos animais estavam nelas. A glória do Eterno se retira do átrio da casa, e se pôs entre os querubins. Os querubins abriram suas asas, e se elevaram da terra sob meus olhos quando partiram, acompanhados pelas rodas. Eles pararam na entrada da porta da casa do Eterno no Oriente; e a glória do Deus de Israel estava sobre eles, no alto. Esses eram animais que eu vi sob o Deus de Israel perto do rio Kebar; e eu reconheci que eram os querubins. Cada um tinha quatro faces, cada um tinha quatro asas, e uma forma de mão de homem estava sob suas asas. Suas faces eram semelhantes às que eu tinha visto perto do rio do Kebar; era a mesma aparência, eram eles mesmos. Cada um caminhava reto à sua frente. ” Bíblia Luis 2º, Ezequiel 10:1-22.

CORRESPONDÊNCIAS DO ALFABETO HEBRAICO

1- N° dos caminhos
2- Arcanos maiores
3- Planetas, signos astrológicos, elementos
4- Quadrado mágico do Tarô
5- Letras hebraicas

1	2	3	4	5
11	0- O louco	Terra	Elemental	Aleph
12	1- O mago	Mercúrio	Mercúrio	Beth
13	2- A papisa	Lua	Lua	Guimel
14	3- A imperatriz	Vênus	Vênus	Daleth
15	4- O imperador	Áries	Marte	He
16	5- O papa	Touro	Vênus	Vav
17	6- O amante	Gêmeos	Mercúrio	Zain
18	7- A carruagem	Câncer	Lua	Ret
19	8- A força	Leão	Sol	Tet
20	9- O Eremita	Virgem	Mercúrio	Iod
21	10- A roda da fortuna	Júpiter	Júpiter	Kaph
22	11- A justiça	Libra	Vênus	Lamed
23	12- O enforcado	Água	Elemental	Mem
24	13- A morte	Escorpião	Marte	Noun
25	14- A temperança	Sagitário	Júpiter	Samer
26	15- O diabo	Capricórnio	Saturno	Ayin
27	16- A torre	Marte	Marte	Peh
28	17- A estrela	Aquário	Saturno	Tsadi
29	18- A lua	Peixes	Júpiter	Qoph
30	19- O sol	Sol	Sol	Rech
31	20- O julgamento	Fogo	Elemental	Chin
32	21- O mundo	Saturno	Saturno	Tav

Os três reis Magos – Lenda kabbalistica e maçônica

Muito tempo depois da morte de Hiram e Salomão e de todos os seus contemporâneos, depois que os exércitos de Nabucodonosor tinham destruído o reino de Judá, arrasado a cidade de Jerusalém, derrubado o Templo, capturado o restante da população não massacrada, quando a montanha de Sião não era mais que um deserto árido onde pastavam algumas magras cabras guardadas pelos Beduínos famintos e saqueadores, uma manhã, três viajantes chegaram no passo lento de seus camelos.

Esses eram os Magos, Iniciados da Babilônia, membros do Sacerdócio Universal, que vinham em peregrinação e exploração das ruínas do antigo Santuário.

Depois de uma refeição frugal, os peregrinos se puseram a percorrer o recinto devastado. A destruição das paredes e os eixos das colunas lhes permitiram determinar os limites do Templo. Em seguida, eles se puseram a examinar os capitéis caídos na terra, a apanhar as pedras para descobrir inscrições ou símbolos.

Enquanto eles procediam a essa exploração, sob uma parede caída e no meio de arbustos espinhosos, descobriram uma escavação.

Era um poço, situado no ângulo Sudeste do Templo, eles se empenharam em limpar o orifício, após o que, um deles, o mais idoso, o que parecia ser o chefe, deitando-se de bruços na borda, olha em seu interior.

Era o meio do dia, o Sol brilhava no zênite e seus raios mergulhavam quase que verticalmente no poço. Um objeto brilhante fere os olhos do Mago. Ele chamou seus companheiros que se colocaram na mesma posição que ele e olharam. Evidentemente, havia ali um objeto digno de atenção, sem dúvida uma joia sagrada. Os três peregrinos resolveram se apoderar dela. Eles tiraram as correias que tinham ao redor da cintura, amarraram umas às outras e jogaram uma extremidade no poço. Então, dois deles, se apoiando, ficaram com a tarefa de sustentar o peso do que descia. Este, o chefe, agarrando a corda, desapareceu pelo orifício. Enquanto ele faz sua descida, vamos ver qual era o objeto que havia atraído a atenção dos peregrinos. Para isso, vamos voltar para trás vários séculos, até a cena do assassinato de Hiram.

Quando o Mestre, diante da porta do Oriente, recebeu o empurrão do segundo Companheiro malvado, ele fugiu para alcançar a porta do Sul; mas se precipitando ele temia, ou ser perseguido, ou, assim que isso acontecesse, encontrar um terceiro mau Companheiro. Ele pegou de seu pescoço uma joia que estava suspensa por uma corrente de setenta e sete anéis e a jogou no poço que se abria no Templo, no canto dos lados Leste e Sul.

Essa joia tinha um Delta de um palmo de lado feita do mais puro metal, sobre o qual Hiram, que era iniciado perfeito, havia gravado o nome inefável e que carregava com ele, a face para dentro, somente o verso exposto aos olhares, mostrando somente uma face unida.

Enquanto, com a ajuda das mãos e dos pés, o Mago descia na profundeza do poço, ele nota que a parede do mesmo estava dividida em zonas ou anéis feitos de pedras de várias cores de aproximadamente um côvado de altura cada um. Quando ele chegou em baixo, contou essas zonas e descobriu que eram em número de dez. Então ele baixa seu olhar para o chão, viu a joia de Hiram, pegou-a, olhou-a e constatou com emoção que tinha inscrita a palavra inefável que ele próprio conhecia, porque ele era também, um iniciado perfeito. Para que seus companheiros que não tinham como ele a plenitude da iniciação, não poderiam ler, ele pendurou a joia em seu pescoço, com a face para dentro, assim como o Mestre havia feito.

Em seguida, ele olhou ao seu redor e constatou a existência na muralha de uma abertura pela qual um homem poderia penetrar. Ele entrou, caminhando tateando no escuro. Suas mãos encontraram uma superfície que ao contato, lhe pareceu ser de bronze. Então ele recuou, retornou ao fundo do poço, advertiu seus companheiros para que eles mantivessem a corda firme e subiu.

Vendo a joia que adornava o peito de seu chefe, os dois Magos se inclinaram à sua frente; eles supuseram que ele havia passado por uma nova consagração. Ele lhes disse o que tinha visto, lhes falou da porta de bronze. Eles pensaram que devia haver ali um mistério; eles deliberaram e resolveram ir juntos à descoberta.

Eles colocaram uma extremidade da corda feita de três correias em uma pedra plana que existia perto do poço e sobre a qual lia-se a palavra « Jachin ». Eles colocaram em cima um eixo de coluna onde se via « Boaz », em seguida, eles se asseguraram que a corda assim, poderia suportar os pés de um homem.

Dois deles fizeram em seguida o fogo sagrado com a ajuda de « Boaz », depois se asseguraram que a corda assim, poderia suportar os pés de um homem.

Dois deles fizeram em seguida o fogo sagrado com a ajuda de um bastão de madeira dura rolando entre as mãos e girando em um buraco feito em um pedaço de madeira macia. Quando a madeira macia foi acesa, eles sopraram por cima dela para provocar a chama. Durante esse tempo, o terceiro tinha ido pegar, nos pacotes amarrados junto ao grupo de camelos, três tochas de resina que eles haviam feito para afastar os animais selvagens de seus acampamentos noturnos. As tochas foram sucessivamente aproximadas da madeira em chamas e se acenderam com o o fogo sagrado. Cada Mago, tendo sua tocha em uma mão, se deixam deslizar pela corda até o fundo do poço.

Uma vez lá, eles entraram, sob a condução de seu chefe, no corredor que lavava à porta de bronze. Chegando à sua frente, o velho Mago a examina atentamente com o brilho de sua tocha. Ele constatou, no meio, a existência de um ornamento em relevo que tinha a forma de uma coroa real, ao redor da qual estava um círculo composto de pontos, em número de vinte e dois.

O mago se absorve em uma meditação profunda, e depois ele pronunciou a palavra « Malkuth » e subitamente, a porta se abriu.

Os exploradores se encontraram então diante de uma escada que mergulhava no solo; eles desceram, sempre com as tochas nas mãos, contando os degraus. Quando eles tinham descido três encontraram um patamar triangular, do lado esquerdo do qual começava uma nova escada. Eles desceram por essa escada e, depois de cinco degraus, encontraram outro patamar da mesma forma e mesmas dimensões. Desta vez, a escada continuava do lado direito e tinha sete degraus.

Tendo alcançado um terceiro patamar, eles desceram nove degraus e se encontraram diante de uma segunda porta de bronze.

O velho Mago a examinou como a precedente e constatou a existência de outro ornamento em relevo representando uma pedra angular, também envolvida por um círculo feito por vinte e dois pontos. Ele pronunciou a palavra « Iesod » e por sua vez, essa porta se abriu.

Os Magos entraram em uma vasta sala abobadada e circular, cuja parede estava ornada com nove fortes nervuras que partiam do solo e se encontravam em um ponto central no alto.

Eles a examinaram com o brilho de suas tochas, deram a volta para ver se não haviam outras passagens a não ser aquela por onde tinham entrado. Eles não encontraram e pensaram em se retirar; mas seu chefe refez seus passos, examinou as nervuras uma depois da outra, procurou um ponto de referência, contou as nervuras e subitamente ele chamou. Em um canto escuro ele tinha descoberto uma nova porta de bronze. Esta tinha como símbolo um Sol brilhante, sempre inscrito em um círculo feito por vinte e dois pontos. O chefe dos Magos pronunciando a palavra « Netzah », ela também se abriu e deu acesso a uma segunda sala.

Sucessivamente, os exploradores atravessaram outras cinco portas também dissimuladas, e passaram por novas criptas.

Em uma dessas portas, havia uma lua resplandecente, uma cabeça de leão, uma curva suave e graciosa, uma régua, um rolo da lei, um olho e, finalmente, uma coroa real.

As palavras pronunciadas foram sucessivamente Hod, Tiphereth, Resed, Gueburah, Hokmah, Binah et Kether.

Quando eles entraram na nona abóboda, os Magos pararam surpresos, espantados, assustados. Essa não estava na escuridão; estava, ao contrário, brilhantemente iluminada. No meio, estavam colocados três candelabros de uma altura de onze côvados, cada um com três braços. Essas lamparinas que queimavam a séculos, que a destruição do reino de Judá, a de Jerusalém e a queda do Templo, não tinham levado à extinção, brilhavam com viva claridade, iluminando com uma luz ao mesmo tempo suave e intensa todos os cantos, todos os detalhes da maravilhosa arquitetura dessa abóboda incomparável esculpida na rocha viva.

Os peregrinos apagaram suas tochas que não mais precisavam, as colocaram perto da porta, tiraram seus calçados e arrumaram seus cabelos como em um lugar santo, depois avançaram inclinando-se nove vezes em direção dos gigantescos candelabros.

Na base do triângulo formado por eles, estava erguido um altar cúbico de dois côvados de altura. Em sua face, olhando para o vértice superior do triângulo, estavam representadas, em ouro, as ferramentas da Maçonaria: a Régua, o Compasso, o Esquadro, o Nível, a Colher de Pedreiro, o Malhete. Na face lateral esquerda, viam-se figuras geométricas: Triângulo, Quadrado, Estrela de cinco pontas, Cubo. Na face lateral direita, liam-se os números: 27, 125, 343, 729, 1331. Finalmente, na face posterior, estava representada a Acácia simbólica. Sobre esse altar estava colocada uma pedra de ágata com três palmos de lado; acima dela, lia-se, escrita em letras de ouro, a palavra: « Adonai ».

Os dois Magos, discípulos, se inclinaram e adoraram o nome de Deus; mas seu chefe, ao contrário, levantando sua cabeça, lhes disse:

« Já é tempo de receberes o último ensinamento que fará de vós Iniciados perfeitos. Esse nome é apenas um símbolo vão que não expressa realmente a ideia de Concepção Suprema ».

Então, ele pegou com as duas mãos a pedra de ágata, voltou-se para seus discípulos dizendo: « Olhai, a Concepção Suprema, aqui está. Estais no Centro da ideia. ».

Os discípulos soletraram as letras Iod, He, Vav, He e abriram a boca para pronunciar a palavra, mas ele gritou:

« Silêncio! Essa é a palavra inefável que não deve sair de nenhum lábio. »

Em seguida, ele repousa a pedra de ágata sobre o altar, pegou em seu peito a joia do Mestre Hiram e lhes mostrou que os mesmos sinais estavam gravados.

« Agora aprendam, ele lhes disse, que não foi Salomão que fez escavar esta abóboda tumular, nem construiu as oito que a precedem, nem mesmo ali ocultou a pedra de ágata. A pedra foi colocada por Enoque, o primeiro de todos os Iniciados, o Iniciado iniciador, que não morreu, mas sobrevive em todos os seus filhos espirituais. Enoque viveu muito tempo antes de Salomão, antes mesmo do dilúvio. Não se sabe em que época foram construídas as oito primeiras abóbodas e essa, escavada na rocha viva. ». Entretanto, os novos grandes Iniciados desviaram sua atenção do altar e da pedra de ágata, olharam o céu da Sala que se perdia em uma altura prodigiosa, percorrendo a vasta nave onde suas vozes despertavam ecos repetidos. Chegaram assim diante de uma porta, cuidadosamente dissimulada e sobre a qual o símbolo era um vaso quebrado. Eles chamaram seu Mestre e lhe disseram:

- Abre-nos ainda essa porta, deve haver novo mistério atrás dela.

- Não, ele respondeu, não se deve abrir essa porta, há lá um mistério, mas é um mistério terrível, um mistério morto.

- Ó, tu queres nos esconder alguma coisa, reserva-la para ti; mas nós queremos saber tudo, nós abriremos nós mesmos essa porta. Então eles se puseram a pronunciar todas as palavras que tinham ouvido da boca do seu Mestre; depois, como todas essas palavras não produziam nenhum efeito, eles disseram todas as que lhes passava pela mente. Eles iam desistir, quando um deles proferiu:

- Não podemos, no entanto, continuar até o infinito.

Com esta palavra: « Ain Soph », a porta se abriu com violência, os dois imprudentes foram derrubados no solo, um vento furioso soprou na abóboda, as lamparinas mágicas se apagaram.

O Mestre correu para a porta, apoiou-se, e chamou seus discípulos para ajuda-lo; eles atenderam seu chamado, se apoiaram com ele e com seus esforços unidos, conseguiram enfim fechar a porta.

Mas as lamparinas não se reacenderam, os Magos foram lançados nas trevas mais profundas. Eles se juntaram à voz de seu Mestre. Este lhes disse: « Infelizmente, este evento terrível estava previsto. Estava escrito que cometerias essa imprudência. Estamos aqui em grande perigo de perecer nesses lugares subterrâneos ignorados pelos homens. Entretanto, vamos tentar sair, atravessar as oito abóbodas e chegar ao poço pelo qual nós descemos. Vamos nos levar pela mão, caminharemos até reencontrarmos a porta de saída. Recomeçaremos em todas as salas até chegarmos ao pé da escada de vinte e quatro degraus. Esperamos ter sucesso. »

Assim fizeram eles. Eles passaram horas de angústia, mas não se desesperaram. Eles chegaram ao pé da escada de vinte e quatro degraus. Subiram contando 9, 7, 5 e 3 e se encontraram de novo no fundo do poço. Era meia noite, as estrelas brilhavam no firmamento; a corda de correias ainda pendia.

Antes de deixar seus Companheiros irem, o Mestre lhes mostra o círculo recortado no céu pela boca do poço e lhes disse: « Os dez círculos que vimos quando descemos representam também as abóbodas ou os arcos da escada; a última corresponde ao número onze, aquela de onde soprou o vento do desastre, é o céu infinito com as luminárias que o povoam fora de nosso alcance. »

Os três iniciados voltaram ao recinto do Templo em ruínas; eles empurraram de novo o eixo de coluna sem ver a palavra « Boaz », eles desataram suas correias, cobriram-se e montaram na sela: depois, sem trocar nenhuma palavra, imersos em uma profunda meditação sob o céu estrelado, no meio do silêncio noturno, eles se afastaram no passo lento de seus camelos, na direção da Babilônia.

Fontes bíblicas do Rosário Católico

I. Os Mistérios Gozosos

1° A anunciação:
Lucas 1: 26-38

« No sexto mês, o anjo Gabriel foi enviado por Deus em uma vila da Galileia, chamada Nazaré, a uma virgem noiva de um homem da casa de Davi, chamado José. O nome da virgem era Maria.

O anjo veio até ela, e disse: Eu te saúdo, tu que és agraciada; o Senhor esteja contigo.

Perturbada por essas palavras, Maria se perguntou o que poderia significar tal saudação.

O anjo lhe diz: Não temas, Maria; pois tu foste agraciada diante de Deus.

E eis que tu conceberás e terás um filho, e tu lhe darás o nome de Jesus.

Ele será grande e será chamado Filho do Altíssimo, e o Senhor Deus lhe dará o trono de Davi, seu pai.

Ele reinará na casa de Jacó eternamente, e seu reino não terá fim.

Maria diz ao anjo: Como isso acontecerá, pois eu não conheço homem?

O anjo lhe respondeu: O Espírito Santo virá sobre ti, e o poder do Altíssimo te cobrirá com sua sombra. Portanto, a criança que nascerá de ti será chamada Filho de Deus.

Também Isabel, tua parenta, também ela, concebeu um filho em sua velhice, e aquela que era chamada de estéril está em seu sexto mês.

Porque nada é impossível para Deus.

Maria disse: Eu sou serva do Senhor; que seja feito segundo tua palavra! E o anjo a deixou. »

2° A visitação:
Lucas I: 39-56

« Naquele mesmo tempo, Maria se levantou, e foi apressadamente para as montanhas, em uma vila de Judá. Ela entra na casa de Zacarias, e saúda Isabel.

Quando Isabel ouviu a saudação de Maria, seu filho estremeceu em seu ventre, e ela ficou cheia do Espírito Santo.

Ela gritou em alta voz: Tu és bendita entre as mulheres, e bendito é o fruto de teu ventre.

Como me é concedido que a mãe de meu Senhor venha até mim?

Pois, eis que assim que a voz de tua saudação chegou a meus ouvidos, a criança em meu ventre agitou-se de alegria.

Feliz aquele que acreditou, porque as coisas que lhe foram ditas por parte do Senhor serão realizadas.

E Maria disse: Minha alma exalta o Senhor, e meu espírito se rejubila em Deus, meu Salvador,

Porque ele olhou para a humildade de sua serva. Porque a partir de agora, todas as gerações me chamarão bem-aventurada, porque o Todo Poderoso fez grandes coisas para mim. Seu nome é santo, e sua misericórdia se estende por gerações para aqueles que o temem.

Ele implantou a força de seu braço; ele dispersou os que tinham pensamentos orgulhosos dentro do coração.

Ele depôs os poderosos de seus tronos, e ele exaltou os humildes.

Ele saciou de bens os famintos, e ele despediu os ricos de mãos vazias.

Ele socorreu Israel, seu servo, e lembrou de sua misericórdia, como tinha dito a nossos pais, para com Abraão e sua posteridade para sempre.

Maria ficou com Isabel por três meses. Depois ela voltou para casa. »

3° A natividade:

Lucas 2: 1-7

« Naquele tempo, apareceu um decreto de César Augusto, ordenando um recenseamento de toda a terra. Esse primeiro recenseamento aconteceu enquanto Quirino era governante da Síria. Todos iam se inscrever, cada um em sua vila. José também foi da Galileia, da cidade de Nazaré, para a Judeia, na vila de Davi, chamada Belém, porque era da casa e da família de Davi, para se inscrever com Maria, sua noiva, que estava grávida.

Enquanto eles estavam lá, chegou o tempo em que Maria deveria dar à luz, e ela deu à luz a seu primogênito. Ela o envolveu em panos e o deitou em uma manjedoura, porque não havia lugar para eles na hospedaria. »

4° A apresentação no templo:

Lucas 2: 22-32

« E, quando os dias de sua purificação se realizaram, de acordo com a lei de Moisés, José e Maria o levaram a Jerusalém, para apresentá-lo ao

Senhor: Todo primogênito masculino será consagrado ao Senhor e para oferecer em sacrifício, duas rolinhas ou dois pombinhos, como está prescrito na lei do Senhor.

E eis que, havia em Jerusalém um homem chamado Simeão. Esse homem era justo e piedoso, e ele esperava a consolação de Israel, e o Espírito Santo estava sobre ele. Foi-lhe divinamente revelado pelo Espírito Santo que ele não morreria antes de ter visto o Cristo do Senhor. Ele foi ao templo, possuído pelo Espírito. E, como os pais trouxeram o menino Jesus para fazer por isso o que ordenava a lei, ele o recebeu em seus braços, louvou a Deus, e disse:

Agora, Senhor, deixas teu servidor ir em paz, segundo tua palavra.

Pois meus olhos viram tua salvação,

Salvação que preparaste à vista de todos os povos,

Luz para iluminar as nações, E glória de Israel teu povo.

Seu pai e sua mãe estavam admirados com as coisas que diziam dele. »

5° A descoberta de Jesus no templo
Lucas 2: 40-50

« Ora, a criança crescia e se fortalecia. Ele estava cheio de sabedoria, e a graça de Deus estava sobre ele. Os pais de Jesus iam todo ano a Jerusalém, para a festa da Páscoa.

Quando ele completou doze anos de idade, eles foram à festa, como de costume. Depois, quando se encerraram os dias da festa, e que eles retornaram, o menino Jesus permanece em Jerusalém. Seu pai e sua mãe não perceberam. Acreditando que ele estava com seus companheiros de viagem, fizeram o caminho de um dia, e o procuraram entre seus parentes e seus conhecidos. Mas, não tendo encontrado, eles voltaram a Jerusalém para procura-lo.

Ao cabo de três dias, eles o encontraram no templo, sentado no meio dos doutores, ouvindo-os e interrogando-os. Todos os que o ouviam estavam admirados por sua inteligência e suas respostas. Quando seus pais o viram, eles se maravilharam, e sua mãe disse: Meu filho, por que assim fizeste para nós? Eis que teu pai e eu, nós te procuramos angustiados.

Ele lhes disse: Por que me procuravas? Não sabeis que devo me ocupar dos afazeres de meu Pai?

Mas eles não compreenderam o que ele lhes dizia. »

II. *Os mistérios dolorosos*

6° A agonia em Getsêmani
Mateus 26: 36-46

« Então, Jesus foi com eles a um lugar chamado Getsêmani, e disse a seus discípulos: Sentem-se aqui, enquanto me afastarei para orar.

Ele levou Pedro consigo e os dois filhos de Zebedeu, e começou a entristecer-se e angustiar-se. Então ele lhes disse: Minha alma mortalmente triste; fiquem aqui, e vigiai comigo. Depois, tendo dado alguns passos adiante, prostrou-se com o rosto, e assim orou: Meu Pai, se for possível, afasta de mim esse cálice! Contudo, não o que eu quero, mas o que tu queres.

E ele voltou até seus discípulos, que se encontravam adormecidos, e ele disse a Pedro: Tu não pudeste vigiar uma hora comigo! Vigiai e orai, para que não caias na tentação; o espírito está pronto, mas a carne é fraca.

Ele se afastou uma segunda vez, e assim orou: Meu Pai, se não for possível que esse cálice se afaste sem que o eu beba, que seja feita tua vontade!

Ele voltou, e os encontrou ainda dormindo; pois seus olhos estavam pesados.

Ele os deixou, e se afastando, ele orou pela terceira vez, repetindo as mesmas palavras. Depois, ele voltou a seus discípulos, e lhes disse: Vós ainda dormis, e vós repousais! Eis que a hora está próxima, e o Filho do homem está entregue nas mãos dos pecadores.

Levantem-se, vamos; eis, aquele que me entrega se aproxima. »

7° A flagelação
Mateus 27: 26

« Então Pilatos libertou Barrabás; e, após ter mandado açoitar Jesus, ele o entregou para ser crucificado. »

8° A coroação com espinhos
Mateus 27: 28-30

« Os soldados do governador conduziram Jesus à sala do tribunal, e reuniram ao seu redor toda a tropa.

Tiraram-lhe suas vestes, e o cobriram com um manto escarlate. Eles fizeram uma coroa de espinhos, que puseram em sua cabeça, e colocaram uma vara em sua mão direita; depois, se ajoelhando diante dele, zombaram dele, dizendo: Salve, rei dos Judeus!

E eles cuspiram nele, tiraram-lhe a vara, e bateram com ela em sua cabeça. »

9° Jesus carrega a cruz

João 19: 12-17

« A partir desse momento, Pilatos procurou liberta-lo. Mas os Judeus gritaram: « Se tu o libertares, não serás amigo de César. Quem se faz rei se declara contra César. »

Pilatos, tendo ouvido essas palavras, trouxe Jesus para fora; e ele sentou no tribunal, no lugar chamado o Pavimento, e em hebraico Gabbatha. Era o dia da preparação da Páscoa, e por volta da sexta hora. Pilatos disse aos Judeus: « Eis aqui vosso rei. » Mas eles gritaram: « Mata, mata, crucifica-o! » Pilatos lhes disse: « Devo crucificar vosso rei? » Os principais sacerdotes responderam: « Nós não temos rei além de César. » Em seguida, entregou-o para ser crucificado. E tomaram Jesus e o levaram.

Jesus, carregando sua cruz, chega ao lugar do crânio, que se chama Gólgota em Hebraico. »

Lucas 23: 26-30

« Enquanto o conduziam, eles pegaram um tal de Simão de Cirene, que vinha do campo, e lhe colocaram a cruz, para que ele a levasse atrás de Jesus.

Ele foi seguido por uma multidão de pessoas, e de mulheres que batiam no peito e se lamentavam por ele. Jesus se volta para elas e diz: « Filhas de Jerusalém, não chorem por mim; mas chorem por vós e vossos filhos. Pois eis que virão os dias em que se dirá: Felizes as estéreis, felizes os ventres que não geraram, e os seios que nunca amamentaram! »

Então eles começarão a dizer às montanhas: « Caiam sobre nós! E às colinas: Cubram-nos! »

10° Jesus é crucificado

João 19: 18-37

« Ali ele foi crucificado, e dois outros com ele, um de cada lado, e Jesus no meio.

Pilatos fez uma inscrição, que colocou sobre a cruz, e que foi assim concebida: « Jesus de Nazaré, rei dos Judeus. » Muitos Judeus leram essa inscrição, porque o lugar em que Jesus foi crucificado era perto da cidade: estava em hebraico, em grego e em latim. Os principais sacerdotes dos Judeus disseram a Pilatos: «Não escreva: Rei dos Judeus. Mas que ele disse: Eu sou o rei dos Judeus. »

Pilatos respondeu: « O que eu escrevi, eu escrevi. »

Os soldados, depois de ter crucificado Jesus, tomaram suas vestes, e rasgaram em quatro partes, uma para cada soldado. Eles também pegaram sua túnica, que era sem costura, tecida de uma única parte de cima até em baixo. E disseram entre eles: «Não a rasguemos, mas vamos tirar a sorte para quem ficará com ela. » Isso aconteceu para que se realizasse a palavra da Escritura: « Eles dividiram minhas vestes. E tiraram a sorte pela minha túnica. » Isso foi o que os soldados fizeram.

Perto da cruz de Jesus estava sua mãe e a irmã de sua mãe, Maria, mulher de Cleofas, e Maria Madalena. Jesus, vendo sua mãe, e perto dela o discípulo a quem ele amava, disse à sua mãe: « Mulher, aí está seu filho. »

Depois, ele disse ao discípulo: « Aí está sua mãe. » E a partir desse momento, o discípulo a levou para sua casa.

Depois disso, Jesus que sabia que tudo já estava consumado, disse, para que a Escritura fosse cumprida: « Eu tenho sede. »

Havia ali uma vasilha cheia de vinagre. Os soldados encheram uma esponja, e, tendo-a fixado em um galho de hissopo, a aproximaram de sua boca.

Quando Jesus provou o vinagre, disse: «Tudo está consumado. ». E, baixando a cabeça, entregou o espírito.

Temendo que os corpos não ficassem na cruz durante o sábado, - porque era a preparação, e o dia de sábado era um grande dia – os Judeus pediram a Pilatos que quebrassem as pernas dos crucificados, e que os removessem.

Os soldados então foram e quebraram as pernas dos dois crucificados que estavam envolvendo Jesus. Tendo se aproximado de Jesus, e o vendo já morto, eles não quebraram suas pernas; mas um dos soldados perfura o lado de Jesus com uma lança, e imediatamente saiu sangue e água.

Aquele que viu testemunhou, e seu testemunho era verdadeiro; e sabe que diz a verdade, para que vós também acrediteis.

Essas coisas aconteceram para que a Escritura fosse cumprida: Nenhum de seus ossos será quebrado.

E em outro lugar, a Escritura diz ainda: Eles verão que trespassaram. »

III. *Os mistérios gloriosos*

11° A ressurreição
Mateus 28: 1-10

« Depois do sábado, no começo do primeiro dia da semana, Maria Madalena e a outra Maria foram ver o sepulcro. E eis que aconteceu um grande tremor de terra; pois um anjo do Senhor desceu do céu, veio rolar a pedra, e sentou-se sobre ela. Seu aspecto era como o de um raio, e suas vestes brancas como a neve. Os guardas tremeram de medo, e ficaram como mortos. Mas o anjo tomou a palavra, e disse às mulheres: « Por vós, não temais; pois eu sei que procurais Jesus que foi crucificado. Ele não está aqui; ele ressuscitou, como havia dito. Venham, vide o lugar onde ele estava deitado e vá prontamente dizer aos seus discípulos que ele ressuscitou dos mortos. E eis, que ele as precede na Galileia. É lá que o vereis. E eis que eu vos disse. »

Elas se afastaram imediatamente do sepulcro, amedrontadas e com grande alegria, e correram para levar a notícia aos discípulos. E eis que Jesus veio ao seu encontro, e disse: « Eu vos saúdo. » Elas se aproximaram para pegar seus pés e se prosternaram diante dele.

Então Jesus lhes disse: « Não temas; vão dizer a meus irmãos que se vão para a Galileia. É lá que eles me verão. »

12° A ascensão
Lucas 24: 50-53

« Ele os conduziu até perto de Betânia, e, elevando suas mãos, os abençoou. Enquanto os abençoava, separou-se deles, e foi elevado ao céu. Para eles, depois de ter adorado, retornaram a Jerusalém com grande alegria e ficavam continuamente no templo, louvando e glorificando Deus. »

Marcos 16: 19-20

« O Senhor, depois de ter falado, foi elevado ao céu, e está sentado à direita de Deus.

E eles saíram e foram pregar em toda parte. O Senhor trabalhava com eles, e lhes confirmou a palavra pelos milagres que o acompanhavam. »

13° O Pentecoste
Atos 2: 1-4

« No dia de Pentecoste, estavam todos juntos no mesmo lugar.

De repente, veio do céu um ruído como o de um vento impetuoso e preencheu toda a casa na qual estavam sentados.

Línguas, semelhantes a línguas de fogo, lhes apareceram separadas umas das outras, e se colocaram sobre cada um deles.

E eles foram todos preenchidos pelo Espírito Santo, e se puseram a falar em outras línguas, conforme o que o Espírito lhes concedia que se expressassem. »

14° A assunção de Maria

Judite 13: 18

« Louvai ao Senhor nosso Deus, que não abandonou os que nele esperavam. Por mim, sua serva, ele cumpriu suas promessas de misericórdia em favor da casa de Israel e esta noite ele matou por minha mão o inimigo de seu povo. »

Apocalipse 12: 14-16

« E as duas grandes asas da grande águia foram dadas à mulher, para que ela voasse para o deserto, ao seu lugar, onde ela é sustentada por um tempo, tempos, e metade de um tempo, longe da face da serpente.

E, de sua boca, a serpente lançou água como um rio atrás da mulher, para que o rio a levasse.

E a terra socorreu a mulher, e a terra abriu sua boca e engoliu o rio que o dragão havia lançado de sua boca. »

15° A coroação de Maria

Apocalipse 12: 1-2

« Um grande sinal apareceu no céu. Uma mulher vestida do sol, a lua sob seus pés, e uma coroa de dozes estrelas em sua cabeça.

Ela estava grávida, e ela gritava, estando em trabalho e nas dores do parto. »

O HIEROGRAMA DE ADÃO

Os exemplares do Lotus tornaram-se muito raros, e seremos gratos por reproduzir aqui essa importante demonstração.

Ao afirmar que o hierograma de Adão detém os mais profundos arcanos do universo vivo, não surpreenderemos aos que fizeram um estudo sério do Sepher Bereshith. Ao confrontar a admirável tradução de Fabre d'Olivet e as revelações pantaculares do livro de Thoth, não é impossível fazer jorrar a suprema centelha da verdade. Eis aqui alguns dados que ajudarão a atingi-la.

Adão é escrito em Hebraico: Aleph, Daleth, Mem.

Aleph. – Primeira chave do Tarô: o Louco.) Ditki e o homem; o Princípio e o Fim, a Unidade equilibrante.

Daleth. – Quarta chave do Tarô: o Imperador.) A Potência e o Reino. O quaternário vernal, a multiplicação do cubo.

Mem. – Décima terceira chave: a Morte.) Destruição e Restauração. Noite e dia morais e físicos. A eternidade do efêmero. A Passividade feminina, ao mesmo tempo abismo do passado e matriz do futuro.

Análise ternária do Princípio que Iod manifesta em sua unidade inacessível e sintética; Adão é, no fundo, muito análogo ao hierograma Aum, tão famoso nos santuários da Índia.

Aleph corresponde ao Pai, origem da Trindade; **Daleth** ao Filho (que a Kabbalah também chama de o Rei) e Mem ao Espírito Santo, cujo corpo etéreo, ao mesmo tempo devorador e fertilizador das formas transitórias, faz florescer a Vida (inesgotável e inalterável em sua essência) no adubo mutável do Futuro.

Nós dissemos que **Aleph-Dalet** é a análise cíclica do Princípio do qual a síntese inacessível. Um cálculo simples de Kabbalah numérica vai confirmar nossa observação: traduzimos as letras em números (método do Tarô):

Aleph = 1 ; **Dalet** = 4 ; **Mem** = 13

$1 + 4 + 13 = 18$; e $18, 1 + 8 = 9$

Em Kabbalah numérica absoluta, o número analítico de Adão é, portanto, 9. Ora, nós obtemos 10 juntando 9 à unidade específica, que traz o ciclo ao seu ponto de partida e fecha a análise na síntese. E 10 é o número que corresponde a Iod: o que era necessário estabelecer.

254

O vocábulo hierogramático **Aleph-Dalet**, representa então a evolução nonária do ciclo emanado de ', e que se fecha em 10, retornando ao seu ponto de partida, Princípio e Fim de tudo, Iod eterno, revelado em sua forma de expansão *tertriuna*.

Vamos além.

Portanto, temos o direito de dizer, (constatando que Adão difere de *Iod* ou de *Wodh* como o conjunto dos submúltiplos diferem da Unidade) prosseguindo nossas analogias: Se *Adão* é igual a I,

Adam-eh = I-ah, e Adam-eve = I-eve

He representa a Vida universal, a Natureza-naturante; **Iod-He** representa então Iod unido à vida, e Adamah o princípio de Adão unido à vida. Isso em dois graus diferentes (sempre levando em conta a distinção mencionada acima), a união do *Espírito* e da *Alma* universais.

Finalmente, em **Iavé**, Vav representa a fecundidade dessa união, e o último Hé simboliza a Natureza-naturada (derivada da Natureza-naturante concebida pelo Princípio masculino). As quatro letras de **Iavé** representam o quaternário da Mercavah; as seis letras de Aleph-Dalet, He-Vav-He o senário de Bereshith.

CORRESPONDÊNCIAS PARA A OBRA DA ROSA E DA CRUZ

1º Ciclo

1º Dezena:
    Designação exotérica: A anunciação
    Caminhos da árvore da vida: 11
    Designação esotérica: 0
    Arcano do Tarô: O louco
    Nome divino: Iavé
    Virtude esotérica: A humildade

2º Dezena:
    Designação exotérica: A visitação
    Caminhos da árvore da vida: 12
    Designação esotérica: 1
    Arcano do Tarô: O mago
    Nome divino: Elohim Tsebaoth
    Virtude esotérica: O amor ao próximo.

3º Dezena:
    Designação exotérica: A natividade
    Caminhos da árvore da vida: 13
    Designação esotérica: 2
    Arcano do Tarô: A papisa
    Nome divino: El Raï
    Virtude esotérica: Desapego

4º Dezena:
    Designação exotérica: A apresentação no templo
    Caminhos da árvore da vida: 16
    Designação esotérica: 5
    Arcano do Tarô: P papa
    Nome divino: Iavé Tsébaoth
    Virtude esotérica: Pureza do ser

5º Dezena:
    Designação exotérica: O reencontro de Jesus no templo

Caminhos da árvore da vida: 18
Designação esotérica: 7
Arcano do Tarô: A carruagem
Nome divino: Chadaï
Virtude esotérica: A busca de Deus

2º CICLO

1º Dezena:

Designação exotérica: A agonia em Getsêmani
Caminhos da árvore da vida: 23
Designação esotérica: 12
Arcano do Tarô: O enforcado
Nome divino: El
Virtude esotérica: A visão justa de si

2º Dezena:

Designação exotérica: A flagelação
Caminhos da árvore da vida: 21
Designação esotérica: 10
Arcano do Tarô: A roda da fortuna
Nome divino: El
Virtude esotérica: Harmonia da alma

3º Dezena:

Designação exotérica: A coroação com espinhos
Caminhos da árvore da vida: 24
Designação esotérica: 13
Arcano do Tarô: A morte
Nome divino: Elohim Guibor
Virtude esotérica: Harmonia do espírito

4º Dezena:

Designação exotérica: Jesus carrega sua cruz
Caminhos da árvore da vida: 26
Designação esotérica: 15
Arcano do Tarô: O diabo
Nome divino: Iavé Elohim
Virtude esotérica: Harmonia do corpo

5° Dezena:

Designação exotérica: Jesus é crucificado
Caminhos da árvore da vida: 27
Designação esotérica: 16
Arcano do Tarô: A torre
Nome divino: Elohim Guibor
Virtude esotérica: A morte em si mesmo

3° CICLO

1° Dezena:

Designação exotérica: A ressurreição
Caminhos da árvore da vida: 31
Designação esotérica: 20
Arcano do Tarô: O julgamento
Nome divino: Elohim
Virtude esotérica: A descida do Espírito divino em nosso corpo

2° Dezena:

Designação exotérica: A ascensão
Caminhos da árvore da vida: 30
Designação esotérica: 19
Arcano do Tarô: O sol
Nome divino: Eloah Vedaat
Virtude esotérica: A descida do Espírito divino em nosso espírito

3° Dezena:

Designação exotérica: O Pentecoste
Caminhos da árvore da vida: 28
Designação esotérica: 17
Arcano do Tarô: A estrela
Nome divino: Iahou
Virtude esotérica: A descida do Espírito em nossa alma

4° Dezena:

Designação exotérica: A assunção
Caminhos da árvore da vida: 29

Designação esotérica: 18
Arcano do Tarô: A lua
Nome divino: El
Virtude esotérica: A preparação de uma morte suave

5° Dezena:
Designação exotérica: A coroação da Santíssima Virgem
Caminhos da árvore da vida: 32
Designação esotérica: 21
Arcano do Tarô: O mundo
Nome divino: Iavé Elohim
Virtude esotérica: O amor do divino

SEPHIROTH E O TEXTO BIBLICO

Kether

Referências bíblicas:
Ref. do texto Massorético: Êxodo 20:1-2
Ref. Bíblia cristã: Êxodo: 20:1-3
Texto bíblico: Então Deus pronunciou todas essas palavras, dizendo: Eu sou o Eterno, teu Deus, que te fez sair do país do Egito, da casa da servidão. Tu não terás outros deuses diante de mim.

Hokmah

Referências bíblicas:
Ref. txt. Mass.: Ex.: 20:3
Ref. Bibl. cr.: Êx.: 20:4
Texto bíblico: Tu não farás imagem esculpida, nem representação de qualquer das coisas que estão no alto nos céus, que estão embaixo na terra, e que estão nas águas mais embaixo que a terra.

Binah

Referências bíblicas:
Ref. txt. Mass.: Êx. 20:6
Ref. Bibl. cr.: Êx.: 20:7

Texto bíblico: Tu não tomarás o nome do Eterno, teu Deus, em vão; pois o Eterno não deixará impune aquele que toma seu nome em vão.

Resed

Referências bíblicas:
Ref. txt. Mass.: Êx.: 20:7-9
Ref. Bibl. cr.: Êx.: 20:10
Texto bíblico: Mas o sétimo dia é o dia do repouso do Eterno, teu Deus: não farás nenhuma obra, nem tu, nem teu filho, nem tua filha, nem teu servo, nem tua serva, nem teu animal, nem o estrangeiro que está nas tuas portas.

Guebourah

Referências bíblicas:
Ref. txt. Mass.: Ex.: 20:11
Ref. Bibl. cr.: Êx.: 20:12
Texto bíblico: Honra teu pai e tua mãe, para que teus dias se prolonguem no país que o Eterno, teu Deus, te concede.

Tiphereth

Referências bíblicas:
Ref. txt. Mass.: Êx.: 20:12a
Ref. Bibl. cr.: Êx.: 20:13
Texto bíblico: Tu não matarás.

Netzah

Referências bíblicas:
Ref. txt. Mass.: Êx.: 20:12b
Ref. Bibl. cr.: Êx.: 20:14
Texto bíblico: Tu não cometerás adultério.

Hod

Referências bíblicas:
Ref. txt. Mass.: Êx. 20:12c
Ref. Bibl. cr.: Êx.: 20:15
Texto bíblico: Tu não roubarás.

Yesod

Referências bíblicas:
Ref. txt. Mass.: Êx.: 20:12d
Ref. Bibl. cr.: Êx.: 20:16
Texto bíblico: Tu não dirás falso testemunho contra teu próximo.

Malkouth

Referências bíblicas:
Ref. txt. Mass.: Êx.: 20:13
Ref. Bibl. cr.: Êx.: 20:17
Texto bíblico: Tu não cobiçarás a casa de teu próximo; não cobiçarás a mulher de teu próximo, nem seu servo, nem sua serva, nem seu gado, nem seu asno, nem nenhuma coisa que pertença a teu próximo.

Esta correspondência entre os mandamentos, ou para usar a terminologia hebraica "As dez palavras", não pode ser sem interesse para Khunrath. É difícil conceber que alguém que tomou tanto cuidado na realização de tal gravura tenha escolhido sem cuidados tal correspondência. É preciso lembrar de várias coisas que se referem a essas dez palavras. Em primeiro lugar, trata-se, segundo a tradição, da primeira vez em que o Verbo do Eterno se encarna na matéria. Isso é algo que está diretamente em relação com o coração dessa representação da encarnação do Verbo no ser transfigurado. O verbo de Deus na forma do fogo celeste grava as placas de pedra. Na tradição egípcia, Thot revela a escritura hieroglífica aos homens, dando-lhes assim acesso ao poder visível e invisível da escritura. Nós podemos dizer que é o mesmo aqui simbolicamente. É o momento em que o Deus da Bíblia revela a Moisés a forma das letras literalmente cortando-as na pedra. Lembramos que na tradição judaica frequentemente se representa de maneira breve os dez mandamentos ou palavras pelas dez primeiras letras do alfabeto hebraico. De fato, e como vimos, cada letra corresponde a um número. É claro que é nesse nível que convém pesquisar o significado dessa relação assim salientada.

Essa referência ao Sepher Yetzirah é extremamente importante. Ela dá uma das chaves de interpretação esotérica mais importantes dessa gravura. est extrêmement importante. Esse texto nos conta a criação do mundo e do ser com a ajuda do poder das letras hebraicas manifestadas diante do Eterno. Essa relação é evidentemente utilizada nos ritos iniciáticos interiores desta tradição. Assim, podemos ler, por exemplo para a letra Iod (10), nessa obra: "O Eterno fez reinar a letra Iod sobre a Ação, ornou-a com uma coroa e a combinou com as outras. Por ela criou o signo de Virgem no mundo, o mês de Hellul no ano e o rim esquerdo no corpo." É igual para as diferentes letras do alfabeto e as etapas da criação.

BIBLIOGRAFIA

Os livros:

Agrippa Henry Corneille, *La magie céleste, La magie cérémonielle, La magie naturelle,* Ed.Berg International, Paris, 1982

Ambelain Robert, *La kabbale pratique*, Ed. Niclauss, Paris, 1951

Arnold Paul, *Histoire des Rose-Croix et les origines de la franc-maçonnerie*, Paris, Mercure de France, 1955.

Bayard Jean-Pierre, *La symbolique de la Rose-Croix*, Ed. Payot, Paris, 1975

Beresniak Daniel, *La kabbale vivante*, Éd. Trédaniel, Paris, 1988

Beresniak Daniel, *Les premiers Médicis,* Éd. Détrade, Paris, 1984

Bulwer Lytton, *Zanoni*, Trad. Francesa, La Colombe, 1959.

Duchaussoy Jacques, *Mystère et mission des Rose+Croix*, Ed. Du Rocher, Paris, 1981.

Edighoffer Roland, *Rose-Croix et société idéale selon Johann Valentin Andreae*, Paris, Arma Artis, 1982.

Encausse Philippe (Dr.), *Sciences occultes, Papus, sa vie, son oeuvre*, Ed. Ocia, Paris, 1949

Gerin-Ricard L. de, *Histoire de l'occultisme*, Paris, Payot, 1947.

Gorceix Bernard, *La Bible des Rose-Croix*, Paris, PUF, 1970.

Grad A.D., *Pour comprendre la kabbale*, Éd. Dervy, Paris

Guaita Stanislas de, *Au seuil du mystère*, Éd. Durville, Paris, 1920

Hartmann Franz, *Une aventure chez les Rose-Croix*, Éd. Chacornac, Paris, 1913.

Hermés Trismégiste, Corpus d'Hermès, Éd. Sand, Paris, 1996

Hutin Serge, *Histoire des Rose-Croix*, Paris, Nizet, 1955.

Khunrath Heinrich, *Amphithéâtre de l'éternelle sapience*, Éd. Archè, Milan, 1990

Knight Gareth, *La Rose-Croix et la Déesse* , Ediru, Mennecy, 1987.

Lenain, *La science kabbalistique*, Éd.Traditionnelles, Paris, 1972

l'Estoile Arnaud de, *Guaita*, Éd. Pardes, 2005

l'Estoile Arnaud de, *Papus*, Éd. Pardes, 2006

Lévy Eliphas, *Dogmes et rituels de la haute magie*, Éd. Niclauss, Paris, 1982

Melita Denning, Osborn Phillips, *Introduction à la kabbale magique*, Éd. Sand, 1994

Melita Denning, Osborn Phillips, *Philosophie et pratique de la haute magie*, Éd. Sand, Paris, 1985

Montlouin Pierre et Bayard Jean-Pierre, *Le Rose-Croix*, C.A.L., 1972.

Nauert Charles, *Agrippa*, Éd. Dervy, Paris, 2001

Papus, La kabbale, Éd. Dangles

Paracelse, *De la magie*, Presses universitaires de Strasbourg, 1998

Pic de la Mirandole Jean, *900 conclusions*, Éd. Allia, Paris, 1999

Reuchlin Johann, *La kabbale (De arte cabalistica)*, traduction par F. Secret, Éd. Aubier Montaigne, Paris 1973

Sablé Érik, *Dictionnaire des Rose-Croix*, Éd. Dervy, Paris, 1996

Secret François, *Les kabbalistes de la Renaissance*, Éd.Dunod, Paris, 1964

Sédir, *Histoire et doctrine des Rose-Croix*, Bibliothèque des amitiés spirituelles, Rouen, 1932.

Suarès Carlo, *Le sephir yestsira*, Éd. Mont-Blanc, Genève, 1968

Teder, *Rituel de l'Ordre Martiniste*, Éd. de Dorbon, Paris, 1913

Van Loo Robert, *L'utopie Rose-Croix*, Éd. Dervy, Paris, 2001

Virya, *L'alphabet hébreu et ses symboles*, Éd. Lahy, Roquevaire, 1997

Virya, *Lumières sur la kabbale*, Éd. Jeanne Laffitte, Marseille, 1989

Virya, *Spiritualité de la Kabbale médiévale et provençale*, Éd. Présence, Sisteron, 1986

Wang Robert, *Le Tarot kabalistique*, Ediru, Mennecy, 2000.

Zafrani Haim, *Kabbale vie mystique et magie*, Éd. Maisonneuve et Larose, Paris, 1986

OS SITES INTERNET:

Sites referidos neste livro:
Aurum Solis: www.aurumsolis.org
Ordre Kabbalistique de la Rose-Croix: www.okrc.org
Site do autor: www.debiasi.org

ÍNDICE DAS ILUSTRAÇÕES